Das
Zivil- und Strafprozeßgesetz Schwedens

Übersetzt und eingeleitet

von

Dr. jur. Gerhard Simson

Regierungsrat

Referent im Kgl. Schwedischen Justizministerium

Berlin 1953

Walter de Gruyter & Co.

vormals G. J. Göschen'sche Verlagshandlung · J. Guttentag, Verlagsbuchhandlung · Georg Reimer · Karl J. Trübner · Veit & Comp.

Archiv-Nr. 24 63 53 / 58
Satz und Druck: Buchkunst, Berlin W 35

Präsident Karl Schlyter
zugeeignet.

Inhaltsverzeichnis

Literatur

Schwedisch

Nils Dillén, Föreläsningar i straffprocessrätt enligt den nya rättegångsbalken (Vorlesungen über das Strafprozeßrecht gemäß dem neuen Prozeßgesetz), Stockholm 1947.

Per Olof Ekelöf, Kompendium över civilprocessrätten (Kompendium des Zivilprozeßrechts), herausgegeben von der Juridiska Föreningen (Juristische Vereinigung), Upsala, Teil I—III, 2. Auflage 1949—1952.

Natanael Gärde, Thore Engströmer, Tore Strandberg und Erik Söderlund, Nya Rättegångsbalken (Das neue Prozeßgesetz), Stockholm 1949 (enthält auch einen Kommentar zum Einführungsgesetz vom 20. 12. 1946).

Åke Hassler, Den nya rättegångsbalken (Das neue Prozeßgesetz), Teil I, Stockholm 1947.

Maths Heuman, Bengt Lassen u. a., Brottets beivrande (Die Verfolgung der Straftat), Bd. 4 des Kriminologischen Handbuchs, herausgegeben von Karl Schlyter, Stockholm 1952.

Karl Olivecrona, Straffprocessen (Der Strafprozeß), Kompendium, herausgegeben von der Juridiska Föreningen (Juristische Vereinigung), Lund 1951.

Skrifter tillägnade justitierådet juris doktor Natanael Gärde vid fyllda 70 år den 27 juli 1950 av Svensk Juristtidning (Aufsätze dem Herrn Justizrat Dr. jur. Natanael Gärde bei Vollendung des 70. Lebensjahrs am 27. Juli 1950 von der Svensk Juristtidning zugeeignet). Sonderheft der Svensk Juristtidning 1950 Jahrg. 35 (Heft 7—8) mit 39 Aufsätzen über Fragen des neuen Prozeßrechts. Vgl. hierzu die Besprechung von Herbert Schneider in Zeitschrift für Zivilprozeß Bd. 65 (1952), S. 242.

Sven Strömberg in Norstedts Juridiska Handbok (Norstedts Juristisches Handbuch), Stockholm 1946 (Neubearbeitung von Bengt Lassen erscheint 1953).

Underrättsförfarandet enligt nya rättegångsbalken utgiven av processnämnden (Das Verfahren bei den Untergerichten gemäß dem neuen Prozeßgesetz, herausgegeben vom Prozeßausschuß), Stockholm 1947.

Sonstige Sprachen

Eric Burtin, Les tribuneaux et la procédure en justice du royaume de Suède, Verlag Rousseau & Cie., Paris 1948 (439 Seiten).

Per Olof Ekelöf, Wie man in Schweden Recht spricht, Verlag Albert Nauck & Co., Detmold 1949 (61 Seiten).

Bengt Lassen, Die Neugestaltung des schwedischen Prozeßrechts in der Schrift „Einführung in das schwedische Rechtsleben" (Vorlesungen, gehalten an der Universität Lund) Hamburg, Verlag Cram, de Gruyter & Co. 1950, S. 155—174.

Bengt Lassen, Le procès pénal selon le nouveau code de procédure suédois in Recueil de documents en matière pénale et pénitentiaire, Verlag Stämpfli & Co., Bern XIII (1948), S. 134—152.

Gerhard Simson, Das neue schwedische Zivilprozeßrecht in Zeitschrift für Schweizerisches Recht, Neue Folge 1944, Bd. 63, S. 122—185.

Gerhard Simson, Das neue schwedische Strafverfahren in Schweizerische Zeitschrift für Strafrecht 1945 Jahrg. 59, S. 227—263.

(Die beiden letztgenannten Arbeiten werden nur zum kleinen Teil durch die in dieser Schrift enthaltene Einleitung ersetzt.)

Vorwort.

Mit vollem Recht wird das Kommentieren eines Gesetzes der Kategorie der wissenschaftlichen Arbeiten zugerechnet. Zu Unrecht glaubt man aber vielfach, die Übersetzung von Gesetzestexten in eine andere Sprache als ein Tun ansehen zu können, das nur handwerkliche Fertigkeit voraussetzt. In Wirklichkeit ist beides eine wohl gleich schwere Kunst auf der Grundlage einander ähnlicher wissenschaftlicher Methodik. Wer sich an einer Übersetzungsaufgabe dieser Art versucht hat, weiß, wie die Schwierigkeiten bei umfangreichen und komplizierten Gesetzen, bei denen beinahe jedes Wort und jede Wendung eine spezifische Bedeutung besitzen, mitunter fast unüberwindlich werden können. Häufig fehlt gerade den für Rechtstradition, Rechtsdenken und Rechtssystematik charakteristischen Begriffen des einen Landes das ihnen entsprechende Gegenstück in dem anderen, oft entziehen sich bei Satzformung und Wortwahl die Nuancen einer wichtigen Rechtsformulierung der Deutlichmachung ihrer Eigenart, und vielfach ist es die Mehrdeutigkeit eines Ausdrucks, der Rechnung getragen werden soll, ohne daß häßlich holpernde Satzgebilde entstehen dürfen. Der Übersetzer von Gesetzesparagraphen ist hier ganz anders gebunden als der von schöngeistiger Literatur. Unabläßlich kämpft er um den rechten Ausgleich zwischen Worttreue, Sinngemäßheit und Sprachplastik, und es ist manchmal nicht leicht, diesen drei Herren gleichzeitig zu dienen.

Die schwedische und die deutsche Sprache sind trotz ihrer Verwandtschaft sehr verschiedene Wege gegangen, mancher ähnlich klingende Ausdruck besitzt eine ganz abweichende Bedeutung oder doch ein anderes Valeur. Dies gilt auch für die Rechtssprachen der beiden Völker. Auch die schwedischen und deutschen Prozeßrechtsbegriffe zeigen angesichts ihrer unterschiedlichen historischen Entwicklung und Bedingtheit oft tiefgehende Verschiedenheiten. Ein einzelnes Beispiel mag dies verdeutlichen. Eines der häufigsten Worte des schwedischen Prozeßgesetzes ist das Wort „Talan". Die meist übliche Übersetzung mit „Klage" ist nicht korrekt, denn auch der Beklagte führt eine „Talan", so daß der Ausdruck im Zivilprozeß das Klage- und Klageabweisungsbegehren zusammenfaßt. Auch wer ein Rechtsmittel einlegt, führt zudem eine „Talan". Dem schwedischen Begriff entspricht daher am ehesten das

Ersuchen der Prozeßparteien um gerichtlichen Rechtsschutz, aber es fehlt hier im Deutschen an einer einheitlichen, kongruenten Vokabel. Und dieses Beispiel ist nur eines unter zahllosen anderen terminologischen Schwierigkeiten, die ihm entsprechen.

So muß hier leider die gleiche Bitte ausgesprochen werden, die schon viele andere Übersetzer von Gesetzestexten ihren Arbeiten vorangestellt haben: in Zweifelsfällen ist auf den Originaltext zurückzugehen.

Die Fertigung dieser Übersetzung geht auf die Initiative des Herrn Präsidenten Karl Schlyter zurück. Das Erscheinen der Arbeit im Druck wurde durch die Unterstützung des schwedischen Justizministers, Herrn Staatsrat Hermann Zetterberg, ermöglicht. Beiden sei auch an dieser Stelle hierfür wärmstens gedankt. Gleiches gilt für Herrn Hofgerichtsrat Bengt Lassen, Bürochef im Justizministerium, der dem Übersetzer freundschaftliche Hilfe leistete.

Auch das deutsche Bundesministerium der Justiz hat dieser Arbeit tatkräftige und dankenswerte Förderung zuteil werden lassen. Herr Landgerichtsrat a. D. Dr. Horst Graf von der Groeben, Lübeck, unterzog sich freundlicherweise der sehr mühsamen Aufgabe, Originaltext und Übersetzung nochmals miteinander zu vergleichen.

Dem Übersetzer sei zum Schluß gestattet, darauf hinzuweisen, daß er das neue schwedische Prozeßrecht auch zu interpretieren versucht hat. Eine größere deutschsprachige Abhandlung über den Zivilprozeß erschien in der Zeitschrift für Schweizerisches Recht, Neue Folge (1944), Band 63 (S. 122—185), und eine Darstellung des Strafverfahrens wurde in der Schweizerischen Zeitschrift für Strafrecht (1945), 59. Jahrgang (S. 227—263) veröffentlicht.

Stockholm, im November 1952.

Gerhard Simson.

Einleitung.

Der 1. Januar 1948 ist in der Geschichte des schwedischen Prozeßwesens zu einem Tag von entscheidender Bedeutung geworden. Mit diesem Zeitpunkt ist das neue, bereits im Juli 1942 vom Reichstag verabschiedete und kurz darauf von König Gustav V. in dem kleinen Badeort Särö unterzeichnete Prozeßgesetz in Kraft getreten, das dazu bestimmt ist, das frühere, in seinen Grundzügen mehr als zweihundert Jahre lang geltende Recht zu beseitigen und eine grundlegende Reform des schwedischen Verfahrensrechts herbeizuführen.

Das neue Prozeßgesetz umfaßt sowohl das Zivil- wie das Strafprozeßrecht[1]. Dies entspricht der schwedischen Rechtstradition. Auch für das neugeschaffene Recht ist es keine bloße Äußerlichkeit. Beide Verfahrensarten stehen zueinander in einem stärkeren inneren Zusammenhang als in den meisten anderen Ländern. Sie lassen sich von dem Außenstehenden nur begreifen, wenn sie unter gemeinsamen Blickpunkten betrachtet und gewertet werden.

Die frühere Grundlage des schwedischen Prozeßwesens waren die hierüber im Sveriges Rikes Lag (Gesetzbuch des Schwedischen Reiches) vom Jahre 1734 enthaltenen Bestimmungen. In diesem Jahre wurde das schwedische Privat- und Verfahrensrecht in einem gemeinschaftlichen Gesetzeswerk geregelt, jeder einzelne Abschnitt dieses Gesetzes umfaßt ein selbständiges Gebiet des materiellen oder formellen Rechts. Die prozessualen Bestimmungen, die den Namen Rättegångsbalk[2] (RB) tragen, haben von allen Teilen des Sveriges Rikes Lag die größte Lebenskraft bewiesen. Eigentlich sind diese Vorschriften noch älteren Datums, denn das Gesetz bedeutete zum größten Teil

---

[1] Der Gesetzestext ist in der Svensk Författningssamling (Schwedisches Gesetzblatt) 1942 Nr. 740 veröffentlicht. Nachträglich erfolgte eine Reihe von Abänderungen, die durch organisatorische Neuordnungen allgemeiner Art oder durch den inzwischen erfolgten Erlaß neuer Gesetze bedingt wurden. Sie sind in der nachfolgenden deutschen Übersetzung nach dem Stande vom 1. August 1952 berücksichtigt worden.

[2] Sprich Rättegongsbalk, rättegång = Rechtsgang, Prozeß. Der altschwedische Ausdruck „Balk" ist nicht leicht zu übersetzen, er bedeutet seinem Sinn nach Abschnitt; mit ihm werden die einzelnen im Sveriges Rikes Lag zusammengefaßten Gesetze bezeichnet.

keine selbständige Neuschöpfung, sondern war in vielem nur eine Kodifizierung alter Rechtsüberlieferungen und der Rechtspraxis, die sich in den beiden vorangegangenen Jahrhunderten gebildet und bewährt hatte.

Auch die neue Prozeßordnung wurzelt nicht nur innerlich im Althergebrachten, sondern sie ist — ebenso wie dies bei der Reform materiellrechtlicher Gesetzesabschnitte der Fall zu sein pflegt — auch äußerlich zur Eingliederung in das Sveriges Rikes Lag bestimmt; die Einleitung des Gesetzes bringt dies in der Bestimmung zum Ausdruck, daß der Rättegångsbalk im Sveriges Rikes Lag künftig einen neuen Wortlaut erhalten solle.

Bemerkenswert ist, daß der schwedische RB. bis zum heutigen Tage auch im benachbarten Finnland Geltung besitzt. Finnland, das im zwölften und dreizehnten Jahrhundert von Schweden kolonisiert wurde, bildete ein halbes Jahrtausend einen Bestandteil des Schwedischen Reiches, in dem schwedisches Recht galt und von den Finnen nicht als fremdartig empfunden wurde. Als dieses Gebiet 1809 durch den Frieden von Fredrikshamn an Rußland fiel, sicherte Zar Alexander I. dem Lande Autonomie zu und ermöglichte damit auch die Beibehaltung des schwedischen RB. Hieran änderte sich nichts, als Finnland im Jahre 1917 seine politische Selbständigkeit errang. Dieses jahrhundertelange Fortgelten des RB. außerhalb der Grenzen schwedischer Rechtshoheit bis in unsere Tage bezeugt mehr als anderes die große Bedeutung, Volkstümlichkeit und Brauchbarkeit der alten schwedischen Verfahrensgrundsätze.

Innerhalb des Deutschen Reiches hat der schwedische RB. nur wenige Jahre Geltung besessen. Vorpommern und Rügen gehörten zwar von 1648—1814 zu Schweden, und es ist interessant zu sehen, wie das deutsche Verfahrensrecht vom schwedischen Rechtswesen beeinflußt wurde[3]. Verbindlichkeit erhielt der RB. in diesem Gebiet aber erst im Jahre 1808, also ganz kurz vor dem Ende der schwedischen Herrschaft. Bei dieser Gelegenheit wurde das Sveriges Rikes Lag im Auftrag des Königs von dem Greifswalder Professor Karl Schildener durch eine sorgfältige Übersetzung ins Deutsche übertragen[4]. Einer seiner nächsten Mitarbeiter war der Professor und deutsche Dichter Ernst Moritz Arndt, der damals als politischer Emigrant in Stockholm lebte.

Der Gültigkeit des schwedischen Prozeßrechts in Finnland ist es zu verdanken, daß es in deutscher Sprache eine vorzügliche, tiefschürfende Darstellung des schwedischen Zivilprozeßverfahrens gibt, die in ihrem theoretischen Teil auch heute lesenswert geblieben ist. Sie stammt aus der Feder des im Jahre 1938 in hohem Alter verstorbenen Präsidenten des Obersten Gerichtshofs Finnlands, Prof. Freiherrn Rabbe Axel

[3] Vgl. Reinhart Berger, „Rechtsgeschichte der schwedischen Herrschaft in Vorpommern“, Würzburg 1936.

[4] Gedruckt bei I. P. Lindh, Stockholm 1807.

Wrede und ist im Jahre 1924 erschienen[5]. Wrede, der ein Schüler Adolf Wachs war, wendet sich in diesem Buch gerade an Juristen, die von den Begriffen der deutschen Prozeßrechtswissenschaft ausgehen. Ferner sei auf das Sammelwerk von Leske-Löwenfeld, „Die Rechtsverfolgung im internationalen Verkehr“ verwiesen, in dem der schwedische Zivilprozeß von Siegfried Matz und der finnische von Bertil Sjöström behandelt wurden[6]. Die übrige deutschsprachige Literatur war nicht groß und ist ziemlich verstreut.

Auch die schwedische Literatur zum früheren Zivilprozeßrecht war im Verhältnis zur Dauer seiner Geltung wenig umfangreich, von größeren Arbeiten der letzten Jahrzehnte ist nur das großangelegte, vielbändige Standardwerk des verstorbenen Lundenser Professors Ernst Kallenberg hervorzuheben[7]. Dagegen hat die Prozeßreform nicht nur zu einer sehr großen Anzahl von rechtspolitischen Veröffentlichungen, Aufsätzen und Gutachten geführt[8], sondern es ist bereits eine Reihe wertvoller schwedischer Lehrbücher und Kommentare erschienen, die das neue Recht beleuchten und interpretieren.

Nach der Annahme des Gesetzes durch den Reichstag hat es noch 5½ Jahre gedauert, bis es in Kraft trat. Dies war gewiß eine sehr beträchtliche Zeitspanne, aber sie ist nicht ungewöhnlich lang, wenn man das gewaltige Ausmaß der durch das Gesetz bedingten Umstellungen berücksichtigt. Auch mußte zunächst noch eine Fülle von Ausführungsverordnungen und Verwaltungsvorschriften erlassen werden. Der bald darauf verstorbene schwedische Justizminister K. G. Westman hatte in einer Reichstagsrede das Intervallum auf vier Jahre geschätzt. Daß es noch länger wurde, beruhte zum Teil darauf, daß die durch die Kriegsfolgen verursachte Knappheit an Baumaterialien die Errichtung der neuen vom Gesetz vorgeschriebenen Hofgerichte (Oberlandesgerichte) verzögerte. In den skandinavischen Nachbarländern war im übrigen die Wartezeit seinerzeit erheblich länger. Als im Jahre 1915 in Norwegen die neue Zivilprozeßordnung (lov om rettergangsmaaten for tvistemaal) geschaffen wurde, dauerte es nicht weniger als zwölf Jahre, bis sie an Stelle eines seit 1683 gültigen Gesetzes König Christian V. in Kraft trat; in Dänemark, wo dasselbe Prozeßrecht wie in Norwegen galt, wurde das 1908 fertig-

[5] Freiherr R. A. Wrede, Das Zivilprozeßrecht Schwedens und Finnlands, Mannheim 1924 (Verlag J. Bensheimer).

[6] Leske-Löwenfeld, Die Rechtsverfolgung im internationalen Verkehr, 1. Band. Neue Bearbeitung „Der Zivilprozeß in den europäischen Staaten und ihren Kolonien“, Berlin 1933 (Carl-Heymanns-Verlag).

[7] E. Kallenberg, Svensk Civilprocessrätt, Lund 1923—1939.

[8] In deutscher Sprache erschien eine kurze Darstellung des Gesetzentwurfs von Prof. Thore Engströmer, Zeitschrift für ausländisches und internationales Privatrecht 1929, S. 32, sowie die kenntnisreiche und instruktive Veröffentlichung von Rechtsanwalt Herbert Schneider, Zeitschrift für deutschen Zivilprozeß Bd. 62, S. 233.

gestellte Reformgesetz (Lov om Rettens Pleje) in dieser Form nie wirksam, sondern zunächst nochmals umgestaltet, bevor es 1919 Geltung erlangte.

Eine Betrachtung der heute in Europa geltenden Prozeßordnungen zeigt, daß es sich bei ihnen vielfach um Gesetze handelt, die aus dem vorigen Jahrhundert stammen, und fast überall haben gerade die Verfahrensbestimmungen lange Lebenskraft bewiesen. Dies gilt insbesondere für den Zivilprozeß. Dieser gehört in vielen Ländern zu den besonders traditionsbedingten Gebieten des staatlichen Rechtslebens. Die eingewurzelte, dem Volkscharakter entsprechende und als zufriedenstellend empfundene Ordnung der Gerichtsverfassung und des Verfahrensrechts wird nicht leicht durch moderne Reformwünsche und ausländische Einflüsse verdrängt. Dieser vielfach in Europa zu beobachtende Konservatismus des Prozeßrechts setzt Änderungstendenzen einen starken Widerstand entgegen und überläßt es der Praxis, die Rechtsformen umzugestalten und sie den Erfordernissen der Zeit oder den Veränderungen der sozialen Struktur anzupassen. Man nimmt es lieber in Kauf, daß das Recht durch Nebengesetze und Ergänzungsbestimmungen unübersichtlich wird, als daß strukturelle Veränderungen erfolgen und ein neues Verfahrenssystem entsteht.

Wird jedoch der Entschluß gefaßt, ein überaltertes Prozeßrecht von Grund auf umzuformen, so führt dies trotzdem nicht selten zur Heranziehung und Nachahmung ausländischer Vorbilder, weil man sich sagt, daß die Methoden der Rechtsfindung auch bei verschieden gearteten Völkern und bei ungleich aufgebauten Rechtsgrundlagen doch dem gleichen Zweck dienen: die materiellen Rechtsregeln auf einen als wahr festzustellenden Tatbestand anzuwenden. Bedeutsam war besonders der Einfluß, den die österreichische Zivilprozeßordnung von 1895 auf viele europäische Verfahrensordnungen gehabt hat[9]. Die in ihr verwirklichten bahnbrechenden Ideen und Prinzipien Franz Kleins finden ihren Niederschlag am stärksten in den polnischen und jugoslawischen Prozeßordnungen, aber ebenso schöpften die reichsdeutschen Teilreformen viel aus diesem Gedankengut, und auch in Skandinavien wurde ein starker Einfluß spürbar[10].

Wenn daher ein Volk wie das schwedische, das bei all seiner inneren Traditionsgebundenheit zugleich gegenwartsnahe und

---

[9] Bekanntlich galten, um nur zwei weitere Beispiele zu nennen, mitunter schweizerische Bestimmungen als Vorbilder: die alte ZPO Rumäniens hatte die Prozeßordnung des Kantons Genf von 1819 teilweise wörtlich übernommen, und die türkische ZPO von 1927 legte den Neuenburger Code de procédure civile von 1925 zugrunde.

[10] Vgl. Munch-Petersen, „Der Einfluß der österreichischen Zivilprozeßordnung auf die skandinavischen Gesetzgebungen" in „Festschrift für Franz Klein", 1914, S. 251, und Satter, „Das Werk Franz Kleins und sein Einfluß auf die neueren Prozeßgesetze" in Zeitschrift für deutschen Zivilprozeß, Bd. 60, S. 272.

aufgeschlossen für die gewandelten Gegebenheiten und Notwendigkeiten des heutigen gesellschaftlichen Lebens ist und zur Entfaltung seines kraftvoll entwickelten Wirtschaftslebens und seiner sehr effektiv gestalteten Sozialpolitik ein überaus modernes, vielfach mit Pioniersinn und Radikalismus erneuertes Rechtssystem geschaffen hat, nicht nur mit solcher Zähigkeit an einem mehr als zweihundert Jahre alten Gesetz festhielt, sondern es auch der endlich erfolgten Gesetzesform weitgehend zugrunde legte, so müssen noch besondere Gründe mitsprechen. Diese liegen in der geschichtlichen Bedingtheit und Entwicklung des schwedischen Prozeßrechts. Denn es läßt sich feststellen, daß zwar die Schattenseiten des Gesetzes und die Symptome seiner Altersschwäche ziemlich einhellig festgestellt wurden, aber die schwedische Gerichtsbarkeit sich trotzdem großen Ansehens und Vertrauens erfreute. Damit soll nicht gesagt sein, daß jede öffentliche Kritik vor der Justiz Schwedens haltmachte. Im Gegenteil wurden und werden bisweilen Stimmen laut, die lebhaft Klage über diesen oder jenen Mangel führen, und — wie überall — pflegen insbesondere Sensationsprozesse ein Feuer verallgemeinender Mißbilligung zu entfachen. Auch fanden aus Kreisen der Rechtsanwälte kritische Stimmen gegen zu großen oder zu geringen Formalismus oder andere richterliche Gepflogenheiten mitunter ihren Niederschlag in der juristischen Fachliteratur. Und dennoch hatte der an der Prozeßreform an führender Stelle beteiligte frühere Justizrat (Richter am Obersten Gerichtshof) Gärde[11] zweifellos recht, wenn er 1934 anläßlich des zweihundertjährigen Bestehens des alten Prozeßgesetzes feststellte, daß nicht nur allgemeines Vertrauen zu Richtertum und Rechtspflege herrschte, sondern auch die Volkstümlichkeit des im RB. geregelten Verfahrens in der Öffentlichkeit unerschüttert sei[12].

So waren es vor allem die Rechtswissenschaftler, die mit immer größerem Nachdruck auf die durch partielle Verbesserungen nicht mehr zu behebenden Krankheitserscheinungen hinwiesen und eine radikale Reform des Prozeßrechts for-

---

[11] N. Gärde, „Rättegångsbalken“ in der „Minnesskrift ägnad 1734 års lag“ (Erinnerungsschrift für das Gesetz von 1734), Stockholm 1934.

[12] Von deutschsprachigen Betrachtungen über die schwedische Gerichtspraxis sei auf die zutreffenden Ausführungen von Rechtsanwalt Dr. Hellmuth Dix in seiner kleinen Schrift „Das schwedische Volk und die Grundzüge seines Charakters“, Berlin und Dresden 1936 (Verlag Wilh. Limpert) und auf die ausgezeichnete Broschüre des Upsalaer Professors Per Olof Ekelöf „Wie man in Schweden Recht spricht“ (Verlag Albert Nauck, Detmold) verwiesen. Besondere Erwähnung verdient noch das in seiner Konzentration vorzügliche, über alle Gebiete des staatlichen und gesellschaftlichen Lebens Schwedens Auskunft erteilende, wenn auch heute in manchen Einzelheiten überholte Buch „Schweden 1941“ (herausgegeben von der Presseabteilung des Ministeriums des Äußern); vgl. insbesondere S. 45 ff.

derten. Vor allem sind es neben der zu großen Langsamkeit der Rechtspflege die Überbetonung des Protokolls, die Vorherrschaft des schriftlichen Verfahrens bei den Instanzgerichten und die Strenge der Beweisregeln gewesen, die eine Reform des RB. unabweisbar machten. Der Gesetzgeber sah sich daher vor die schwierige Aufgabe gestellt, hier unter Berücksichtigung ausländischer Erfahrungen gründliche Abhilfe zu schaffen und trotzdem die Tradition des bisherigen Rechts fortzusetzen.

Das Sveriges Rikes Lag und der in ihm enthaltene RB. wurde, um ein Wort Wredes zu gebrauchen, vom schwedischen und finnischen Volk als ein „kostbarer Schatz" gehütet. Dieses Gesetzeswerk war das Ergebnis einer fast fünfzigjährigen Arbeit, die in der Großmachtsperiode des Landes einsetzte. Zwar hat es angesichts einer konservativen Grundhaltung in das schwedische Rechtsleben keine neuen Prinzipien von entscheidender Tragweite eingeführt, aber es hat voller Klarheit und Weisheit das, was im geschriebenen und ungeschriebenen Recht wirksam war, in neue Formen gegossen, zu einem geschlossenen Ganzen vereinigt und es so verstanden, ein lebensnahes Volksrecht zu schaffen[13]. Einer seiner Hauptvorzüge, der es vorteilhaft von den Kodifikationen anderer Länder des gleichen Jahrhunderts unterscheidet, ist hierbei die Schlichtheit seiner Sprache und die leichte Faßlichkeit seiner Normen. Obwohl die Verfasser mit den Doktrinen des römischen und kanonischen Rechts und der Gesetzgebung des Auslandes wohl vertraut waren, war es ihr Bestreben, ihre Gelehrsamkeit hinter dem Wunsch nach Gemeinverständlichkeit und Einfachheit zurücktreten zu lassen.

Trotz seines nationalen Charakters ist das schwedische Gerichtswesen und -verfahren nie unelastisch und nicht isoliert von fremden Einwirkungen und von den großen abendländischen Strömungen des achtzehnten und neunzehnten Jahrhunderts gewesen, die an ihm mitgeformt und es mitgestaltet haben. Dies läßt sich durch die Jahrhunderte schwedischer Rechtsgeschichte klar verfolgen. Der Dynamik historischer Rechtsbildung blieb immer ausreichender Spielraum. In lebendigem Fluß konnte sich das auf dem Sveriges Rikes Lag aufgebaute Gedankengut organisch fortentwickeln und sich den gewandelten Anschauungen anpassen.

Die neuere Geschichte des schwedischen Prozesses zeigt gewisse Parallelen zur Entwicklung des englischen Verfahrensrechts. Sollen nämlich traditionsbedingte Rechtsinstitute und Prozeßnormen jahrhundertelang ihre Lebenskraft innerhalb sich verändernder Anwendungsgebiete beweisen, so wird es nicht genügen, daß der Gesetzgeber im Laufe der Zeit einzelne Bestimmungen modifiziert oder modernisiert, sondern das

---

[13] Vgl. hierzu von Seth, Einleitung zu dem bisher leider unvollendet gebliebenen Werk von Schlegelberger-von Seth-Freiherr Wrede-Dix, „Das Zivilrecht der nordischen Länder" (Bd. X der „Zivilgesetze der Gegenwart") I. Abt. (Finnland und Schweden), Lieferung I, S. 4 ff.

Recht wird zwangsläufig auch von innen heraus seine Erscheinungsformen wandeln. Ähnlich wie im englischen Prozeß sind daher viele Bestimmungen des schwedischen Verfahrensrechts nicht nur durch neue Gesetzesvorschriften oder partielle Reformen ergänzt und umgestaltet worden, sondern die Rechtsentwicklung schuf von sich aus im Wege des Gewohnheitsrechts, der Gesetzesauslegung und der Spruchpraxis weitreichende Umbildungen und Sinnvariationen, obwohl sich das geschriebene Recht gleichblieb.

Die Beibehaltung althergebrachter Verfahrensformen und die hierin liegende Kontinuität der Rechtsordnung bildet eine der Grundlagen für das Ansehen der schwedischen Justiz. Zugleich haben die Bodenständigkeit des heimischen Gerichtswesens und die organische Form der Rechtsschöpfung die Rechtstreue des schwedischen Volkes und seine Achtung vor dem Gesetz groß werden lassen, so daß es hier zweifellos bei einem Vergleich mit den anderen europäischen Staaten vorzüglich abschneidet. Freilich kann nicht geleugnet werden, daß die Zeit nach dem Ausbruch des zweiten Weltkrieges mit ihren Folgeerscheinungen von Krieg, Krise und Wirtschaftsschwierigkeiten manche Verschlechterung auf dem Gebiet der Gesetzes- und Vertragstreue mit sich gebracht und namentlich bei der jungen Generation die Kriminalität gesteigert hat. Immerhin halten sich diese Veränderungen in verhältnismäßig bescheidenen Grenzen, insbesondere sind die absoluten Kriminalitätsziffern immer noch sehr niedrig, und es bleibt abzuwarten, inwieweit es sich um strukturelle Wandlungen oder um konjunkturelle Erscheinungen handelt. Jedenfalls ist das Vertrauen, das der Rechtspflege und ihren Trägern entgegengebracht wird, konstant geblieben.

Die im neuen RB. enthaltene Regelung des künftigen Verfahrens trägt dem Bedürfnis des schwedischen Volkes nach Fortentwicklung historisch bedingter Rechtsgüter besondere Rechnung, sie meidet den gewaltsamen Bruch mit der bisherigen Linie der Rechtsentwicklung und die Lockung zu umstrittenen Experimenten. Um so höher ist die Tatsache zu werten, daß vieles morsch Gewordene rücksichtslos mit der Wurzel ausgerissen wurde, neue, in anderen Ländern bewährte Rechtsideen ihren Niederschlag fanden und so ein von modernem, wirklichkeitsnahem und zugleich humanem Geist beseeltes Recht entstanden ist. Wo es notwendig war, sind die in der Vergangenheit sichtbar gewordenen Mängel und ihre Fehlerquellen radikal beseitigt worden und völlig veränderte Rechtselemente und Prozeßgrundsätze an ihre Stelle getreten. Mitunter haben — wie erwähnt — die Prinzipien ausländischer Rechtsquellen und insbesondere die des österreichischen Prozeßrechts Pate gestanden. Dennoch spiegeln sich in den meisten Grundgedanken des neuen Prozeßwesens die schwedische Staatsauffassung und das schwedische Rechtsdenken von heute wieder. Fast bei jeder Gesetzgebungsarbeit liegt die Notwendigkeit, den gerechten und sinnvollen Ausgleich zwischen den

Aufgaben des Staates und den Lebensinteressen des einzelnen zu finden, im Mittelpunkt der Zielsetzung. Die Erfüllung dieses Strebens wird erschwert, wenn auf einem Gebiet höchster staatlicher Verantwortung, wie es das Prozeßverfahren darstellt, alte Rechtsüberlieferungen und neue Postulate miteinander verschmolzen werden müssen, ohne daß eine Bruchstelle sichtbar wird. Der Gesetzgeber des RB. hat die Problematik dieser Aufgabe erkannt und sie durch die Schaffung elastischer Prinzipien und zweckmäßiger Kombinationen zu meistern gesucht. Auch viele, möglicherweise mitunter sogar zu viele Generalklauseln sollen dem gleichen Ziele dienen. Hierbei soll die konsequente Erweiterung der Richtermacht weniger die Staatsautorität stärken, als die Funktionsfähigkeit der Rechtspflege erhöhen. Ebenso soll die Verbreiterung und Vertiefung der prozessualen Rechtsgarantien, wie sie im Strafverfahren erfolgte, neben dem Schutz des Unschuldigen auch das Vertrauen der Allgemeinheit in die Gerechtigkeit der Justiz vergrößern.

Es ist natürlich, daß ein so großes neues Werk, an dem so lange und von so vielen gearbeitet wurde und das sich ein so schwierig zu erreichendes Ziel gesetzt hatte, in mancher Hinsicht ein Kompromiß sein muß und nicht ganz frei von Schwächen sein kann. Aber man wird in objektiver Würdigung sagen können, daß es gelungen ist, einen glücklichen und sinnvollen Ausgleich zwischen alter Rechtsüberlieferung und heutiger Lebensanschauung zu schaffen.

Der Prüfstein jedes Gesetzes ist nicht die Wissenschaft, sondern die Praxis. Es liegt in der Natur einer Prozeßordnung, daß sie besonders starken Belastungsproben ausgesetzt ist, weil einander widerstreitende Kräfte die Bestimmungen im eigenen Sinn auszulegen und auszunutzen suchen. Ob das neue Recht in jeder seiner Vorschriften den Anforderungen gewachsen ist, die bei der Kompliziertheit der heutigen und künftigen Lebens- und Wirtschaftsgegebenheiten auftauchen werden, und ob manche Bestimmung nur ein papierenes Dasein führen wird, kann erst die Zukunft erweisen. Es ist auch natürlich, daß sich zunächst hier und da einzelne Übergangsschwierigkeiten und Kinderkrankheiten gezeigt haben. Die Frage einzelner kleinerer Verbesserungen oder Verfeinerungen wird zur Zeit geprüft. Im ganzen geben aber die bisherigen praktischen Erfahrungen nach allgemeiner Überzeugung durchaus Anlaß zu großer Zufriedenheit, und man wird dem Gesetzgeber zugestehen müssen, daß sein Werk die Kennzeichen einer bedeutenden, wahrhaft schöpferischen Konzeption in sich trägt. Die Erfahrung hat uns gelehrt, daß gerade im Verfahrensrecht der Richter wichtiger als das Gesetz ist[14]. In

[14] In den um 1500 entstandenen Richterregeln des großen schwedischen Theologen und Reformators Olaus Petri, die einen nachhaltigen, auch heute noch nicht erloschenen Einfluß ausgeübt haben, heißt es in der 8. Regel besonders hübsch: „Ein frommer und bescheidener Richter ist besser als ein gut Gesetze, denn er

den Händen wirklichkeitsnaher Richter wird sich der neue RB. als ein geeignetes Instrument der Rechtssicherheit bewähren können.

Der neue RB. zeichnet sich erfreulicherweise durch eine geschickte Gliederung und durch Einfachheit der Sprache aus. Mitunter mag das Bestreben nach Prägnanz durch zu große Kürze der Ausdrucksweise etwas beeinträchtigt sein, oder es ist gar zu viel in einem einzigen Satz oder Absatz enthalten. Aber im großen und ganzen ist eine klare und konzentrierte Ausdrucksweise gewählt, die ihr vornehmstes Vorbild im alten Gesetz findet, ohne hierdurch archaisch zu wirken. Es ist ein besonderes Lob, das man dem RB. spenden kann, wenn man feststellt, daß die große Fülle in ihm steckender Gelehrtheit, die Beteiligung so vieler Mitarbeiter und die Dauer der Reformarbeiten nicht erkennbar sind. Man hat sich bewußt bemüht, leicht faßliche, dem Nichtjuristen verständliche Ausdrücke und Formulierungen zu wählen, und es vermieden, einen Geheimkodex für Eingeweihte zu schaffen. Freilich bringt die Gemeinsamkeit vieler zivil- und strafprozessualer Bestimmungen neben Vorteilen auch manche Schwierigkeiten mit sich, nicht zum mindesten für den Übersetzer.

Die dem schwedischen Recht eigentümliche Kontinuität historischer Rechtsbildung hat zur Folge, daß sich nicht nur die älteren, sondern auch viele moderne Gesetze Schwedens nur aus der Perspektive ihrer geschichtlichen Entwicklungslinie begreifen lassen. Dies gilt ganz besonders für den neuen RB. Die Urform der Rechtspflege mit ihrer Einheit von Rechtsetzung und Rechtsprechung im Thing der Landschaften und die hierdurch bedingte Wechselwirkung von Rechtsüberlieferung und Rechtspraxis sowie die feierliche Gestaltung des Verfahrens in fast sakraler Form hat nicht nur das frühere Recht geprägt, sondern man spürt auch im neuen Gesetz noch Reste und Züge hiervon[15].

Fast jedes Rechtsinstitut des schwedischen Prozesses ruht auf den Tragpfeilern historischen Werdens oder ist ein Spiegelbild einstiger Kämpfe des innerpolitischen Lebens. Hier ist als ein Beispiel unter vielen anderen die geschichtlich bedingte Spaltung der Gerichtsorganisation des bäuerlichen Landes und

das Recht allemal nach Bewandtnis der Sache zu mäßigen weiß, wo aber ein boshafter und ungerechter Richter vorhanden, da helfen die guten Gesetze nichts, maßen er dieselben verdrehet und damit nach eigenem Gutdünken Unrecht tut." (H. Dix hat die Richterregeln nochmals ins Deutsche übersetzt; „Deutsches Recht" 1941, S. 1777).

[15] Vgl. hierzu u. a. Karl v. Amira, „Grundriß des germanischen Rechts", 3. Aufl. 1913, S. 250 ff., und „Altschwedisches Obligationenrecht", Leipzig 1882, S. 16 ff. sowie v. Schwerin, Germanische Rechtsgeschichte, Berlin 1936, S. 214 ff. Vieles, was in Konrad Maurers „Altnorwegisches Gerichtswesen" (Abt. 2 der „Vorlesungen über altnordische Rechtsgeschichte", Berlin 1907) über die Entwicklung des norwegischen Prozesses gesagt ist, gilt auch für die schwedischen Verhältnisse.

der Städte zu nennen, die ein Erbgut der einstigen ständischen Gliederung des Schwedischen Reiches war, wie sie Jahrhunderte hindurch sein staatsrechtliches und politisches Leben beherrschte. Diese Teilung der Gerichtsbarkeit hat die Zeiten überdauert, und auch das neue Prozeßgesetz hat sie für den Zivil- und Strafprozeß beibehalten. Auch heute gibt es daher keine Form eines einheitlichen Gerichts der ersten Instanz; zwei ungleiche Typen, die vom Gesetzgeber durch den Sammelbegriff „Untergericht" zusammengefaßt werden, repräsentieren in voneinander abweichender Besetzung die Rechtsprechung des ersten Rechtszugs. Als Gericht der bäuerlichen Landbezirke und der kleinen ländlichen Stadtgemeinden fungiert das staatliche Kreisgericht (Häradsrätt)[16], dessen Leiter ein vom König ernannter Richter ist, dem von der Bevölkerung gewählte Schöffen zur Seite stehen. Die achtundvierzig größeren Städte haben dagegen bisher noch in Fortgeltung ihrer einstigen kommunalen Gerichtshoheit eigene, von ihnen selbst unterhaltene „Stadtgerichte" (Rådhusrätter)[17], die als Kollegialgerichte amtieren. Das oberste Mitglied des Stadtgerichts führt den in deutschsprachigen Ländern leicht zu Mißverständnissen führenden Titel „Bürgermeister". Er und seine Mitrichter, die rechtskundigen „Ratsherren", werden zwar ebenfalls vom König bestellt, doch ist dieser hierbei stets an die in einer Liste von höchstens drei Personen enthaltenen Vorschläge gebunden. Diese Vorschlagsliste wird nach vorangegangener Äußerung des Hofgerichts, das die Qualifikation der Bewerber begutachtet, auf Grund von Wahlen zusammengestellt, und zwar erfolgt bei Einsetzung des Bürgermeisters zu diesem Zweck eine allgemeine kommunale Abstimmung, während die Wahl der Ratsherren durch die Stadtverordneten-Versammlung geschieht. Es gilt nun im ganzen Lande gleiches Recht, aber verschiedenartig gebildete und zusammengesetzte Gerichte wenden es an.

Der schwedische Gesetzgeber war sich durchaus im klaren darüber, daß der Reformator des Prozesses, der keine toten Formen erstehen lassen, sondern dafür wirken will, daß die künftige Rechtspflege die neuen Gedanken in gestaltete Wirklichkeit verwandelt, im allgemeinen nicht nur den formellen Rechtsgang erneuern, sondern auch das Instrument verfeinern muß, dem diese Aufgabe zufällt. Die Struktur des Gerichtswesens ist für das Funktionieren der Rechtspflege fast von ebenso starker Bedeutung wie die im Gesetz zum Ausdruck gelangenden Prozeßmaximen. Um so charakteristischer ist es für das schwedische Rechtsleben, daß man den in hundertjährigen Traditionen verwurzelten Aufbau der unteren und höheren Gerichte sowie die Organisation des Richtertums in dem neuen Prozeßgesetz in wenig veränderter Gestalt beibehalten konnte: sie haben sich nach allgemein übereinstimmendem Urteil bewährt.

---

[16] Wörtlich: Gaugericht.

[17] Sprich: Rodhüsrätter, wörtlich: Rathausgerichte.

Das Ansehen des Richters ist im schwedischen Volk groß, wenn auch seine Stellung nicht mit der des englischen „Richterkönigs“ verglichen werden kann. Besonders hoch ist die Achtung, die dem bei den ländlichen Gerichten fungierenden Kreisrichter entgegengebracht wird. Er führt den altertümlichen Titel „Häradshövding“, was wörtlich etwa Gauhauptmann bedeutet, und nur besonders gut qualifizierte und bewährte Juristen werden mit diesem Amt betraut. Im Gegensatz zum Brauch anderer Länder legt man in Schweden besonderen Wert darauf, daß gerade die erste Instanz mit ausgezeichneten Juristen besetzt ist. So liegt in der richterlichen Laufbahn und Besoldung der Posten eines Kreisrichters im allgemeinen über dem des Hofgerichtsrats. Dies hat traditionsgebundene Gründe. Freilich ist hierbei zu berücksichtigen, daß eine Trennung in der Art der deutschen Amts- und Landgerichte fehlt: auch Zivilprozesse mit hohem Streitwert und Strafverfahren wegen sehr schwerer Delikte beginnen in den ländlichen Bezirken beim Kreisgericht.

Die Träger des Richteramts können nach der „Regierungsform“, einem der verfassungsrechtlichen Grundgesetze Schwedens[18], nicht ohne gerichtliche Untersuchung und Verurteilung ihres Amtes enthoben oder ohne ihren Antrag in ein anderes Amt befördert werden oder versetzt werden (Art. 36). Das Richteramt ist im übrigen an die schwedische Staatsangehörigkeit, das Bestehen der vorgeschriebenen Prüfungen, die Vollendung des fünfundzwanzigsten Lebensjahres und die Ablegung des altertümlichen, feierlich klingenden Richtereides geknüpft[19]. Wesentliches ist dabei gegenüber dem bisherigen Zustand nicht geändert worden.

Der schwedische Jurist legt im allgemeinen als einzige Prüfung ein in Stationen vor sich gehendes Hochschulexamen ab, dessen Bestehen ihn zur Führung des Titels „Juris Kandidat“ berechtigt[20]. Er arbeitet dann bei den Gerichten als sog. „Notarie“[21]. Im Laufe seiner weiteren Ausbildung und Gerichtstätigkeit tritt später — insbesondere in der Hofgerichtsstation — eine so starke Auslese ein, daß diese für die Richteranwärter mindestens der des deutschen Assessorexamens entspricht. Nur sich auszeichnende Juristen haben Aussicht, in die Richterlaufbahn übernommen zu werden. Der juristische Doktortitel ist selten und entspricht etwa dem deutschen Dr. habil.

---

[18] Eine kommentierte deutsche Übersetzung der „Regierungsform“ ist unter dem Titel „Die Regierungsform Schwedens“ von dem verstorbenen Staatsrechtslehrer Pontus Fahlbeck herausgegeben worden (Verlag Puttkammer & Mühlbrecht, Berlin 1911). Allerdings wurden manche Paragraphen in der Zwischenzeit neugefaßt.

[19] Kap. 4 § 11 des Prozeßgesetzes.

[20] Vgl. Gottwald, „Die juristische Ausbildung in Schweden“, Deutsche Juristenzeitung 1931, S. 650.

[21] Dem deutschen „Notar“ entspricht dagegen in Schweden der „Notarius publicus“.

Einschneidend sind die Umgestaltungen der Rechtsanwaltschaft, bei der Reformen dringlich erschienen. Hier fehlte es zudem an einer traditionsbedingten Grundlage. Bis zum 1. Januar 1948 gab es in Schweden keine besondere Zulassung zur Advokatur, keinen Schutz des Advokatentitels, keinen Ausschluß aus der Anwaltschaft und keine öffentlich-rechtliche Standesorganisation[22]. Alles dies ist erst durch den neuen RB. zur Tatsache geworden. Die zuvor existierende privatrechtliche Anwaltsvereinigung, der nur ein Teil der in Schweden tätigen Advokaten angehörte, ist nach dem Vorbild der deutschen Anwaltskammern in einen einheitlichen öffentlich-rechtlichen Zusammenschluß für das ganze Land (Sveriges advokatsamfund) umgestaltet worden. Die Aufnahme in diesen Verband ist jetzt Voraussetzung für die Rechtsanwaltseigenschaft und die Führung des Advokatentitels geworden, zugleich wurde eine Disziplinargerichtsbarkeit geschaffen. Die Bedingungen für die Zugehörigkeit zur Anwaltschaft entsprechen nunmehr denen für die Bekleidung des Richteramts, außerdem wird neben der schwedischen Staatsangehörigkeit und dem inländischen Wohnsitz eine praktische Ausbildung von mindestens fünf Jahren gefordert. Der Charakter der Advokatur als eines festen Berufs wird dadurch unterstrichen, daß Juristen, die im Staats- oder Kommunaldienst stehen oder bei einer Privatperson angestellt sind, nur in Ausnahmefällen und mit besonderer Erlaubnis des Verbandsvorstandes aufgenommen werden dürfen.

Bemerkenswert ist, daß sich der Reichstag nach sehr eingehenden Überlegungen entschlossen hat, weder ein Anwaltsmonopol einzuführen, noch für irgendeine Instanz einen Anwaltszwang vorzuschreiben. Besonders die bäuerliche Bevölkerung hat sich im Jahre 1942 den hierzu gemachten Vorschlägen genau so entschieden widersetzt, wie sie dies schon bei der Beratung des Gesetzes von 1734 gemacht hatte. Eines der vielen Argumente, die gegen den Anwaltszwang — auch bei den Rechtsmittelinstanzen — vorgebracht wurden, war die befürchtete Erhöhung der außergerichtlichen Prozeßkosten.

Ebenso mußte das Anklägerwesen umgestaltet werden. Während bis zum Inkrafttreten des neuen RB. der Kronjurist Schwedens, der den Titel Justizkanzler führt und viele Funktionen in seiner Person vereinigt, zugleich auch der oberste Anklagebeamte des Landes war, ist im Jahre 1948 das Amt des „Reichsanklägers" geschaffen worden. Dieser ist der Ankläger beim Obersten Gerichtshof und zugleich der Chef des gesamten hierarchisch aufgebauten Anklagewesens. Er untersteht dem Justizminister.

Im Gegensatz zu den Staatsanwaltschaften Deutschlands üben die Ankläger Schwedens ihre Tätigkeit zugleich mit polizeilichen Funktionen aus, sie sind dagegen mit dem Strafvoll-

---

22 Die damaligen Verhältnisse der schwedischen Advokatur sind von Forssner in dem Sammelwerk von Magnus „Die Rechtsanwaltschaft", Leipzig 1929, S. 250 behandelt worden.

zug nicht befaßt. Die unter dem Reichsankläger stehenden Anklagebeamten führen seit der Einführung des neuen RB. den Titel „Staatsankläger“, doch sind sie in der Praxis gleichzeitig die Landesvögte, d. h. die Chefs des Polizeiwesens in einer der vierundzwanzig Provinzen (Regierungsbezirke) Schwedens. Die Bezirksankläger heißen in den größeren Städten Stadtfiskale und auf dem Lande Landfiskale. Letztere sind gleichzeitig die Polizeidirektoren ihres Bezirks, so daß ihnen neben der kriminalpolitischen Tätigkeit auch viele administrative Aufgaben zufallen. Die Landfiskale haben bisher häufig keine volle juristische Ausbildung.

Als ein Ankläger besonderer Art, der — mit Ausnahme Finnlands — in anderen Ländern kein Gegenstück hat, ist der Justizbevollmächtigte des Reichstags (Riksdagens Justitieombudsman, im täglichen Sprachgebrauch JO abgekürzt) zu nennen. Er verkörpert eine sehr wichtige, sehr populäre und im staatlichen Leben Schwedens kaum noch zu entbehrende Institution, man gibt ihm den Ehrentitel eines Volkstribuns. Auf die bemerkenswerten Aufgaben und Arbeitsformen dieses für jeweils vier Jahre vom Reichstag zu wählenden öffentlichen Funktionärs Schwedens kann hier nicht im einzelnen eingegangen werden[23], die Verfassung hat ihm zur Pflicht gemacht, als Beauftragter des Reichstags „die Aufsicht über die Befolgung der Gesetze und Verordnungen zu führen“. Hier ist er nur insofern zu nennen, als er unter praktisch sehr wichtigen Voraussetzungen auch die Funktion eines Anklägers ausübt. Die Verfassung sagt hierzu, daß der Justizbevollmächtigte „diejenigen Personen, die bei der Ausübung ihrer Ämter auf Grund von Willkür, Parteilichkeit oder anderen Ursachen eine Ungesetzlichkeit begehen oder die vorgeschriebene Erfüllung ihrer Amtspflichten vernachlässigen, bei den zuständigen Gerichten anzuklagen hat“. Das schwedische Strafgesetzbuch hat nämlich nicht nur die typischen Amtsverbrechen wie Amtsmißbrauch, passive Beamtenbestechung, Bruch der Amtsverschwiegenheit usw. mit Strafen bedroht, sondern darüber hinaus alle Disziplinarverfehlungen kriminalisiert. Jeder Beamte und Richter, der in einem einzelnen Fall seine Amtspflicht aus „Säumnis, Unverstand oder Ungeschick“ außer acht läßt, macht sich strafbar. Da es keine Disziplinargerichte gibt, wird deshalb gegen ihn erforderlichenfalls vom Justizbevollmächtigten die Anklage beim ordentlichen Gericht erhoben, das ihn zu Geldstrafe oder Suspension, in schweren Fällen sogar zu einer Freiheitsstrafe oder Amtsenthebung zu verurteilen hat.

Dem Justizbevollmächtigten entspricht der Militärbevollmächtigte des Reichstags, der auf militärischem Gebiet die Einhaltung der Gesetze zu kontrollieren und den Verfehlungen von Militärpersonen nachzugehen hat. Auch er erhebt die Anklage gegen Schuldige, z. B. gegen militärische Vorgesetzte,

[23] Vgl. hierzu den Aufsatz des Verfassers „Der Justizbevollmächtigte des schwedischen Reichstags“, Deutsche Rechts-Zeitschrift 1950, S. 396.

die sich inkorrekt gegen ihre Untergebenen benommen haben, bei den ordentlichen Gerichten.

Nur durch die historische Tradition Schwedens und seinen ursprünglich stark ausgeprägten staatsrechtlichen Dualismus wird verständlich, daß nicht nur der Reichstag Überwachungs- und Anklagefunktionäre dieser Art wählt, sondern auch der König einen solchen Amtsträger ernennt. Dies ist der bereits genannte, in der Staatshierarchie sehr hoch stehende Justizkanzler, dessen Anfänge bis ins siebzehnte Jahrhundert zurückgehen. Im Gegensatz zum Justizbevollmächtigten ist er auch für die Verfehlungen von Kommunalbeamten zuständig, im übrigen darf der schwedische Bürger selbst bestimmen, ob er den Beauftragten des Reichstags oder Königs anrufen will, wenn er glaubt, daß er von einem Beamten ungerecht oder nachlässig behandelt worden ist. Angesichts der jahrhundertealten Traditionen arbeiten beide Amtsträger bei ihrer Aufsichts- und Anklagetätigkeit in der Praxis ohne Reibungen nebeneinander.

Aus der Fülle sonstiger Einrichtungen des schwedischen Prozeßrechts, die sich nur aus ihrer geschichtlichen Entwicklung begreifen lassen, sollen hier nur zwei besonders charakteristische Erscheinungen herausgegriffen werden: die Beteiligung der Laien und die Stellung des Königs.

Ähnlich wie in anderen Germanenrechten, in denen ein Thing unter einem gewählten Obmann (Lagman) zu Gericht saß, wurde es in Skandinavien allmählich Sache jeder Partei, eine gleich große Anzahl von Männern auszuwählen, die sich eidlich darüber zu äußern hatten, was an dem Vorbringen als richtig anzusehen war. Diese Männer hatten die Rechtsstreitigkeiten zunächst außerhalb des Verfahrens zu prüfen und traten dann ähnlich wie die Zeugen des modernen Prozesses vor dem Gericht auf. Man nimmt an, daß sie später in den Prozeß eingeschaltet und hierdurch allmählich zu einem Kollegium wurden, das als Hilfe des Gerichts fungierte und in ihm Sitz erhielt. Seine bis heute beibehaltene Bezeichnung ist „Nämnd". Aus ihm hat sich vermutlich die Teilnahme von richterlichen Laien am Prozeß entwickelt, die in der Form eines Schöffenkollegiums Sitz im Gericht haben. Das Nämnd hatte zunächst die Stellung einer Beweisjury, an die der Richter die Prüfung der Beweismittel eines bestimmten Rechtsstreits verwies. Schließlich aber erstreckte sich seine Aufgabe auf die Prüfung und Mitentscheidung des ganzen zivilprozessualen Streitgegenstandes oder der Schuld- und Straffrage im Strafverfahren[24]. Die Mitwirkung von Laien an der Rechtspflege ist auf der Grundlage dieser rechtshistorischen Entwicklung heute ein nicht entbehrlich erscheinendes und kaum noch wegzudenken-

[24] Das historische Verhältnis von „Nämnd" und „Eidhilfe" zueinander ist allerdings umstritten. Vgl. hierzu v. Schwerin „Zur altschwedischen Eidhilfe", Heidelberg 1919. Auch neuere schwedische Forscher äußerten gewisse Zweifel (vgl. K. G. Westman „Den svenska nämnden", Stockholm).

des Element des ländlichen Zivil- und Strafprozesses. Die unmittelbare Einwirkungsmöglichkeit des Schöffenkollegiums auf die Urteilsfällung ist vom Gesetz eng begrenzt, denn die Schöffen bilden zwar keine Jury, sondern sie entscheiden zusammen mit dem Berufsrichter über die Tat- und Rechtsfragen, aber sie haben kein Einzel- sondern nur ein Kollektivstimmrecht. Nur wenn sieben von neun Schöffen anderer Meinung als der Vorsitzende sind, können sie diesen überstimmen. Dies ist in der Praxis eine ungewöhnliche Ausnahme. Aber die Bedeutung des Nämnd als Bindeglied zwischen Justiz und Volk und für das allgemeine Rechtsgefühl ist von um so tieferem Wert. Früher gab es Schöffen nur bei den ländlichen Kreisgerichten, wo sie in jedem Zivilprozeß ungeachtet der Höhe des Objekts und in jedem Strafverfahren ohne Rücksicht auf die Schwere der Tat zur Mitwirkung berufen sind. Hieran ist — abgesehen von der Zahl der Schöffen — nichts Grundsätzliches geändert worden. Nun aber hat man sich nach lebhaften Debatten, die gerade bei dieser Frage das Für und Wider besonders eingehend erörterten, dazu entschlossen, in Erweiterung des früheren Rechts auch beim Stadtgericht ein Nämnd mitwirken zu lassen, wenn es sich um die Aburteilung schwerer Delikte handelt. In Fällen dieser Art wirkt dann nur ein Berufsrichter mit.

Der schwedische Schöffe repräsentiert einen ganz anderen Typus als der nur in Strafsachen und nur zu vorübergehendem Wirken berufene deutsche Schöffe oder Geschworene. Der schwedische Schöffe wird als Träger des besonderen Vertrauens seiner Mitbürger gewählt, seine Amtszeit beträgt sechs Jahre, sie pflegt meistens verlängert zu werden. Gerade die Länge des Amtes dient dazu, seine Erfahrung, seine Einsicht und sein Rechtsgefühl reifen zu lassen und ihn auch in seiner inneren Einstellung zu einem Organ der Rechtspflege zu machen. Die Wahl zum Schöffen ist eine besonders in der alteingesessenen Bauernschaft allgemein geachtete Auszeichnung. Man pflegt dort den Schöffen meistens auch im Privatleben mit diesem Titel anzureden.

Ein zweites interessantes Charakteristikum, das die heutige schwedische Gerichtsverfassung mitgeformt hat, ist die eigenartige Stellung des Königs im Prozeßverfahren.

Es unterscheidet Schweden vom Deutschen Reich, daß die Macht des Monarchen stets begrenzt war und nicht die Befugnis umfaßte, Gesetze zu ändern, die unter Mitwirkung des Volkes oder Reichstags zustandegekommen waren. Das kurze Intervallum einer königlichen Alleinherrschaft unter Karl XI. und Karl XII. (1682—1718) führte nicht zu bedeutsamen Abänderungen des Rechts. Damit hing das Fehlen der königlichen Einwirkungsmöglichkeit auf die Gerichtsbarkeit und der Fortfall einer sogenannten Kabinettsjustiz zusammen. Der König konnte sich in ein bei einem ländlichen Gericht schwebendes Verfahren nicht einschalten, statt dessen war erst nach Abschluß der Sache in gewissem Umfang ein Appell an ihn möglich: er wurde damit zu einer Instanz. Die richterliche Gewalt des Königs wurde von seinen Räten, die den sog. Reichsrat bildeten, ausgeübt. Als die Vervollkommnung des Verfahrens ordentliche Rechtsmittel entstehen ließ und die Berufung (Vad) ausgestaltet wurde, führte man nach deutschem Vorbild ein nur aus Juristen bestehendes Hofgericht als Berufungsinstanz ein. Dieses von Gustav Adolf im Jahre 1614 kurz vor Ausbruch des Dreißigjährigen Krieges geschaffene Instanzgericht machte eine erneute Abgrenzung zur richterlichen Gewalt des Königs nötig, da dem Verurteilten die Möglichkeit blieb, sich mit Hilfe des „beneficium revisionis" an diesen zu wenden. Zwischen der in den Reichsräten verkörperten Idee des Monarchen als des Gerichtsherrn des Landes und dem Wunsch nach unabhängiger Ausübung der Rechtspflege durch die Gerichte wurde schließlich ein Ausgleich geschaffen, der der endgültigen Gewaltenteilung diente. Zu diesem Zweck wurde der Reichsrat nach verschiedenen Zwischenstadien von Gustav III. durch die Verfassungsgrundgesetze von 1772 und 1789 außer Funktion gesetzt und die richterliche Gewalt des Königs auf ein besonderes Instanzgericht übertragen, das über dem Hofgericht stand und den Namen „Oberster Gerichtshof des Königs" (Konungens Högsta Domstol) erhielt. Um die besondere Verbindung des Souveräns mit diesem Gerichtshof zum Ausdruck zu bringen, erhielt er selbst in ihm Sitz, er besaß zwei Stimmen. Dies wurde in der Verfassung des Jahres 1809 beibehalten, auf Grund deren der Oberste Gerichtshof aus zwölf gesetzeskundigen Mitgliedern, sechs Adligen und sechs Nichtadligen, bestand. Erst im Jahre 1909 ist in der neuen Verfassung bei der Umgestaltung des Obersten Gerichtshofs das eine bloße Form bedeutende königliche Stimmrecht fortgefallen. Oskar II., der Großvater des heutigen Königs, hat es allerdings im Jahr 1889 anläßlich des hundertjährigen Bestehens des Gerichtshofs einmal ausgeübt.

Die Verbindung von König und Oberstem Gerichtshof findet ihren Ausdruck in eigenartigen Formalitäten. Noch bis zum Jahre 1948 wurden alle Schreiben an den Obersten Gerichtshof mit der Adresse „An den König" versehen. Das Gericht tagte im Königlichen Schloß in Stockholm, es ist erst im Laufe des Jahres 1949 mit Rücksicht auf das nun eingeführte Prinzip der Mündlichkeit in das schöne, in der Nähe des Schlosses gelegene Bondesche Palais umgezogen. Die Urteile werden verfassungsgemäß als Entscheidungen des Königs (Kungl. Majestät) abgefaßt und mit seinem Geheimsiegel, in bestimmten Fällen sogar mit seiner Unterschrift versehen; die Richter unterzeichnen die Urteile nicht[25]. Der Oberste Gerichtshof hat übrigens auch im Gegensatz zu den Hofgerichten keinen Präsidenten, sondern der König betraut einen Richter mit den Obliegenheiten des Vorsitzenden.

---

[25] Vgl. Birger Wedberg in dem Sammelwerk von Magnus „Die Höchsten Gerichte der Welt", Leipzig 1929, S. 363.

Handelt es sich hierbei in erster Linie nur um Äußerlichkeiten, so ist doch natürlich, daß die in ihnen symbolisch zum Ausdruck gebrachte, historisch fundierte Übertragung des im schwedischen Volksbewußtsein von jeher tief verankerten königlichen Urteilsrechtes erheblich dazu beitrug, die Stellung des höchstinstanzlichen Gerichts zu stärken. Diese Tatsache kommt nicht nur in dem allgemeinen Ansehen zum Ausdruck, das der Oberste Gerichtshof genießt, sondern auch in den Funktionen, die ihm im Staatsleben zufallen.

Die Bestimmungen über die Besetzung und Beschlußfähigkeit des Obersten Gerichtshofs finden sich bezeichnenderweise zum großen Teil nicht im RB. sondern in der Verfassung. Der neue RB. sagt demgemäß, daß die Gerichtsbarkeit des Königs, „so wie es die Verfassung bestimmt", vom Obersten Gerichtshof ausgeübt wird. Die Richter dieses in drei Abteilungen aufgeteilten Gerichtshofs führen seit den Tagen Gustav III. den im Lande dank seines historischen Gewichts sehr angesehenen Titel „Justizrat" (Justitieråd), ihre Zahl beträgt seit dem Jahre 1915 vierundzwanzig.

Die Übertragung der dem königlichen Urteilsrecht immanenten Befugnis zur Beseitigung falscher Richtersprüche wirkt sich dahin aus, daß der Oberste Gerichtshof als höchste Instanz kein Kassations- sondern ein Appellationsgericht ist, daß er also sowohl über die Rechts- wie über die Tatfragen entscheidet, daß er in Gnadensachen mitwirkt und daß ihm ein weitreichendes Recht zur Wiederaufnahme rechtskräftig entschiedener Verfahren eingeräumt worden ist.

Die Richter des Obersten Gerichtshofs sind aber nicht nur an der Rechtsprechung beteiligt, sondern bemerkenswerterweise auch an der Gesetzgebung. Dies steht im Zusammenhang mit den besonderen Formen, die sich für die Gesetzgebungstätigkeit Schwedens im Laufe der Jahrhunderte herausgebildet haben. Sie müssen zum Verständnis des Rechtswesens berücksichtigt werden.

Die Gesetzgebungsakte Schwedens werden im allgemeinen mit ungewöhnlicher Gründlichkeit vorbereitet, und die Gesetzentwürfe mit so ins einzelne gehenden, vorsichtig abgewogenen Motiven versehen, daß diese später oft die Aufgabe der Kommentare anderer Länder erfüllen. Bei der Ausarbeitung jedes wichtigeren Gesetzes besteht das Bestreben, noch vor der Einreichung beim Reichstag möglichst vielen und unterschiedlichen Gremien die Möglichkeit der Mitwirkung zu geben. Die Entwürfe werden meistens nicht in den Ministerien gefertigt, sondern von permanenten oder eigens hierfür eingerichteten Kommissionen. Hierfür werden die besten Köpfe des Landes, Juristen und Nichtjuristen, herangezogen. So sehen z. B. die Professoren der juristischen Fakultäten ihre Aufgabe vielfach ebenso darin, die Gesetze mitauszuarbeiten wie sie nachträglich zu interpretieren, und viele Richter und Anwälte wenden das Recht nicht nur an, sondern helfen, es zu schaffen. Dies hat sich vorzüglich bewährt.

Der Kommissionsentwurf wird im sog. „Remiss"-Weg den Institutionen, deren Wirkungsbereich auf dem behandelten Rechtsgebiet liegt, zur Stellungnahme vorgelegt. Häufig werden u. a. die Hofgerichte usw. befragt, ebenso aber auch auf dem Wege über ihre Vertretungen die Richter, Ankläger und Anwälte. Gleiches gilt für alle anderen Behörden und öffentlich-rechtlichen Körperschaften, aber auch für viele privatrechtliche Organisationen. Ihre Äußerungen beeinflussen oft die Fertigung der Regierungsvorlage, sie werden auch dem Reichstag mitgeteilt.

Die Mitwirkung des Obersten Gerichtshofs bei der Gesetzgebung ist in besonderer Form gesetzlich geregelt. Sie liegt zeitlich nach der Befragung der genannten Stellen. Drei vom Gerichtshof gewählte, jedes zweite Jahr wechselnde Justizräte sowie ein Regierungsrat (Mitglied des Obersten Verwaltungsgerichts) gehören einem „Gesetzgebungsrat" (Lagråd) an, dem die Gesetzentwürfe unterbreitet werden müssen, bevor die endgültige Regierungsvorlage gefertigt wird. Dem Gesetzgebungsrat ist die verfassungsmäßige Aufgabe übertragen, die Gesetze vor Erlaß, Abänderung und Aufhebung zu prüfen, sie zu begutachten und Vorschläge zu ihrer Umgestaltung zu machen. Er hat vor allem gesetzestechnische Mängel zu beseitigen, aber darüber hinaus die einzelnen Vorschriften in Übereinstimmung mit den geltenden Rechtsprinzipien des Landes zu bringen. Hierdurch wird eine anderen Ländern nicht bekannte Brücke zwischen den gesetzgebenden und rechtsprechenden Gewalten des Staates geschlagen, die sich als sehr wertvoll erwiesen hat.

Von geringer Bedeutung ist dagegen heute die Verfassungsbestimmung, die dem Obersten Gerichtshof die Befugnis zuerkennt, Erläuterungen über den wirklichen Sinn solcher Gesetze zu geben, die zum richterlichen Ressort gehören. Hiervon wird in der Praxis kein Gebrauch mehr gemacht. Dagegen spielen die Präjudikate eine um so entscheidendere Rolle. Die Urteile des Obersten Gerichtshofs werden einschließlich des Abstimmungsergebnisses mit Namensangabe und Votumsbegründung der überstimmten Richter in dem seit 1874 erscheinenden „Nytt Juridiskt Arkiv" (Neues Juristisches Archiv) veröffentlicht. Ihnen fehlt zwar im Gegensatz zu den angelsächsischen Ländern die verbindliche Kraft, doch besitzen sie für die unteren Instanzen im allgemeinen vollen autoritativen Wert.

Eine schwedische Besonderheit ist das Vorhandensein einer „Unteren Justizrevision" (Nedre Justitierevisionen) beim Obersten Gerichtshof, der die gesamte vorbereitende Bearbeitung und der Vortrag aller zur höchstrichterlichen Entscheidung gelangenden Zivil- und Strafprozesse obliegt. Ihr gehören „Revisionssekretäre" als Mitglieder an. Ein Revisionssekretär ist ein qualifizierter Jurist, der meistens zuvor als Richter an einem Hofgericht tätig war und bei Bewährung später in eine führende Stellung berufen zu werden pflegt.

Das Fortbestehen des im Sveriges Rikes Lag enthaltenen RB. und das Fortwirken der alten Verfahrenstraditionen ist nicht so zu verstehen, daß es der Gesetzgeber früher ganz vermieden hätte, neue Bestimmungen prozessueller Art zu erlassen. Im Gegenteil erfolgten im Laufe der Zeit zahlreiche Ergänzungen und Modernisierungen. Auf dem Gebiet des Zivilprozesses sind hier neben gerichtsorganisatorischen Maßnahmen besonders das Mahnverfahren, das Armenrecht und das Schiedsgerichtswesen zu nennen. Aber auch im Strafprozeß hatte sich mancherlei sehr Bedeutsames auf legislatorischem Wege geändert.

Für das Zivilprozeßrecht muß ferner berücksichtigt werden, daß es neben dem im RB. geregelten Verfahren vor den ordentlichen Gerichten seit langem noch eine Reihe von Sondergerichtsverfahren gibt, die von großer Bedeutung sind.

So entscheidet in ländlichen Grundstücksteilungssachen in erster Instanz ein Grundstücksteilungsgericht auf Grund besonderer Verfahrensvorschriften, in dem drei Laien mit landwirtschaftlichen Kenntnissen als Beisitzer mitwirken. In den oft komplizierten wasserrechtlichen Streitigkeiten, denen in Schweden erhebliche wirtschaftliche Bedeutung — u. a. auch im Zusammenhang mit der Elektrizitätsversorgung des Landes — zukommt, sind Wassergerichte zuständig, denen Ingenieure und besondere Wasserschöffen als Beisitzer angehören. Im Gegensatz zu anderen Ländern besteht kein Handelsgericht, und auch zur Schaffung besonderer „Kammern für Handelssachen", wie sie Deutschland kennt, sah man bisher keinen Anlaß. Dagegen werden Patent- und Seerechtsprozesse zwar vor den ordentlichen Gerichten geführt, dort aber auf technischem bzw. nautischem Gebiet sachkundige Laien hinzugezogen. Bedeutsam wurde die im Jahre 1928 erfolgte Schaffung eines siebenköpfigen Arbeitsgerichtshofs, dem je zwei Vertreter der Arbeitgeber und Arbeitnehmer angehören, er ist aber anders als in Deutschland nicht für Einzelstreitigkeiten, sondern nur für das Gebiet des kollektiven Arbeitsrechts und insofern als einzige Instanz zuständig. Dieses gesamte Sondergerichtswesen ist vom neuen RB. unberührt gelassen worden.

Im Bereich des Strafrechts ist auf Grund der Verfassung seit langem das Gebiet der Pressedelikte einer Sondergerichtsbarkeit vorbehalten worden, und der neue RB. hat hieran nichts geändert. Die schwedische Verfassung ist kein einheitliches Gesetz, sondern setzt sich aus vier Grundgesetzen zusammen, zu denen die sog. Druckfreiheitsordnung gehört. Sie ist im Jahre 1949 neu gefaßt worden. In ihr wird die Druck- und Pressefreiheit des schwedischen Bürgers garantiert. Für Vergehen, die durch die Presse oder durch sonstige Druckerzeugnisse begangen werden, in der Praxis vor allem für Beleidigungsklagen wegen kränkender Zeitungsangriffe, bestehen neben anderen Sonderbestimmungen auch besondere Verfahrensvorschriften. Zuständig ist ausschließlich das Stadtgericht, bei dem eine Jury über die Schuldfrage entscheidet, das Gericht befindet über das Strafmaß, darf aber einen Angeklagten auch entgegen dem Schuldspruch freisprechen. Die für vier Jahre von den Provinziallandtagen für diese Prozesse zu wählenden Geschworenen sollen sich aus „urteilsfähigen, selbständigen und rechtschaffenen" schwedischen Bürgern „verschiedener Gesellschaftsgruppen und Meinungsrichtungen" zusammensetzen, bei einem Drittel von ihnen muß es sich um Schöffen der Untergerichte handeln. Bei der Auswahl der neun Geschworenen für das einzelne Verfahren, die nur bei Zweidrittelmehrheit einen Schuldspruch fällen dürfen, entscheidet das Los, doch können die Parteien zunächst ein vom Gesetz im einzelnen geregeltes Ablehnungsrecht ausüben, ohne hierbei Ablehnungsgründe vorzubringen.

Ebenso fielen bestimmte bürgerlich-rechtliche Verfahrensarten auf Grund besonderer Vorschriften in gewissem Umfang aus dem Rahmen des bisherigen Prozeßrechts heraus. Dies gilt vor allem für die sehr wichtigen und häufigen Ehe- und Kindschaftsangelegenheiten. Ihnen liegt zumeist nicht dispositives Recht zu Grunde, weshalb die Einwirkungsmöglichkeit der Parteien auf die Prozeßführung auch jetzt vermindert ist und ihre Anerkenntnisse den Richter nicht binden[26].

Die Zwangsvollstreckung ist weder im alten noch im neuen RB. enthalten. Im Sveriges Rikes Lag war ein besonderer Abschnitt (Utsökningslag) dem Vollstreckungsrecht gewidmet, an dessen Stelle im Jahre 1877 ein modernisiertes Zwangsvollstreckungsgesetz getreten ist. Nunmehr finden sich daher Bestimmungen, die die Sicherung der Vollstreckung bezwecken (Arrest, Veräußerungsverbot und andere provisorische Verfügungen), in beiden Gesetzen. Ebenso wurden die Urkundenprozesse und Mahnverfahren außerhalb des RB. in einem besonderen Gesetz geregelt. Sie spielten sich nach alter Rechtstradition außerhalb des gerichtlichen Zuständigkeitsbereichs beim Oberexekutor ab. Erst im Jahre 1937 wurden die Verfahren dieser Art den ordentlichen Gerichten zugeteilt; die sie regelnden Bestimmungen sind jetzt in einem besonderen Gesetz von 1946 enthalten.

Überhaupt ist das Bestreben des Gesetzgebers, auf zivilrechtlichem Gebiet Sonderregelungen für bestimmte Verfahrensarten möglichst unverändert zu lassen, groß gewesen Schon äußerlich läßt sich dies daran erkennen, daß die Vorschrift, diese oder jene Bestimmung solle unberührt bleiben, zahllose Male wiederkehrt. Man hat diese Rücksicht auf

[26] Die Bestimmungen sind in deutschen Übersetzungen abgedruckt bei Alexander Bergmann, Internationales Ehe- und Kindschaftsrecht, Berlin 1939—1940, S. 627 (Neuauflage in Lieferungen seit 1952), sowie bei Schlegelberger — v. Seth — Frhr. Wrede - Dix a. a. O., Lieferung 4 a, S. 82. Eine deutschsprachige Darstellung des Verfahrens in Ehesachen erfolgte durch Prof. C. G. Björling, Lund in Leske-Löwenfeld „Das Eherecht der europäischen Staaten und ihrer Kolonien" 2. Aufl. 1. Teil, Berlin 1934, S. 645.

historisch Bewährtes der Zusammenfassung und Vereinheitlichung aller Bestimmungen vorgezogen und die sich hieraus ergebende geringere Übersichtlichkeit in Kauf genommen. Selbst das Gesetz über das Armenrecht, das schon durch die Vorschriften über die Prozeßkosten vielfach in das Verfahrensrecht hinüberspielt, ist nicht einbezogen worden, weil sich diese Vorschriften zugleich auch auf das Verfahren vor den Sondergerichten und die Vollstreckung beziehen. Es ist im Jahr 1947 ebenfalls umgestaltet worden.

Die Geltungsdauer des alten RB. von 214 Jahren schließt die Tatsache nicht aus, daß Reformwünsche und Reformversuche sehr alten Datums sind. Die ersten Bemühungen in dieser Richtung datieren nämlich aus dem Jahre 1810, so daß mit dem neuen RB. eine Arbeit von 132 Jahren ihren Abschluß gefunden hat. Die Wiedergabe der einzelnen Stadien der Prozeßreform, ihrer Wege, Umwege und Irrwege würde ein kleines Buch füllen. Das Versanden fast aller Arbeiten im neunzehnten Jahrhundert stellte dem Funktionieren des damaligen schwedischen Gesetzgebungsapparates kein günstiges Zeugnis aus. Nach einem endlosen Auf und Ab blieben die Bestrebungen immer wieder ohne greifbares Resultat, bis man im Jahre 1911 mit erneuten Beratungen begann, die nun nach einem Menschenalter ihre Krönung in dem neuen RB. gefunden haben. Die Zahl der Gremien, die in diesen 31 Jahren mit den Vorarbeiten betraut wurden, war groß, und ebenso der Kreis der juristischen Behörden, Körperschaften, Fachverbände und Einzelpersonen, die nach schwedischem Gesetzgebungsbrauch zunächst gehört wurden und gutachtlich Stellung zu nehmen hatten. Es läßt sich denken, wie viel in so langen Jahren an Vorschlägen, Entwürfen, Gutachten, Abänderungswünschen, Bedenken und Kritiken verfaßt und gedruckt ist. Ein bekanntes, auch hier geltendes Wort sagt, daß ein Federzug des Gesetzgebers Berge juristischer Literatur in Makulatur verwandelt. Immerhin findet sich unter den Materialien zweifellos mancherlei, das an theoretischer oder systematischer Grundlegung bleibenden Wert besitzt. Besonders ist hier die mit großer Umsicht und Sorgfalt ausgearbeitete Regierungsvorlage (Proposition) Nr. 80 von 1931 zu nennen, auf Grund deren der Reichstag die vorgeschlagenen Grundsätze der Prozeßreform nach eingehenden Beratungen schließlich guthieß. Unter den Initiatoren, denen das endliche Zustandekommen der Reform zu verdanken ist, muß vor allem der bereits erwähnte Justizrat Natanael Gärde, ein sehr bedeutender Prozessualist, genannt werden, der die Regierungsvorlage von 1931 als damaliger Justizminister im Reichstag einbrachte, später als Vorsitzender der Prozeßgesetzkommission amtierte und wohl am ehesten auf den ehrenvollen Titel eines „Vaters“ des neuen Gesetzes Anspruch erheben darf[27]. Mit ihm arbeitete eine Reihe anderer namhafter Juristen

[27] Vgl. Simson, „Natanael Gärde siebzigjährig“, Zeitschrift für Zivilprozeß, Bd. 64, S. 80.

Schwedens in fruchtbarer Gemeinschaft zusammen. Ferner verdient vor allem der frühere Justizminister und damalige Hofgerichtspräsident Karl Schlyter, eine führende Juristengestalt Skandinaviens, besondere Erwähnung, da er im Reichstag als Ausschußvorsitzender auf das schließliche Gelingen des Werkes starken Einfluß zu nehmen vermochte.

Unter den Gründen, die eine Reform des RB. unumgänglich nötig machten, steht der dringliche Ruf nach Beschleunigung der Prozesse im Vordergrund. Wie ein roter Faden zieht sich durch die Jahrhunderte der Kampf gegen die Langsamkeit der Justiz als den Erzfeind jeder zweckvollen, gesunden und volksnahen Rechtspflege. Dies gilt besonders für Verfahren, die mehrere Instanzen zu durchlaufen hatten, aber auch schon in den unteren Instanzen machte das Vertagungsunwesen und die unnötige Aufblähung des Prozeßmaterials durch toten Ballast radikale Maßnahmen unvermeidbar. In der 24. Richterregel des Olaus Petri heißt es zwar: „Ein Richter muß sich auch mit dem Urteilsprechen nicht übereilen, sondern seine Sache sehr genau überlegen, denn ein geschwinder Spruch selten gut und gerecht zu seyn pfleget." Aber schon im Jahre 1695 erging eine damals ebenfalls ins Deutsche übersetzte Verordnung Karl XI. unter dem bezeichnenden Titel „Ihro Königl. Majestät gnädige Verordnung in sich haltend einige Stücke zur Verkürtz- und Linderung der Weitläuffigkeiten in den Rechts-Prozessen vor die streitenden Parteien sowohl bei denen Ober- als Unter-Gerichten".

Auch in späterer Zeit hatte man mancherlei zur Beschleunigung der Verfahren getan, aber die Klagen über die Langsamkeit blieben bestehen, und namentlich die Vorherrschaft der Schriftlichkeit bei den Instanzgerichten war ein schwerer Hemmschuh. Im letzten Jahrzehnt vor dem Inkrafttreten des neuen Rechts hat man erfolgreich vermocht, ohne Abänderung des Gesetzes oder mit Hilfe partieller Verbesserungen auf dem Gebiet der Gerichtsorganisation den schlimmsten Mängeln abzuhelfen. Aber dies konnte naturgemäß nur funktionelle Störungen beseitigen, die organische Gesundung setzte voraus, daß durch die Kunst des Gesetzgebers der richtige Ausgleich zwischen Verhandlungsmaxime und richterlicher Prozeßleitung gefunden wurde und daß die drei Prinzipien der Mündlichkeit, Unmittelbarkeit und Konzentration die bestimmenden Faktoren jeder Phase des Prozesses werden. Dies war der wesentlichste Sinn der Reform.

Da diese Grundsätze zuvor nur unzureichend Geltung hatten, so waren neben der zu großen Langsamkeit auch andere Mängel entstanden. Sie machten sich am stärksten innerhalb der Verfahren vor den höheren Gerichten geltend. Sowohl beim Hofgericht wie beim Obersten Gerichtshof sind die Tat- wie die Rechtsfragen zu prüfen. Es müssen sich Fehlerquellen ergeben, wenn der Instanzrichter seinem Urteil nur die vorinstanzlichen Protokolle von Verhandlungen zugrunde legen kann, denen er selbst nicht beigewohnt hat. Trotzdem hatte sich im Laufe der Zeit die Schriftlichkeit der Verfahren eingebürgert, war beim Hofgericht zur Regel und beim Obersten Gerichtshof ausnahmslos üblich geworden. Es läßt sich denken, wie sehr dieser Zustand der auch im Strafprozeß herrschte, eine völlige Umstellung des Verfahrens nötig machte.

Aber auch bei den unteren Gerichten verursachte das Fehlen einer gesetzlich vorgeschriebenen Konzentration und die zu geringe Befugnis des Richters zur Intensivierung von Verfahren und Verhandlung Mängel, die nicht nur formale Schwierigkeiten mit sich brachten, sondern letzten Endes eine Gefährdung der Rechtssicherheit bedeuteten. Der damalige Chef des schwedischen Justizdepartements hat in einer eingehenden Äußerung über diese Mißstände erklärt, daß die gesetzliche Grundlage und die praktische Gestaltung des gegenwärtigen Verfahrens keine volle Gewähr mehr dafür biete, daß die größtmögliche Kongruenz von materiellem und formellem Recht gesichert sei und der Richter die Möglichkeit habe, den wirklichen Sachverhalt und die Zuverlässigkeit der erhobenen Beweise eindeutig und vollständig festzustellen. Die radikale Beseitigung dieser Mängel wurde eines der wesentlichsten Ziele der Reform.

Ein zweiter Hauptpunkt war die völlige Umgestaltung des B e w e i s v e r f a h r e n s und seine Befreiung vom Prokrustesbett der legalen Beweistheorie. Mit Recht wurde betont, daß die Ersetzung des bisherigen Beweisrechts durch den Grundsatz der freien Beweiswürdigung eines modernen Rechts allein angemessen sei, daß sie aber ihrerseits die Unmittelbarkeit und Mündlichkeit zur Voraussetzung hat. Nur die Lebendigkeit der mündlichen Verhandlung und die Unmittelbarkeit der Eindrücke kann dem Richter die Handhabe für die Würdigung von Wert oder Unwert des Beweisergebnisses bieten.

Das Beweisrecht, das auf eine Verschmelzung altgermanischer und kanonischer Vorstellungen zurückgeht, war so altertümlich, daß seine formelle Beibehaltung bis in die Mitte des zwanzigsten Jahrhunderts manchen Nichtschweden erstaunen wird. Nach dem bis Ende 1947 geltendem Recht war nicht nur Jugendlichen, des Meineids Angeklagten und ähnlichen Personengruppen das Recht zur Zeugenaussage durch einen absoluten Ausschließungsgrund aberkannt, sondern die relativen Ausschließungsgründe umfaßten gerade diejenigen Zeugen, die häufig allein über den Prozeßstoff unterrichtet sein können, nämlich:

1. die an der Sache Beteiligten oder an ihrem Ausgang Interessierten,
2. die Verwandten und Verschwägerten der Beteiligten und der am Ausgang Interessierten,
3. die Hausgenossen und persönlichen Hausbediensteten der Beteiligten,
4. jeden, der mit einer der Parteien einen rechtshängigen Prozeß führte,
5. jeden, der offenbar der „Feind" einer der Parteien war (in Strafsachen auch den Anzeigenden).

Noch stärkere Bindungen schafften die Beweisregeln des alten RB.:

> „Zwei Zeugen, die miteinander übereinstimmen, sind voller Beweis. Ein Zeuge in der Sache selbst bildet nur einen halben Beweis, und der Beklagte muß sich dann durch einen Eid reinigen."

Es läßt sich denken, welchen Hemmschuh diese gesetzliche Beweistheorie für den Richter bildete und wie erschwerend sie oft der Ermittlung der materiellen Wahrheit im Wege stand. Es kann hier nicht geschildert werden, wie sich im Laufe der Zeit starke Modifikationen der legalen Beweistheorie durch die Gerichtspraxis bildeten, doch beengte ihre Existenz natürlich trotzdem die Atmosphäre, und auch die Versuche zu ihrer Umgehung mußten einen ungesunden Zustand schaffen. Heute gilt sowohl das Prinzip der freien richterlichen Beweiswürdigung wie die Bestimmung, daß grundsätzlich jeder als Zeuge vernommen werden darf. Zugleich ist auch der Parteieid durch die elastischere Vernehmung der Parteien unter Versicherung der Wahrheit ersetzt worden.

Der neue RB. hat es bei dem Grundprinzip belassen, daß die Zeugen vom Richter zu vernehmen sind. Zugleich ist aber zulässig geworden, daß die Vernehmung mit Genehmigung des Gerichts durch die Parteien erfolgt. Nach anfänglichem Zögern hat dies allmählich weite Verbreitung gefunden, insbesondere soweit es sich um die Vernehmung durch Rechtsanwälte und im Strafverfahren durch den Ankläger handelt, und dies hat das äußere Bild der Gerichtsverhandlungen stark verändern helfen. Es scheint, als ob die Ergebnisse im allgemeinen zufriedenstellend sind.

Das Ineinandergreifen von Zivil- und Strafverfahren, das dem schwedischen Prozeßrecht stets eigentümlich war, findet seinen Ausdruck auch in der Zulassung des sog. Adhäsionsverfahrens. Demnach sind Klagen, die sich gegen den Beschuldigten oder Dritte wegen eines auf einer strafbaren Handlung beruhenden Zivilanspruchs richten, zusammen mit der Anklage geltend zu machen. Die Prozeßkommission hielt die gemeinsame Behandlung beider Konsequenzen eines Delikts für zweckmäßig, weil hierdurch neben der Ersparnis von Zeit und Aufwand einander widersprechende Urteile vermieden werden würden. Die umstrittene Frage, ob nicht bei zweifelhaften Forderungen ein unnötiger Anreiz zu Strafanzeigen dadurch ausgeübt wird, daß der Anzeigende einen Geldanspruch, um den es ihm allein zu tun ist, mit Hilfe behördlicher Ermittlungen verwirklichen kann, blieb dahingestellt.

Handelt es sich um ein unter die öffentliche Anklage fallendes Delikt, so ist es grundsätzlich die Aufgabe des Anklägers, auf Verlangen des Privatklägers (der schwer übersetzbare schwedische Rechtsbegriff „Målsägande" umfaßt sowohl den Privatkläger wie den Verletzten, der sich nicht am Strafverfahren beteiligt) eine begründet erscheinende privatrechtliche Klage in Verbindung mit der Anklage zu bearbeiten und durchzuführen; er darf dies nur zur Vermeidung unzweckmäßiger Komplikationen und Verzögerungen ablehnen. Den Ankläger trifft die Pflicht, den Verletzten von sich aus darauf hinzuweisen, daß sich ein bürgerlich-rechtlicher Anspruch aus einer strafbaren Handlung herleiten läßt, damit von ihm Schadenersatzforderungen rechtzeitig angemeldet werden können. Bei Verfolgung eines solchen zivilrechtlichen Anspruchs handelt der Ankläger nicht als Beauftragter des Verletzten, sondern kraft seiner öffentlich-rechtlichen Stellung. Da nur strafprozessuale Vorschriften zur Anwendung gelangen können, ist auch der Erlaß eines Versäumnisurteils ausgeschlossen. Charakteristisch ist im übrigen, daß der Verletzte in einem Strafverfahren nie als Zeuge vernommen werden darf.

Diese Verflechtung von Straf- und Zivilprozeß wird dadurch erleichtert, daß sich beide Verfahrensarten auf den gleichen Prinzipien aufbauen. Auch der schwedische Strafprozeß wird von den Gesetzen des Parteiprozesses und der Verhandlungsmaxime beherrscht. Ebenso wie im zivilen Rechtsstreit sollen sich auch im Strafprozeß zwei Parteien als formell gleichrangige Gegner gegenüberstehen: auf der einen Seite der öffentliche Ankläger bzw. der Verletzte (Privatkläger) und auf der anderen Seite der Angeklagte. Dieser Gedanke durchzieht das gesamte Verfahrensrecht und ermöglicht trotz aller Abweichungen die Gemeinsamkeit der grundlegenden zivil- und strafprozessualen Normen. Eine kleine Äußerlichkeit mag dies anschaulich machen. Während in Deutschland bei einem Strafverfahren auf dem Aktendeckel des Gerichts zu stehen pflegt „Strafsache gegen den Angestellten Y", trägt das entsprechende schwedische Aktenstück oft die Bezeichnung „Rechtsstreit zwischen dem Bezirksankläger X und dem Angestellten Y".

Schließlich sei zur Zitierweise folgendes bemerkt:

Der neue RB. ist in 7 Abschnitte und 58 Kapitel eingeteilt. Da die Kapitel jedesmal mit § 1 beginnen, muß man stets sowohl Kapitel wie Paragraph nennen. Man schreibt nach schwedischem Brauch hierbei statt Kap. 1 § 2 gewöhnlich 1 : 2, bei voller Schreibweise heißt es 1 kap. 2 §.

Prozeßgesetz

(Rättegångsbalk)

gegeben zu Särö, den 18. Juli 1942, in Kraft getreten am 1. Januar 1948.

Wir Gustaf, von Gottes Gnaden König von Schweden, der Goten und Wenden, geben bekannt, daß Wir zusammen mit dem Reichstag für gut befunden haben zu verordnen, daß das Prozeßgesetz im Gesetzbuch des Schwedischen Reiches (Sveriges Rikes lag) folgenden Wortlaut erhält:

Erster Abschnitt
Gerichtswesen

Kap. 1
Allgemeine Untergerichte

§ 1

Allgemeines Untergericht auf dem Lande und in den Städten, die zu einem Gerichtsbezirk (domsaga) gehören, ist das Kreisgericht (häradsrätt) und in den anderen Städten das Stadtgericht (rådhusrätt).

Der Gerichtsbezirk bildet einen Gerichtssprengel (tingslag). Ist ein Gerichtsbezirk sehr ausgedehnt oder liegen andere besondere Gründe hierfür vor, so dürfen in einem Gerichtsbezirk zwei oder mehr Gerichtssprengel bestehen. Der Gerichtssprengel ist der Amtsbereich des Kreisgerichts.

Der König bestimmt die Einteilung der Gerichtssprengel.

§ 2

Das Allgemeine Untergericht ist das Gericht erster Instanz, wenn nichts anderes bestimmt ist.

§ 3

Dem Gerichtsbezirk steht der Kreisrichter (häradshövding) vor.

Im Gerichtsbezirk sollen, wenn dies die Dienstgeschäfte erfordern, als Hilfsrichter ein oder mehrere Thingrichter (tingsdomare) vorhanden sein. Der Kreisrichter und die Thingrichter müssen rechtskundig sein.

Für den Gerichtsbezirk muß eine Geschäftsstelle (Kanzlei) vorhanden sein, die für die Allgemeinheit zu bestimmten Zeiten geöffnet ist.

§ 4

Bei dem Kreisgericht entscheidet der Kreisrichter zusammen mit dem Schöffenkollegium. Das Kreisgericht ist jedoch bei Entscheidungen ohne Hauptverhandlung sowie bei anderen Amtshandlungen, die nicht bei einer Hauptverhandlung oder einem Lokaltermin erfolgen, ohne das Schöffenkollegium beschlußfähig, sowie ferner in Zivilsachen bei einer Hauptverhandlung, die in unmittelbarer Verbindung mit der Prozeßvorbereitung stattfindet.

§ 5

Dem Gerichtssprengel gehören achtzehn Schöffen an. Sind mehr Schöffen erforderlich, so bestimmt der König ihre Anzahl.

Im Schöffenkollegium sitzen mindestens sieben und höchstens neun Schöffen. Bezieht sich das Verfahren jedoch ausschließlich auf die Strafbarkeit einer Handlung, für die keine schwerere Strafe als eine Geldstrafe verhängt werden kann, und ergibt sich in dem Verfahren kein Anlaß zu der Annahme, daß ein Verletzter (målsägande[1]) vorhanden ist, oder wird ein Lokaltermin außerhalb der Hauptverhandlung abgehalten, so ist das Kreisgericht mit drei Schöffen beschlußfähig.

Der Kreisrichter hat nach Beratung mit dem Schöffenkollegium die Dienstgeschäfte unter den Schöffen zu verteilen. Die Verteilung soll so erfolgen, daß innerhalb des Schöffenkollegiums für die erforderliche Ortskenntnis gesorgt ist.

§ 6

Der Gerichtstagungsplatz eines Gerichtssprengels befindet sich an dem Ort oder an den Orten, die der König bestimmt.

§ 7

Im Gerichtssprengel sind für die Hauptverhandlungen mit einem Schöffenkollegium am Gerichtstagungsplatz jährlich zu bestimmten Zeiten allgemeine Gerichtstagungen abzuhalten. Eine allgemeine Gerichtstagung ist mit Ausnahme der Ferienzeit des Kreisgerichts in jeder Woche abzuhalten, wenn durch die Arbeit im Gerichtsbezirk, die Anzahl der Gerichtssprengel oder sonstige Umstände nichts anderes veranlaßt wird. Befinden sich in einem Gerichtssprengel mehrere Tagungsplätze, so sind die Gerichtstagungen unter ihnen zu verteilen.

Für Hauptverhandlungen in Verfahren, bei denen das Kreisgericht mit drei Schöffen beschlußfähig ist, sind erforderlichenfalls Gerichtstagungen zu bestimmten Zeiten und an

[1] Der schwedische Ausdruck målsägande umfaßt sowohl den Privat- und Nebenkläger wie einen Verletzten, der sich nicht am Verfahren beteiligt.

bestimmten Orten abzuhalten. Eine Gerichtstagung darf an einem anderen Ort als dem des Gerichtstagungsplatzes abgehalten werden.

Der König bestimmt die Gerichtstagungsordnung.

§ 8

Sofern dies für den gleichmäßigen Gang der Arbeit oder aus sonstigen Gründen erforderlich erscheint, darf der Kreisrichter für eine Verhandlung der im § 7 genannten Art eine besondere Sitzung anberaumen sowie Zeit und Ort des Termins bestimmen.

§ 9

Für andere als die im § 7 genannten Verhandlungen hat das Kreisgericht Sitzungen abzuhalten, so oft dies die Arbeit erforderlich macht. Der Kreisrichter hat Zeit und Ort des Termins zu bestimmen.

§ 10

Für die Rechtsprechung des Stadtgerichts müssen ein Bürgermeister (borgmästare) und Ratsherren (rådmän) sowie, wenn die Dienstgeschäfte dies erfordern, ein oder mehrere Assessoren (assessorer) vorhanden sein. Sie müssen rechtskundig sein.

Das Stadtgericht darf in Abteilungen aufgeteilt sein.

Beim Stadtgericht muß eine Geschäftsstelle vorhanden sein, die für die Allgemeinheit zu bestimmten Zeiten geöffnet ist.

§ 11

Das Stadtgericht ist mit drei rechtskundigen Richtern beschlußfähig; mehr als vier rechtskundige Richter dürfen nicht im Gericht sitzen. In Verfahren wegen der Strafbarkeit von Handlungen, für die Strafarbeit von zwei oder mehr Jahren verhängt werden kann, muß das Stadtgericht aus einem rechtskundigen Richter und dem Schöffenkollegium bestehen. Ergibt sich, nachdem das Schöffenkollegium mitgewirkt hat, daß es sich nicht um ein Verfahren dieser Art handelte, so ist das Gericht trotzdem in der genannten Zusammensetzung beschlußfähig.

Bei Entscheidungen ohne Hauptverhandlung sowie bei anderen Amtshandlungen, die nicht bei einer Hauptverhandlung oder einem Lokaltermin erfolgen, sowie in Zivilsachen bei einer Hauptverhandlung, die in unmittelbarer Verbindung mit der Prozeßvorbereitung stattfindet, ist das Stadtgericht jedoch mit einem rechtskundigen Richter beschlußfähig. Gleiches gilt in Strafverfahren für eine Hauptverhandlung und einen Lokaltermin, wenn sich das Verfahren ausschließlich auf die Strafbarkeit einer Handlung, für die keine schwerere Strafe als eine Geldstrafe verhängt werden kann, bezieht und sich in dem Verfahren kein Anlaß zu der Annahme ergibt, daß ein Verletzter vorhanden ist.

§ 12

In den Städten mit einem Stadtgericht müssen Schöffen in der vom König bestimmten Anzahl vorhanden sein.

Im Schöffenkollegium haben mindestens sieben und höchstens neun Schöffen zu sitzen.

Der Bürgermeister hat nach Beratung mit dem Schöffenkollegium die Dienstgeschäfte unter den Schöffen zu verteilen.

§ 13

Das Stadtgericht hat für die Hauptverhandlungen in jeder Woche einen oder mehrere allgemeine Prozeßtage abzuhalten, sowie sonst zusammenzutreten, so oft dies für die Arbeit erforderlich ist.

Das Stadtgericht tritt in der Stadt zusammen. Liegen besondere Gründe hierfür vor, so dürfen Sitzungen auch an einem anderen Ort abgehalten werden.

§ 14

Für die besondere Zusammensetzung des Untergerichts bei der Behandlung bestimmter Verfahren gelten die hierüber ergangenen Bestimmungen[2].

§ 15

Zur Hauptverhandlung dürfen ohne besondere Gründe nicht mehr Verfahren auf den gleichen Tag anberaumt werden, als schätzungsweise innerhalb sechs Stunden zu Ende geführt werden können. Gelingt es an dem Tage nicht, alle in dieser Weise angesetzten Verfahren zu Ende zu führen oder erfordert eine Verhandlung mehr als einen Tag, so muß die Sitzung anschließend an der erforderlichen Anzahl von Wochentagen fortgesetzt werden.

Der König bestimmt die Reihenfolge, in der die Verhandlungen stattfinden, sowie die Aufrufliste.

§ 16

Zur Unterbringung von festgenommenen oder verhafteten Personen muß für den Gerichtsbezirk am Gerichtstagungsort oder an einem anderen vom König bestimmten Ort, sowie in den Städten mit einem Stadtgericht ein Gefängnis vorhanden sein. Mit Genehmigung des Königs darf ein Gefängnis für mehrere Gerichtsbezirke oder für einen Gerichtsbezirk und eine Stadt gemeinsam dienen. Liegen mit Rücksicht auf die Lage des Gefängnisses oder sonst Gründe hierfür vor, so bestimmt der König einen besonderen Haftrichter, um vor der Anklageerhebung die dem Gericht zustehende Entscheidung über die Verhaftung zu treffen.

---

[2] Besondere Bestimmungen dieser Art gelten u. a. im Bereich des Patentrechts und des Seerechts sowie bei der Verfolgung von Pressedelikten auf Grund der Druckfreiheitsordnung.

§ 17

Der König erläßt nähere Bestimmungen über die Organisation und Tätigkeit des Untergerichts sowie über die Verwaltung der Gerichtssprengel.

Kap. 2
Hofgerichte

§ 1

Das Hofgericht ist das übergeordnete Gericht in den Verfahren, in denen ein Rechtsmittel gegen die Entscheidungen der Allgemeinen Untergerichte eingelegt wird. Das Hofgericht führt die Aufsicht über die Gerichte, die ihm unterstehen.

§ 2

Das Hofgericht ist als Gericht erster Instanz zuständig für die Strafverfahren oder Privatansprüche auf Grund von Dienstvergehen von Richtern am Untergericht oder anderen Beamten oder Angestellten, gegen die laut Gesetz oder Verordnung die Anklage wegen derartiger strafbarer Handlungen beim Hofgericht zu erheben ist.

Ist sonst in einem Gesetz oder in einer Verordnung bestimmt, daß Verfahren unmittelbar vom Hofgericht zu behandeln sind, so bleiben diese Vorschriften in Kraft.

§ 3

Bei dem Hofgericht müssen ein Präsident (president), ein oder mehrere Senatspräsidenten (lagmän) sowie Hofgerichtsräte (hovrättsråd) und Assessoren (assessorer) vorhanden sein. Sie müssen rechtskundig sein.

Das Hofgericht muß in zwei oder mehr Abteilungen aufgeteilt sein. Eine Abteilung besteht aus dem Präsidenten oder einem Senatspräsidenten als Vorsitzendem und mindestens zwei Hofgerichtsräten, darunter einem als stellvertretendem Vorsitzenden, sowie einem oder mehreren Assessoren.

Beim Hofgericht muß eine Geschäftsstelle vorhanden sein, die für die Allgemeinheit zu bestimmten Zeiten geöffnet ist.

§ 4

Das Hofgericht ist mit vier Mitgliedern beschlußfähig. Mehr als fünf Mitglieder dürfen nicht im Gericht sitzen.

Der König bestimmt, in welchem Umfang Maßnahmen, die sich ausschließlich auf die Vorbereitung des Verfahrens beziehen, von einem Mitglied des Hofgerichts oder einem bei diesem tätigen Beamten getroffen werden dürfen.

§ 5

Das Hofgericht tritt an dem Ort zusammen, an dem es seinen Sitz hat. Liegen besondere Gründe hierfür vor, so dürfen Sitzungen auch an einem anderen Ort abgehalten werden.

Sitzungen sind so oft abzuhalten, wie dies für die Arbeit erforderlich ist.

Das Hofgericht hat entsprechend den vom König hierüber erlassenen Anordnungen jährlich zu bestimmten Zeiten außerhalb seines Sitzes an einem oder mehreren bestimmten Orten seines Amtsbereichs Hofgerichtstagungen abzuhalten, die für die Hauptverhandlungen in Verfahren aus diesem Teil des Amtsbereichs bestimmt sind.

§ 6

Die Hofgerichte Schwedens sind: Svea Hovrätt, Göta Hovrätt, Hovrätt över Skåne och Blekinge, Hovrätt för Västra Sverige, Hovrätt för Nedre Norrland und Hovrätt för Övre Norrland.

Der König bestimmt die Amtsbereiche der Hofgerichte.

§ 7

Der König erläßt nähere Bestimmungen über die Organisation und Tätigkeit der Hofgerichte.

Kap. 3
Oberster Gerichtshof

§ 1

Die Gerichtsbarkeit des Königs wird in der von der Verfassung bestimmten Art und Weise durch den Obersten Gerichtshof (högsta domstol) ausgeübt.

§ 2

Der Oberste Gerichtshof ist das übergeordnete Gericht in den Verfahren, in denen ein Rechtsmittel gegen die Entscheidungen der Hofgerichte eingelegt wird.

Entsprechend den Vorschriften des Kap. 8 § 8 darf in bestimmten Fällen ein Rechtsmittel gegen die Beschlüsse des Vorstandes des Rechtsanwaltsverbandes beim Obersten Gerichtshof geführt werden.

§ 3

Der Oberste Gerichtshof ist als Gericht erster Instanz zuständig für die Strafverfahren oder Privatansprüche auf Grund von Dienstvergehen von Hofgerichtsrichtern oder anderen Beamten, gegen die laut Gesetz oder Verordnung wegen derartiger strafbarer Handlungen die Anklage beim Obersten Gerichtshof zu erheben ist.

§ 4

Der Oberste Gerichtshof muß in zwei oder mehr Abteilungen aufgeteilt sein.

Findet eine der Abteilungen des Obersten Gerichtshofs bei einer Urteils- oder Beschlußberatung, daß die in der Abteilung herrschende Meinung von einem Rechtsgrundsatz oder einer Gesetzesauslegung abweicht, die früher vom Obersten Gerichtshof vertreten wurde, so darf die Abteilung bestimmen, daß über das Verfahren in seinem ganzen Umfang oder, wenn dies als möglich erachtet wird, nur über eine bestimmte im Verfahren entstandene Frage vom Obersten Gerichtshof in seiner Gesamtheit zu entscheiden ist.

Haben sich in verschiedenen der Abteilung bekannten Urteilen oder Beschlüssen innerhalb des Obersten Gerichtshofs einander widersprechende Ansichten über einen bestimmten Rechtsgrundsatz oder eine Gesetzesauslegung zu verschiedenen Zeiten geltend gemacht, so findet die obige Vorschrift nur in den Fällen Anwendung, in denen die herrschende Meinung nach Ansicht der Abteilung von dem zuletzt erlassenen Urteil oder Beschluß abweicht.

Die obigen Vorschriften finden keine Anwendung auf ein Verfahren, das einen Verhafteten betrifft oder sonst auf Grund besonderer Vorschriften eine beschleunigte Entscheidung erfordert, wenn wegen des Zeitpunktes der Verhandlung vom Obersten Gerichtshof in seiner Gesamtheit nicht ohne einen der Sache nachteiligen Zeitverlust entschieden werden kann.

§ 5

Wird in einem Verfahren vom Obersten Gerichtshof in seiner Gesamtheit entschieden, so haben alle Justizräte (justitieråd) an der Entscheidung teilzunehmen, sofern dem keine gesetzlichen Hinderungsgründe entgegenstehen.

§ 6

Bei der Behandlung der Frage, ob die Genehmigung zu erteilen ist, daß in einer Sache vom Obersten Gerichtshof entschieden werden darf, wirken drei Mitglieder mit.

Der König bestimmt, in welchem Umfang Maßnahmen, die ausschließlich die Vorbereitung des Verfahrens betreffen, von der Unteren Justizrevision (nedre justitierevision) oder einem dieser angehörigen Beamten getroffen werden dürfen.

§ 7

Ergeben sich verschiedene Meinungen darüber, ob die im § 6 genannte Genehmigung zu erteilen ist, so ist die Genehmigung erteilt, wenn sich zwei Mitglieder hierüber einig sind oder wenn in Fällen der im Kap. 54 § 10 Ziffer 2 genannten Art ein Mitglied findet, daß die Genehmigung zu erteilen ist.

§ 8

Bei der Unteren Justizrevision müssen für die Vorbereitung der vom Obersten Gerichtshof zu behandelnden Verfahren Revisionssekretäre (revisionssekreterare) vorhanden sein. Die Revisionssekretäre müssen rechtskundig sein. Bei der Unteren Justizrevision muß eine Geschäftsstelle für den Obersten Gerichtshof vorhanden sein, die zu bestimmten Zeiten für die Allgemeinheit geöffnet ist.

Der König erläßt nähere Bestimmungen über die Organisation und Tätigkeit der Unteren Justizrevision.

Kap. 4
Richter

§ 1

Der rechtskundige Richter muß schwedischer Staatsangehöriger sein und das fünfundzwanzigste Lebensjahr vollendet sowie ferner die für die Befähigung zum Richteramt vorgeschriebenen Prüfungen abgelegt haben.

Wer dieses Alter nicht erreicht hat, darf jedoch ohne Rücksicht hierauf das Richteramt in dem vom König bestimmten beschränkten Umfang ausüben.

Wer geschäftsunfähig ist oder sich im Konkurs befindet, darf das Richteramt nicht ausüben.

Der König erläßt die Bestimmungen über die Prüfungen und die sonstigen Bedingungen für die Ausübung des Richteramtes.

§ 2

Die Präsidenten und Senatspräsidenten der Hofgerichte, die Hofgerichtsräte, Kreisrichter, Bürgermeister und Ratsherren werden vom König ernannt. Die Revisionssekretäre werden vom König ernannt oder bestellt.

Über die Wahl der Bürgermeister und Ratsherren ist besonders bestimmt.

§ 3

Die Assessoren der Hofgerichte und die Thingrichter werden vom König ernannt oder bestellt.

Der König erläßt die Bestimmungen über die Einsetzung der Assessoren bei den Stadtgerichten.

§ 4

Der König erläßt die Bestimmungen über die Bewilligung von Urlauben und die Bestellung von Vertretern für die rechtskundigen Richter bei den Hofgerichten oder Untergerichten.

§ 5

Der Schöffe wird durch Wahl bestimmt.

Bei der Wahl der Schöffen für einen Gerichtssprengel bildet jede Kommune einen Wahlkreis. Erreicht die Zahl der Schöffen nicht die Zahl der Kommunen, so sind aneinander grenzende Kommunen in geeigneter Weise zu Wahlkreisen zu vereinigen. Zwei oder mehr Kommunen dürfen auch sonst miteinander zu einem gemeinsamen Wahlkreis verbunden werden, wenn dies erforderlich erscheint, damit einzelne Orte oder Teile des Gerichtssprengels vorschriftsgemäß im Schöffenkollegium vertreten sind. Eine Stadt darf nicht mit einer anderen Kommune zu einem Wahlkreis vereinigt werden. Die Anzahl der Schöffen wird unter den Wahlkreisen im Verhältnis zu ihrer Bevölkerungszahl aufgeteilt, doch hat jeder Wahlkreis mindestens einen Schöffen zu bestellen. Die Einteilung in Wahlkreise und die Zahl der Schöffen jedes Wahlkreises werden vom Gericht bestimmt.

Bei der Wahl der Schöffen in Städten mit Stadtgericht bildet die Stadt einen Wahlkreis.

Die Wahl auf dem Lande wird auf einer Gemeindeversammlung veranstaltet oder, wenn Gemeindeverordnete vorhanden sind und die Kommune einen eigenen Wahlkreis bildet, von diesen. Sind mehrere Kommunen zu einem Wahlkreis vereinigt, so wird die Wahl auf einer gemeinsamen Gemeindeversammlung veranstaltet; das Gericht bestimmt die Versammlung der Kommune, auf der die Wahl vorzunehmen ist. In den Städten wird die Wahl von den Stadtverordneten und, wenn solche nicht vorhanden sind, auf der allgemeinen Ratsversammlung vorgenommen.

Sind Schöffen zu wählen, so ist es im Gerichtssprengel Aufgabe des Kreisrichters und in den Städten mit Stadtgericht Aufgabe des Gerichts, hiervon demjenigen Anzeige zu machen, der die Wahl zu veranstalten hat.

§ 6

Wählbar als Schöffe sind ein Mann oder eine Frau, die innerhalb des Wahlkreises Stimmrecht in der Gemeindeversammlung oder zur Wahl der Stadtverordneten besitzen, sowie dort wohnen und das fünfundzwanzigste Lebensjahr vollendet haben, sofern sie sich nicht im Konkurs befinden oder von der öffentlichen Armenfürsorge dauernd betreut werden. Rechtskundige Richter, Gerichtsbeamte, Ankläger, Polizeibeamte, Rechtsanwälte oder sonstige Personen, die berufsmäßig Rechtsstreitigkeiten für andere vor Gericht führen, dürfen nicht Schöffen sein.

Niemand darf sich weigern, die Beauftragung mit dem Schöffenamt anzunehmen; ausgenommen sind Personen, die das sechzigste Lebensjahr vollendet haben oder sonst triftige Hinderungsgründe anführen. Wer aus dem Schöffenamt ausgeschieden ist, ist nicht verpflichtet, es vor Ablauf von sechs Jahren wieder anzunehmen.

§ 7

Die Beschwerde über die Schöffenwahl ist beim Gericht zu führen. Schwebt eine derartige Beschwerde, so bleibt die Wahl dennoch maßgebend, wenn das Gericht nichts anderes bestimmt. Auch ohne daß eine Beschwerde geführt wird, hat das Gericht die Berechtigung der Gewählten zu prüfen.

§ 8

Der Schöffe wird für sechs Jahre gewählt, doch darf er nach zwei Jahren ausscheiden. Führt ein Schöffe triftige Hinderungsgründe an, so darf ihn das Gericht auch früher von seinem Amt entbinden. Ein Schöffe, der das sechzigste Lebensjahr vollendet hat, ist ebenfalls zum Ausscheiden aus dem Schöffenamt berechtigt. Hört die Wählbarkeit eines Schöffen auf, so wird die Beauftragung hinfällig.

§ 9

Der Schöffe, der von seinem Amt entbunden oder sonst ausgeschieden ist, ist, wenn er noch wählbar ist, verpflichtet, der Beauftragung weiterhin nachzukommen, bis der Bescheid über die Wahl eines anderen Schöffen beim Gericht eingegangen ist, sowie auch noch nach diesem Zeitpunkt bei der Fortsetzung von Verhandlungen mitzuwirken, an denen er vorher teilgenommen hatte.

§ 10

Ist ein Schöffe infolge von Befangenheit verhindert, Dienst zu tun, oder bleibt er einer Sitzung des Gerichts fern, und kann sich kein anderer Schöffe ohne Zeitverlust einfinden, so ist der Vorsitzende des Gerichts berechtigt, eine Person, die als Schöffe für diesen Amtsbereich wählbar ist, zur Dienstleistung in das Schöffenamt zu berufen.

§ 11

Der Richter hat, bevor er Dienst tun darf, folgenden Eid abzulegen:

„Ich N. N. gelobe und versichere vor Gott dem Allmächtigen und bei seinem heiligen Worte: Ich will und werde nach meinem besten Wissen und Gewissen in allen Urteilen dem Recht entsprechen, nicht weniger für den Armen als für den Reichen, und nach Gottes und Schwedens Gesetzen und Bestimmungen das Urteil fällen, niemals auf Grund von Verwandtschaft, Schwägerschaft oder Freundschaft oder aus Neid, Übelwollen oder Furchtsamkeit und auch nicht infolge von Bestechungen und Geschenken oder aus anderen Gründen, unter welchem Schein dies auch geschehen mag, das Gesetz beugen oder das Unrecht fördern, ebenso nicht den schuldig sprechen, der schuldlos ist, und den schuldlos, der schuldig ist. Ich werde weder vor der Verkündung des Urteils noch hinterher Personen, die zu Gericht gehen, oder anderen offenbaren, was das Gericht hinter verschlossenen Türen beratschlagt hat. Alles dies will und werde ich als ein ehrlicher und aufrichtiger Richter getreu halten.“

Mit Genehmigung des Königs dürfen Personen, die auf Grund ihrer Anschauungen in religiöser Hinsicht Bedenken gegen die Ablegung des Eides haben, stattdessen eine Versicherung auf Ehre und Gewissen von im übrigen gleichem Inhalt, wie sie im Abs. 1 bezeichnet ist, abgeben.

Eid oder Versicherung sind vor dem Gericht oder vor dem Vorsitzenden des Gerichts abzulegen oder abzugeben.

§ 12

Personen, die miteinander verheiratet sind oder waren oder verlobt sind oder die in gerader auf- und absteigender Linie verwandt oder verschwägert oder Geschwister oder so miteinander verschwägert sind, daß der eine mit Geschwistern des anderen verheiratet ist oder war, oder die zueinander im Adoptivverhältnis stehen, dürfen nicht gleichzeitig als Richter im Gericht sitzen.

§ 13

Ein Richter ist durch Befangenheit verhindert, an einem Verfahren mitzuwirken:

1. wenn er selbst Partei oder sonst an der Sache beteiligt ist oder von ihrem Ausgang besonderen Nutzen oder Schaden erwarten kann;

2. wenn er mit einer Partei verheiratet ist oder war oder mit ihr verlobt oder in gerader auf- oder absteigender Linie verwandt oder verschwägert oder mit ihr verschwistert ist, oder wenn er in einem solchen Verwandtschaftsverhältnis steht, daß der eine Abkömmling von Geschwistern des anderen ist oder daß sie Geschwisterkinder oder so miteinander verschwägert sind, daß der eine mit Geschwistern des anderen oder mit Abkömmlingen von dessen Geschwistern oder mit jemandem, von dessen Geschwistern der andere abstammt, verheiratet ist oder war, oder wenn er im Adoptivverhältnis zu einer Partei steht;

3. wenn er zu jemandem, der an der Sache beteiligt ist oder von ihrem Ausgang besonderen Nutzen oder Schaden erwarten kann, in einem Verhältnis der in Ziffer 2 behandelten Art steht;

4. wenn er oder jemand, der ihm in der in Ziffer 2 behandelten Art nahesteht, Vormund oder amtlicher Sachwalter einer Partei oder sonst Vertreter einer Partei oder Mitglied der Leitung einer Gesellschaft, eines Vereins oder sonstigen Verbandes, einer Stiftung oder anderen derartigen Anstalt, die Partei ist, ist oder wenn er, falls eine Kommune oder ein anderer Gemeindeverband Partei ist, Mitglied des Kollegiums oder der Leitung ist, bei der die Verwaltung der Angelegenheit liegt, auf die sich das Verfahren bezieht;

5. wenn er oder jemand, der ihm in der in Ziffer 2 behandelten Art nahesteht, zu einem anderen, der an der Sache beteiligt ist oder von ihrem Ausgang besonderen Nutzen oder Schaden erwarten kann, in einem Verhältnis der in Ziffer 4 bezeichneten Art steht;

6. wenn er Gegner einer Partei ist, es sei denn, daß die Partei mit ihm Streit gesucht hat, um ihn befangen zu machen;

7. wenn er bei einem anderen Gericht als Richter oder Beamter eine Entscheidung getroffen hat, die sich auf die Sache bezieht, oder wenn er sich bei einer nichtgerichtlichen Behörde oder als Schiedsrichter mit ihr befaßt hat;

8. wenn er in der Sache als Prozeßbevollmächtigter eine Partei vertreten hat oder Beistand einer Partei gewesen ist oder Zeuge oder Sachverständiger war;

9. wenn sonst ein besonderer Umstand vorliegt, der geeignet ist, in dem Verfahren das Vertrauen in seine Unparteilichkeit zu erschüttern.

§ 14

Weiß ein Richter, daß ein Umstand vorliegt, von dem anzunehmen ist, daß er seine Befangenheit herbeiführt, so ist er verpflichtet, dies aus eigenem Antrieb zur Kenntnis zu bringen.

Will eine Partei einen Richter wegen Befangenheit ablehnen, so hat sie diesen Einwand zu erheben, wenn sie zum ersten Male die Sache in dem Verfahren führt, nachdem sie Kenntnis davon erhalten hat, daß der Richter im Gericht sitzt oder sonst mit dem Verfahren befaßt ist oder, sofern ihr der Umstand, auf den sich die Befangenheit gründet, zu diesem Zeitpunkt nicht bekannt war, sobald sie Kenntnis hiervon erhalten hat. Unterläßt die Partei dies, so ist ihr Recht zur Erhebung dieses Einwandes hinfällig.

Die Frage der Befangenheit eines Richters des unteren Gerichts darf nicht vom höheren Gericht behandelt werden, es sei denn, daß diese beim höheren Gericht von einer Partei geltend gemacht wird, die nach den Bestimmungen des Abs. 2 hierzu berechtigt ist, oder wenn ein Rechtsmittel gegen einen Beschluß geführt wird, durch den der Antrag auf Ablehnung zurückgewiesen ist. Die Frage der Befangenheit eines einzelnen Mitgliedes des Schöffenkollegiums darf nicht beim höheren Gericht geltend gemacht werden.

§ 15

Nachdem die Frage der Befangenheit eines Richters aufgeworfen ist, darf dieser in dem Verfahren nur noch solche Maßnahmen vornehmen, die nicht ohne besonderen Nachteil aufgeschoben werden können und keine Entscheidung des Verfahrens enthalten. Maßnahmen dieser Art dürfen von einem Richter getroffen werden, auch wenn er für befangen erklärt worden ist.

Hat eine Partei rechtzeitig die Befangenheit eines Richters geltend gemacht, so hat das Gericht hierüber so bald wie möglich einen besonderen Beschluß zu erlassen.

An der Entscheidung über die Frage der Befangenheit darf der Richter nicht teilnehmen, es sei denn, daß das Gericht ohne ihn nicht beschlußfähig ist und ein anderer Richter den Sitz im Gericht nicht ohne Zeitverlust einnehmen kann.

Kap. 5

Öffentlichkeit und Ordnung beim Gericht

§ 1

Die Verhandlung vor Gericht ist öffentlich.

Ist anzunehmen, daß bei der Verhandlung etwas zur Sprache kommen wird, was gegen Anstand und Sittlichkeit verstößt, oder daß durch die Öffentlichkeit etwas bekannt werden kann, was mit Rücksicht auf die Sicherheit Schwedens vor einer fremden Macht geheim gehalten werden soll, so darf das Gericht anordnen, daß die Verhandlung hinter verschlossenen Türen abgehalten wird. Die genannte Anordnung darf auch getroffen werden, wenn Anlaß zu der Annahme besteht, daß durch die Öffentlichkeit ein Berufsgeheimnis gefährdet werden würde.

In Verfahren wegen Erpressungen darf das Gericht, wenn der Verletzte dies beantragt oder das Gericht dies sonst für angemessen erachtet, anordnen, daß die Verhandlung hinter verschlossenen Türen vor sich geht. Eine Gerichtsverhandlung, die im Strafverfahren während der Voruntersuchung stattfindet, ist hinter verschlossenen Türen abzuhalten, wenn der Beschuldigte dies beantragt oder das Gericht findet, daß die Öffentlichkeit nachteilig auf die Ermittlungen wirken würde.

Die Vernehmung einer Person, die noch nicht fünfzehnjährig ist oder an Geisteskrankheit, Geistesschwäche oder einer anderen Störung der Geistestätigkeit leidet, darf hinter verschlossenen Türen stattfinden.

Ist sonst für besondere Fälle vorgeschrieben, daß Verhandlungen hinter verschlossenen Türen stattfinden dürfen, so bleiben diese Bestimmungen in Kraft.

§ 2

Der Zutritt zu einer öffentlichen Verhandlung darf, wenn der Gerichtsvorsitzende Veranlassung hierzu sieht, Personen verweigert werden, von denen bekannt oder anzunehmen ist, daß sie das einundzwanzigste Lebensjahr noch nicht vollendet haben.

§ 3

Bei einer Verhandlung hinter verschlossenen Türen dürfen mit Genehmigung des Gerichtsvorsitzenden Beamte des Gerichts sowie Personen, die bei ihm zu ihrer Ausbildung Dienst tun, anwesend sein. Liegen besondere Gründe hierfür vor, so darf das Gericht auch anderen Personen die Anwesenheit bei einer derartigen Verhandlung gestatten.

§ 4

Das Gericht darf anordnen, daß das, was während der Verhandlung hinter verschlossenen Türen vor sich gegangen ist, nicht bekanntgegeben werden darf.

§ 5

Die Urteils- oder Beschlußberatung ist hinter verschlossenen Türen abzuhalten, wenn das Gericht nicht findet, daß sie öffentlich erfolgen kann. Findet die Beratung hinter verschlossenen Türen statt, so dürfen außer den Mitgliedern des Gerichts nur die Gerichtsbeamten anwesend sein, die sich mit dem Verfahren zu befassen haben. Liegen besondere Gründe hierfür vor, so darf das Gericht auch anderen Personen die Anwesenheit bei einer derartigen Beratung gestatten.

Die Verkündung eines Urteils oder Beschlusses erfolgt öffentlich. Hat die Verhandlung hinter verschlossenen Türen stattgefunden, so darf auch das Urteil oder der Beschluß hinter verschlossenen Türen verkündet werden.

§ 6

Sind eine Partei, ein Zeuge oder sonstige Personen, die vom Gericht zu vernehmen sind, der schwedischen Sprache nicht mächtig, so darf ein Dolmetscher zur Unterstützung des Gerichts herangezogen werden.

Ist beim Gericht ein öffentlicher Dolmetscher für die Sprache, um die es sich handelt, vorhanden, so ist dieser heranzuziehen. Andernfalls bestimmt das Gericht eine geeignete Person dazu, als Dolmetscher mitzuwirken; das Gericht darf auch bei der Provinzialregierung (länsstyrelsen) um Unterstützung zur Erlangung eines Dolmetschers ersuchen.

Ist die zu vernehmende Person taub oder stumm, so darf ebenfalls ein Dolmetscher zur Unterstützung des Gerichts herangezogen werden.

Als Dolmetscher darf nicht herangezogen werden, wer zu der Sache oder zu einer der Parteien in einem solchen Verhältnis steht, daß seine Zuverlässigkeit hierdurch als beeinträchtigt angesehen werden kann.

Der König erläßt Bestimmungen über die Anstellung der öffentlichen Dolmetscher sowie über die Heranziehung von Dolmetschern, wenn der zu Vernehmende taub oder stumm ist.

§ 7

Wer als öffentlicher Dolmetscher angestellt oder sonst dazu bestimmt wird, als Dolmetscher mitzuwirken, hat vor dem Gericht einen Eid abzulegen, daß er den ihm übertragenen Auftrag nach bestem Können ausführen wird.

Für die Ersetzung des Eides durch eine Versicherung auf Ehre und Gewissen gelten die Bestimmungen über den Zeugeneid.

§ 8

Dem öffentlichen Dolmetscher sowie dem Dolmetscher für Taube oder Stumme wird auf Grund der hierüber ergangenen Bestimmungen eine Entschädigung gezahlt. Andere Dolmetscher erhalten aus öffentlichen Mitteln eine Gebühr sowie eine Erstattung für Kosten und Zeitverlust entsprechend dem Betrag, den das Gericht für angemessen erachtet. In Strafverfahren, in denen die Anklage von einem Ankläger geführt wird, fällt die Entschädigung der Staatskasse zur Last[3].

---

[3] Die Terminologie des schwedischen Prozeßgesetzes verwendet im Bereich des Strafverfahrens die Ausdrücke „Anklage" und „Klage", „Anklage führen" und „Klage führen" nebeneinander und ohne Rücksicht darauf, ob es sich um den öffentlichen Ankläger oder den Verletzten (Privat- und Nebenkläger) handelt. In der Übersetzung ist insoweit im allgemeinen das Wort „Anklage" gewählt worden, obwohl dies mitunter zu einer schwerfälligeren Ausdrucksform führen mußte. Soweit es sich darum handelt, daß der Verletzte im Strafverfahren einen zivilrechtlichen Anspruchs geltend macht, wurde möglichst das Wort „Klage" gebraucht.

§ 9

Dem Gerichtsvorsitzenden liegt es ob, die Ordnung bei den Gerichtssitzungen aufrechtzuerhalten und die hierfür notwendigen Vorschriften zu erlassen. Er darf Personen, die die Verhandlung stören oder sonst unangemessen auftreten, aus dem Saale weisen, sowie zur Vermeidung von Gedränge die Zahl der Zuhörer im Gerichtssaal begrenzen. Fotografische Aufnahmen dürfen im Gerichtssaal nicht gemacht werden.

Drängt sich jemand, der aus dem Saale gewiesen ist, in den Gerichtssaal hinein oder gehorcht sonst jemand nicht den Weisungen, die zur Aufrechterhaltung der Ordnung erlassen sind, so darf das Gericht anordnen, daß er unverzüglich in Haft genommen wird und dort verbleibt, so lange die Sitzung andauert, jedoch höchstens drei Tage lang.

Kap. 6
Gerichtsprotokoll

§ 1

Ein Protokoll ist für jedes Verfahren besonders zu führen.

Bei einer Amtshandlung, die von einem rechtskundigen Richter allein oder von einem Gerichtsbeamten vorgenommen wird und nicht bei einem Verhandlungstermin oder bei der Entscheidung des Verfahrens erfolgt, ist die Führung eines Protokolls nicht erforderlich. Bei einer Einstellung des Verfahrens, die nicht in Verbindung mit einer Verhandlung erfolgt, ist ebenfalls kein Protokoll erforderlich.

Bezieht sich ein Verfahren lediglich auf die Strafbarkeit einer Handlung, für die keine schwerere Strafe als eine Geldstrafe verhängt werden kann, und hat der Angeklagte die Tat gestanden, so dürfen an Stelle des Protokolls Vermerke auf Grund näherer Vorschriften gemacht werden, die der König erläßt.

§ 2

Das Protokoll ist von einem Gerichtsbeamten oder einem rechtskundigen Gerichtsmitglied zu führen sowie von ihm zu unterzeichnen. Wenn die Umstände dies veranlassen, ist der Vorsitzende berechtigt, selbst das Protokoll zu führen.

Als Protokollführer darf nicht herangezogen werden, wer zu der Sache oder zu einer der Parteien in einem solchen Verhältnis steht, daß seine Zuverlässigkeit hierdurch als beeinträchtigt angesehen werden kann. Der Protokollführer muß den Richtereid geleistet haben.

§ 3

Das Protokoll hat aufzuführen:

1. das Gericht, sowie Zeit und Ort der Sitzung;

2. die Mitglieder des Gerichts, den Dolmetscher, falls ein solcher herangezogen worden ist, sowie den Protokollführer;

3. die Parteien und inwieweit sie anwesend sind, sowie ihre Bevollmächtigten oder Beistände und in Strafverfahren den Verteidiger des Angeklagten;

4. eine Prozeßvollmacht, die mündlich vor Gericht erteilt worden ist;

5. eine kurze Bezeichnung der Sache;

6. falls die Verhandlung hinter verschlossenen Türen geführt wird, die Veranlassung hierzu;

7. einen Beschluß des Gerichts, der nicht besonders aufgesetzt ist;

8. voneinander abweichende Meinungen, die sich bei der Abstimmung innerhalb des Gerichts ergeben haben; die abweichende Meinung von Schöffen ist nur aufzuzeichnen, wenn das Schöffenkollegium den Ausgang der Abstimmung allein bestimmt hat.

§ 4

Das Protokoll der mündlichen Vorbereitung hat zu enthalten:

1. die Anträge und Einwendungen der Parteien, die Abänderungen hiervon, sowie die Anerkenntnisse gegnerischer Anträge;

2. eine kurze Wiedergabe der Umstände, auf die sich die Parteien berufen, sowie der entsprechenden Äußerungen des Gegners;

3. die Angabe der Beweise, auf die sich die Parteien berufen wollen, und den Beweisgegenstand jedes einzelnen Beweismittels, sowie die Angabe der Urkunden und Gegenstände, die als Beweise vorgelegt werden;

4. was im übrigen als notwendig zur Leitung der Hauptverhandlung angesehen wird.

Ist das, was gemäß Abs. 1 im Protokoll aufzuzeichnen ist, in einem Schriftsatz oder einem anderen Schriftstück enthalten oder früher im Laufe des Verfahrens in einem Protokoll aufgezeichnet worden, so hat im Protokoll nur eine Bezugnahme zu erfolgen.

Die Bestimmungen dieses Paragraphen gelten entsprechend für die Protokolle anderer Verhandlungen, jedoch nicht für die der Hauptverhandlungen.

§ 5

Das Protokoll der Hauptverhandlung hat eine kurze Wiedergabe des Verlaufs der Verhandlung zu enthalten, sowie aufzuführen:

1. die Anträge und Einwendungen der Parteien, die Abänderungen hiervon, sowie die Anerkenntnisse gegnerischer Anträge;

2. die Anträge anderer als der Parteien, sowie inwieweit die Parteien diese Anträge anerkennen oder bestreiten;

3. welche Zeugen oder Sachverständigen vernommen und welche sonstigen Beweise erhoben werden.

Ist das, was gemäß Abs. 1 Ziffer 1 oder 2 im Protokoll aufzuzeichnen ist, in einem Schriftsatz oder einem anderen Schriftstück enthalten oder früher im Laufe des Verfahrens in einem Protokoll aufgezeichnet worden, so hat im Protokoll nur eine Bezugnahme zu erfolgen.

§ 6

In dem Protokoll sind die Bekundungen der Zeugen, Sachverständigen, einer Partei unter Versicherung der Wahrheit oder des Verletzten, wenn er auf Grund einer vom Ankläger geführten Anklage vernommen wird, in dem Umfang aufzuzeichnen, in dem die Bekundungen von voraussichtlicher Bedeutung für das Verfahren sind, sowie die Wahrnehmungen des Gerichts bei einem Lokaltermin.

Bei der Hauptverhandlung des Hofgerichts ist es nicht erforderlich, daß im Protokoll Bekundungen oder Wahrnehmungen der genannten Art aufgezeichnet werden, sofern nicht anzunehmen ist, daß diese Aufzeichnungen bei der Einlegung eines Rechtsmittels an den Obersten Gerichtshof von Bedeutung sein werden. Auch bei der Hauptverhandlung des Obersten Gerichtshofs sind derartige Aufzeichnungen nicht erforderlich.

§ 7

Was im übrigen vorgebracht wird oder sonst bei einer Verhandlung geschieht, darf nicht im Protokoll aufgezeichnet werden, wenn nicht besondere Gründe dies veranlassen. Die rechtlichen Ausführungen einer Partei sind nicht in das Protokoll aufzunehmen.

§ 8

Das Verhandlungsprotokoll muß seine endgültige Fassung erhalten, bevor die Verhandlung beendet wird. Ist das Protokoll aufgesetzt, so hat der Vorsitzende hierüber einen Vermerk auf dem Protokoll zu machen.

Ist eine gemäß § 6 in das Protokoll aufzunehmende Bekundung aufgezeichnet, so ist sie zu verlesen oder es ist auf andere Weise Gelegenheit zur Prüfung der Aufzeichnung zu geben und der Vernommene zu befragen, ob er etwas an dem Inhalt zu beanstanden hat. Eine Beanstandung, die keine Abänderung veranlaßt, ist zu vermerken. Alsdann darf die Aufzeichnung nicht mehr abgeändert werden. Ist eine Aussage erst nach der Prüfung in das Protokoll aufgenommen worden, so ist die Aufzeichnung den Akten beizufügen.

§ 9

Das Gericht darf anordnen, daß die Bekundungen einer Partei, eines Verletzten, eines Zeugen oder Sachverständigen statt durch Aufzeichnung im Protokoll stenographisch oder auf phonetischem Wege aufgenommen werden.

Der Stenograph wird vom Gericht ausgewählt. Wer zu der Sache oder zu einer der Parteien in einem solchen Verhältnis steht, daß seine Zuverlässigkeit hierdurch als beinträchtigt angesehen werden kann, darf nicht als Stenograph herangezogen werden. Die Bestimmungen des Kap. 5 §§ 7 und 8 über den Dolmetscher finden auf den vom Gericht ausgewählten Stenographen entsprechende Anwendung.

Die Bestimmung des § 8 Abs. 2 dieses Kapitels findet entsprechende Anwendung auf Aussagen, die stenographisch aufgenommen worden sind.

Der König erläßt Vorschriften über die in gewöhnlicher Schrift erfolgende Wiedergabe von Aussagen, die gemäß diesem Paragraphen aufgenommen worden sind.

§ 10

Die Schriftsätze der Parteien und andere zum Verfahren gehörige Schriftstücke sowie das Gerichtsprotokoll sind zusammen mit den Abschriften des Urteils und eines besonders aufgesetzten Beschlusses zu einem Aktenstück zu vereinigen. In dem Aktenstück sind auch die Ladungen, Auflagen oder anderen Beschlüsse, die nicht im Protokoll enthalten sind, durch Vermerke auf den Schriftsätzen oder in anderer Weise aufzuführen.

Der König trifft Anordnungen über das Recht der Parteien oder anderer Personen, zu dem Aktenstück gehörende Urkunden zurückzuerhalten.

§ 11

Beim Gericht ist über alle Verfahren ein Tagebuch zu führen, das den Zeitpunkt angibt, an dem jede einzelne Sache eingegangen ist, die hierbei getroffenen Maßnahmen und den Zeitpunkt der Entscheidung über die Sache, sowie bei Rechtsmitteleinlegung den Zeitpunkt, an dem die Anmeldung oder der Schriftsatz eingegangen ist, und die Maßnahmen, die getroffen worden sind.

§ 12

Die Bestimmungen dieses Kapitels über Protokoll, Aktenstück und Tagebuch für Verfahren gelten in entsprechenden Teilen auch für andere dienstliche Angelegenheiten.

§ 13

Nähere Bestimmungen über Protokoll und Aktenanlegung sowie über Tagebuch und andere Verzeichnisse werden vom König erlassen.

Kap. 7

Ankläger und Polizeibehörden

§ 1

Öffentliche Ankläger sind:

1. der Reichsankläger (riksåklagare);
2. die Staatsankläger (statsåklagare);
3. die Bezirksankläger (distriktsåklagare).

Bei einem öffentlichen Ankläger dürfen Hilfsankläger (biträdande åklagare) vorhanden sein.

Der König erläßt die Dienstanweisungen für die Ankläger.

§ 2

Der Reichsankläger ist unter dem König der oberste Ankläger und trägt in dieser Eigenschaft die Verantwortung für das Anklagewesen Schwedens, er hat dieses zu leiten.

Unter dem Reichsankläger tragen die Staatsankläger innerhalb ihres eigenen Tätigkeitsbereichs die Verantwortung für das Anklagewesen, sie haben dieses zu leiten.

§ 3

Der Reichsankläger und die Staatsankläger werden vom König ernannt. Über die Bestellung der übrigen Ankläger werden Vorschriften in den für diese geltenden Dienstanweisungen getroffen.

§ 4

Öffentlicher Ankläger ist:

beim Untergericht der Staatsankläger oder der Bezirksankläger;

beim Hofgericht der Reichsankläger in den Verfahren, die gemäß Kap. 2 § 2 Abs. 1 unmittelbar vom Hofgericht behandelt werden, und der Staatsankläger oder der Bezirksankläger in anderen Verfahren;

beim Obersten Gerichtshof der Reichsankläger.

Wird ein Rechtsmittel beim Obersten Gerichtshof ausschließlich von einer privaten Partei eingelegt, so darf die Sache des Anklägers dort auf Grund einer Anordnung des Reichsanklägers von einem unteren Ankläger geführt werden.

Nähere Bestimungen über die Verteilung der Aufgaben unter den Anklägern werden in den für sie geltenden Dienstanweisungen erlassen.

§ 5

Der Reichsankläger sowie die Staatsankläger dürfen Aufgaben übernehmen, die den unteren Anklägern zustehen. Der Reichsankläger ist auch berechtigt, Sonderankläger zu bestimmen, um Anklagen beim Untergericht oder beim Hofgericht zu führen oder, sofern ein Rechtsmittel ausschließlich von einer privaten Partei eingelegt ist, beim Obersten Gerichtshof.

Ein Hilfsankläger darf in dem in der Dienstanweisung bestimmten Umfang Aufgaben ausführen, wie sie dem Ankläger zustehen, bei dem er Dienst tut. Über die Erhebung oder die im Rechtsmittelweg erfolgende Durchführung einer Anklage beim Obersten Gerichtshof darf jedoch nur vom Reichsankläger Beschluß gefaßt werden.

§ 6

Liegen bei einem öffentlichen Ankläger hinsichtlich einer bestimmten strafbaren Handlung Umstände vor, die die Befangenheit eines Richters herbeiführen würden, so darf er sich nicht mit der Voruntersuchung oder Anklage befassen. Die Befangenheit darf sich nicht auf Maßnahmen gründen, die er dienstlich vorgenommen hat oder auf Handlungen, die gegen ihn in Ausführung oder wegen seines Dienstes vorgenommen sind.

Auch wenn der Ankläger befangen ist, darf er Maßnahmen treffen, die nicht ohne Gefahr aufgeschoben werden können. Über die Frage der Befangenheit eines Anklägers wird von seinem nächsten Dienstvorgesetzten entschieden; über die Befangenheit des Reichsanklägers von diesem selbst.

§ 7

Staatsankläger sind die Landesvögte (landsfogdar) sowie die Ersten Stadtfiskale.

§ 8

Für die Sonderankläger gelten die für sie ergangenen Bestimmungen.

Andere Sonderankläger als der Justizkanzler (justitiekansler), der Justizbevollmächtigte des Reichstags (riksdagens justitieombudsman) oder der Militärbevollmächtigte des Reichstags (riksdagens militieombudsman) dürfen nicht Beschluß darüber fassen, ob eine Anklage beim Obersten Gerichtshof erhoben oder im Wege der Rechtsmitteleinlegung durchgeführt wird.

§ 9

Als Polizeibehörde gilt in diesem Gesetz außer dem Ankläger, der mit dem Polizeiwesen befaßt ist, in Städten, in denen ein Polizeimeister (polismästare) vorhanden ist, der Polizeimeister und ein Beamter des Polizeiwesens in Vorgesetztenstellung, der nach der für ihn geltenden Dienstanweisung zur Vertretung des Polizeimeisters berechtigt ist, sowie in anderen Städten, in denen der Ankläger nicht mit dem Polizeiwesen befaßt ist, derjenige, dem die Aufsicht über das Polizeiwesen als nächstem unter dem Polizeichef zusteht.

Die Bestimmungen des § 6 über die öffentlichen Ankläger finden auf die Polizeibehörden entsprechende Anwendung.

Kap. 8

Rechtsanwälte

§ 1

Für Schweden besteht ein öffentlicher Rechtsanwaltsverband (advokatsamfund).

Die Satzungen des Verbandes werden vom König festgesetzt.

Rechtsanwalt ist, wer Mitglied des Verbandes ist.

§ 2

Als Mitglied des Rechtsanwaltsverbandes darf nur aufgenommen werden, wer schwedischer Staatsangehöriger ist, seinen

Wohnsitz innerhalb Schwedens und das fünfundzwanzigste Lebensjahr vollendet hat, sowie die für die Befähigung zum Richteramt vorgeschriebenen Prüfungen abgelegt und sich eine praktische Ausbildung erworben hat, wie sie in den Satzungen des Verbandes vorgeschrieben ist. Er muß als rechtschaffen bekannt sein und auch sonst geeignet erscheinen, die Tätigkeit eines Rechtsanwalts auszuüben.

Wer geschäftsunfähig ist oder sich im Konkurs befindet, darf nicht als Mitglied aufgenommen werden.

Ein rechtskundiger Richter eines öffentlichen Gerichts, ein Gerichtsbeamter eines solchen, ein öffentlicher Ankläger oder ein Vollstreckungsbeamter darf nicht als Mitglied aufgenommen werden, ebensowenig jemand, der sonst im Staats- oder Kommunaldienst oder bei einer anderen Privatperson als einem Rechtsanwalt angestellt ist, sofern nicht der Vorstand des Rechtsanwaltsverbandes eine Ausnahme zuläßt.

§ 3

Über den Antrag auf Eintritt in den Rechtsanwaltsverband wird von dessen Vorstand entschieden.

§ 4

Bei der Ausübung seiner Tätigkeit hat der Rechtsanwalt die ihm anvertrauten Aufträge redlich und pflichteifrig auszuführen und in allen Dingen gute Anwaltssitte zu wahren.

Die Tätigkeit als Rechtsanwalt darf nicht in der Form einer Aktiengesellschaft oder in Gesellschaft mit einer anderen Person als einem Rechtsanwalt betrieben werden, sofern der Vorstand des Rechtsanwaltsverbandes nicht eine Ausnahme zuläßt.

Dem Rechtsanwalt liegt ob, Geldmittel und andere Vermögensstücke, die seinen Auftraggebern gehören, von seinem eigenen Vermögen zu trennen.

§ 5

Der Rechtsanwalt ist verpflichtet, in Fällen, in denen ein öffentlicher Verteidiger für einen Beschuldigten oder ein Beistand für eine Partei, die Armenrecht genießt, nicht durch freiwillige Übernahme diese Tätigkeit zu erlangen ist, die Beiordnung als Verteidiger oder Beistand bei den Gerichten der Provinz, in der sich sein Büro befindet, anzunehmen.

§ 6

Die Aufsicht über das Rechtsanwaltswesen wird vom Vorstand des Rechtsanwaltsverbandes ausgeübt; er hat darauf zu achten, daß der Rechtsanwalt sowohl bei der Führung von gerichtlichen Prozessen wie auch in seiner sonstigen Tätigkeit die ihm obliegenden Pflichten erfüllt. Der Rechtsanwalt ist verpflichtet, dem Vorstand die Auskünfte zu erteilen, die für diese Aufsicht benötigt werden.

Der Justizkanzler ist berechtigt, beim Vorstand um Maßnahmen gegen einen Rechtsanwalt zu ersuchen, der seine Pflichten vernachlässigt oder nicht länger befugt ist, Rechtsanwalt zu sein.

§ 7

Ein Rechtsanwalt, der bei seiner Tätigkeit vorsätzlich ein Unrecht begeht oder sonst unredlich verfährt, ist vom Vorstand des Rechtsanwaltsverbandes aus dem Verband auszuschließen. Liegen mildernde Umstände vor, so darf ihm der Vorstand statt dessen eine Warnung erteilen.

Vernachlässigt ein Rechtsanwalt sonst die ihm als solchem obliegenden Pflichten, so darf ihm der Vorstand eine Warnung oder eine Ermahnung (erinran) erteilen. Liegen besonders erschwerende Umstände vor, so darf ihn der Vorstand aus dem Verband ausschließen.

Hört ein Rechtsanwalt auf, schwedischer Staatsangehöriger zu sein, verzieht er aus Schweden oder treten bei ihm Umstände ein, auf Grund deren er gemäß § 2 Abs. 2 oder 3 nicht als Mitglied des Verbandes aufgenommen werden darf, so ist er verpflichtet, sofort auszutreten; tut er dies nicht, so hat der Vorstand seine Ausschließung anzuordnen.

Der Vorstand darf anordnen, daß ein Beschluß, durch den jemand aus dem Verband ausgeschlossen wird, sofort wirksam ist.

§ 8

Hat der Vorstand des Rechtsanwaltsverbandes einen Antrag auf Eintritt in den Verband abgelehnt oder jemand aus dem Verband ausgeschlossen, so darf dieser ein Rechtsmittel gegen den Beschluß einlegen. Gegen den Beschluß des Vorstandes in einer im § 7 behandelten Angelegenheit darf vom Justizkanzler ein Rechtsmittel eingelegt werden.

Die Einlegung eines Rechtsmittels erfolgt durch Beschwerde beim Obersten Gerichtshof.

Kap. 9
Strafen und Zwangsstrafen

§ 1

Eine Partei, die wider besseres Wissen einen Zivilprozeß einleitet oder veranlaßt, wird mit Tagesbußen bestraft.

§ 2

Wird von einer Partei wider besseres Wissen ein Rechtsmittel gegen ein Urteil oder einen Beschluß eingelegt, so ist sie zu Tagesbußen zu verurteilen. Handelt es sich um das Urteil oder den Beschluß eines höheren Gerichts, so hat die Strafe mindestens fünfundzwanzig Tagesbußen zu betragen.

§ 3

Sucht eine Partei in einer Zivilsache oder ein Verletzter in einem Strafverfahren durch Behauptungen oder Einwendungen, die offensichtlich unbegründet sind, oder durch Vorenthaltung von Beweisen oder durch andere unangemessene Handlungen den Prozeß zu verzögern, so ist er mit Tagesbußen zu bestrafen. Das für die Parteien Gesagte gilt auch für Intervenienten, auch wenn sie nicht die Stellung einer Partei haben.

§ 4

Die Bestimmungen der §§ 1—3 finden auf Stellvertreter sowie auf Bevollmächtigte oder Beistände entsprechende Anwendung.

§ 5

Wer bei einer Sitzung vor Gericht die Verhandlung stört, im Gerichtssaal fotografiert, sich weigert, einer Vorschrift nachzukommen, die zur Aufrechterhaltung der Ordnung erlassen ist, oder sich bei einer Sitzung oder in einem Prozeßschriftsatz unangemessen äußert oder sonst die Würde des Gerichts verletzt, wird mit einer Geldstrafe bestraft.

§ 6

Verbreitet jemand ohne rechtlich triftige Gründe etwas, was nach Anordnung des Gerichts oder des Untersuchungsführers nicht bekanntgegeben werden darf, so ist er mit Tagesbußen zu bestrafen.

§ 7

Das Gericht darf, wenn eine Partei oder andere Personen an einer Verhandlung teilnehmen oder persönlich erscheinen sollen, eine Zwangsstrafe (vite) androhen. Sind besondere Vorschriften hierüber ergangen, so bleiben diese in Kraft.

§ 8

Wird auf Grund dieses Gesetzes einer Partei oder anderen Personen eine Zwangsstrafe angedroht, so setzt das Gericht diese mit einem Betrag fest, von dem mit Rücksicht auf die wirtschaftlichen Verhältnisse des Betroffenen und die sonstigen Umstände anzunehmen ist, daß er ihn zur Beachtung der Androhung veranlassen wird. Eine Zwangsstrafe darf nicht mit weniger als fünf oder mehr als fünftausend Kronen festgesetzt werden. Ist eine Zwangsstrafe auferlegt worden, und droht das Gericht eine neue Zwangsstrafe an, so darf diese mit einem höheren Betrag festgesetzt werden, jedoch mit nicht mehr als zehntausend Kronen. Die Androhung einer Zwangsstrafe ist demjenigen zuzustellen, für den sie bestimmt ist.

Eine Zwangsstrafe darf nicht angedroht werden, wenn eine Strafe festgesetzt ist. Dem Staat darf eine Zwangsstrafe nicht angedroht werden.

Ergibt sich, wenn die Frage der Auferlegung einer Zwangsstrafe behandelt wird, daß der Zweck der Zwangsstrafe hinfällig geworden ist, so darf sie nicht auferlegt werden.

§ 9

Ist in diesem Gesetz die Bestrafung mit Geldstrafen jedoch nicht mit Tagesbußen festgesetzt, so beträgt die niedrigste

Geldstrafe fünf und die höchste dreihundert Kronen. Geld- und Zwangsstrafen, die auf Grund dieses Gesetzes auferlegt werden, fallen an den Staat[4].

Zweiter Abschnitt

Prozesse im allgemeinen

I. Prozesse in Zivilsachen

Kap. 10

Gerichtsstand

§ 1

Gerichtsstand in Zivilsachen ist im allgemeinen das Gericht des Ortes, an dem der Beklagte seinen Wohnsitz hat.

Ist der Beklagte in einem Ort Schwedens in das Personenregister eingetragen (mantalsskriven), so ist dieser Ort als sein Wohnsitz anzusehen.

Für Gesellschaften, Vereine oder andere Verbände, Stiftungen oder andere derartige Anstalten gilt derjenige Ort als Wohnsitz, an dem die Leitung ihren Sitz hat, oder, falls ein Sitz für die Leitung nicht bestimmt oder keine Leitung vorhanden ist, an dem die Verwaltung geführt wird. Das gleiche gilt für eine Kommune oder andere Gemeindeverbände.

Ein Nachlaß ist bei dem Gericht zu verklagen, das für den Erblasser zuständig gewesen wäre.

Wer weder innerhalb noch außerhalb Schwedens einen bekannten Wohnsitz hat, ist dort zu verklagen, wo er sich aufhält. Ist er schwedischer Staatsangehöriger, und hält er sich außerhalb Schwedens auf oder ist sein Aufenthaltsort unbekannt, so ist er dort zu verklagen, wo er zuletzt innerhalb Schwedens seinen Wohnsitz gehabt oder sich aufgehalten hat.

§ 2

Der Staat ist in Zivilsachen im allgemeinen dort zu verklagen, wo die Behörde ihren Sitz hat, die die Sache in dem Prozeß wahrzunehmen hat.

§ 3

Wer keinen bekannten Wohnsitz innerhalb Schwedens hat, darf in Streitigkeiten über Zahlungsverpflichtungen dort verklagt werden, wo sich ihm gehöriges Vermögen befindet. Betrifft die Streitigkeit bewegliches Vermögen, so darf er dort verklagt werden, wo sich dieses befindet.

Eine Forderung, die sich auf laufende Schuldverschreibungen oder andere Urkunden gründet, deren Vorlegung Bedin-

---

[4] Vgl. für den Unterschied zwischen Tagesbußen und anderen Geldstrafen G ö r a n s s o n - S i m s o n , „Courtes peines privatives de liberté en Suède. Moyens de les éviter et de les réorganiser" in Recueil de documents en matière pénale et pénitentiaire, Bern XIII (1948), S. 366.

gung für das Recht ist, Zahlung zu verlangen, gilt als dort befindlich, wo die Urkunde ist. Andere Forderungen gelten als dort befindlich, wo der Schuldner seinen Wohnsitz hat. Ist ein Pfand für eine Forderung gestellt, so darf diese als dort befindlich angesehen werden, wo das Pfand ist.

§ 4

Ist jemand, der innerhalb Schwedens keinen bekannten Wohnsitz hat, eine Verbindlichkeit eingegangen oder ist sonst für ihn eine Schuldverpflichtung entstanden, so darf er bei Streitigkeiten über diese dort verklagt werden, wo die Verbindlichkeit eingegangen wurde oder die Schuld entstanden ist.

§ 5

Wer Landwirtschaft, einen Gruben- oder Fabrikbetrieb, ein Handwerk, einen Handel oder einen sonstigen ähnlichen Betrieb mit ständiger Niederlassung betreibt, darf bei Streitigkeiten, die unmittelbar auf Grund dieses Betriebes entstanden sind, dort verklagt werden, wo sich die Niederlassung befindet.

§ 6

Ist jemand an einem Ort, an dem er sich für längere Zeit aufhält, eine Verbindlichkeit eingegangen oder ist dort für ihn eine Schuldverpflichtung entstanden, so darf er, während er sich an dem Ort befindet, dort wegen einer derartigen Verbindlichkeit oder Schuld verklagt werden. Das gleiche gilt für Schulden, die für ihn während eines vorübergehenden Aufenthaltes an einem anderen Ort für Essen, Wohnung oder dergleichen entstanden sind.

§ 7

Streitigkeiten wegen der Verwaltung durch einen Vormund oder amtlichen Sachwalter (god man) dürfen bei dem Gericht geltend gemacht werden, bei dem die Vormundschaft oder Sachwaltung eingetragen ist oder zuletzt eingetragen war, oder auch bei dem Gericht des Ortes, an dem die Verwaltung geführt ist.

Hat jemand sonst die Verwaltung des Vermögens eines anderen geführt, so dürfen Streitigkeiten über die Verwaltung bei dem Gericht des Ortes geltend gemacht werden, an dem die Verwaltung geführt ist.

§ 8

Klagen auf Grund von Handlungen, die Schaden verursacht haben, dürfen bei dem Gericht des Ortes erhoben werden, an dem die Handlung geschehen oder der Schaden entstanden ist. Geschah die Handlung oder entstand der Schaden an Orten, die in den Bezirken verschiedener Gerichte liegen, so darf die Klage bei jedem von ihnen erhoben werden.

§ 9

Streitigkeiten über eine Erbschaft oder ein Testament oder über die Teilung einer Vermögensmasse zwischen Erben und dem überlebenden Ehegatten sind von dem Gericht zu behandeln, das für den Erblasser in Zivilsachen im allgemeinen zuständig gewesen wäre.

Streitigkeiten über die Teilung einer Vermögensmasse zwischen Ehegatten aus Anlaß der Aufhebung der Gütergemeinschaft (boskillnad), Nichtigkeit der Ehe (äktenskaps återgång), Aufhebung der häuslichen Gemeinschaft (hemskillnad) oder Ehescheidung (äktenskapsskillnad) sind von dem Gericht zu behandeln, das für den Ehemann in Zivilsachen im allgemeinen zuständig ist oder, wenn für den Ehemann in derartigen Verfahren kein schwedisches Gericht zuständig ist, von dem in solchen Verfahren für die Ehefrau zuständigen Gericht.

Ist in Verfahren der in diesem Paragraphen behandelten Art kein nach diesen Bestimmungen zuständiges Gericht vorhanden, so ist das Verfahren von dem Stadtgericht Stockholm zu behandeln.

§ 10

Streitigkeiten über das Eigentum oder Nutzungsrecht an unbeweglichem Vermögen, über das Recht auf Dienstbarkeiten oder andere besondere Rechte an diesem oder über seinen Besitz sind von dem Gericht des Ortes zu behandeln, an dem das Grundstück liegt. Das gleiche gilt, wenn die Streitigkeit die Verpflichtung des Eigentümers oder Inhabers betrifft, etwas zu leisten, was ihm in dieser Eigenschaft obliegt, oder wenn es sich im Falle der Einräumung des Nutzungsrechts oder anderer besonderer Rechte am Vermögen um Pacht, Miete, Ersitzung, Unterhaltung eines Gebäudes, Neubau oder ähnliches handelt.

Liegt das Grundstück im Bezirk mehrerer Gerichte oder betrifft die Streitigkeit mehrere Grundstücke in den Bezirken verschiedener Gerichte, so ist sie von dem Gericht zu behandeln, in dessen Bezirk der Hauptteil liegt.

§ 11

Bei dem im § 10 genannten Gericht dürfen auch geltend gemacht werden:

1. Streitigkeiten über den Kaufpreis unbeweglichen Vermögens oder andere ähnliche Ansprüche auf Grund der Übertragung des Eigentums an ihm;

2. Klagen gegen den Eigentümer unbeweglichen Vermögens wegen seiner Verpflichtung zur persönlichen Haftung für eine Schuld, für die dieses als Pfand dient, sofern gleichzeitig die Zahlung aus dem Vermögen eingeklagt wird;

3. Streitigkeiten über einen Schaden oder andere Beeinträchtigungen des unbeweglichen Vermögens;

4. Klagen auf Erstattung für Arbeiten, die an unbeweglichem Vermögen ausgeführt sind;

5. Klagen auf Erstattung, weil jemand der Gewährleistungspflicht hinsichtlich unbeweglichen Vermögens nicht nachgekommen ist.

§ 12

Als unbewegliches Vermögen im Sinne dieses Kapitels gelten auch Gebäude auf fremden Grund und Boden, sowie Gruben und für Grubenbetrieb bestimmte Gebäude oder Anlagen.

§ 13

Streitigkeiten über die Gebühren von Prozeßbevollmächtigten, die Verteilung von Prozeßkosten unter mehreren Erstattungspflichtigen oder andere ähnliche auf einem Prozeß beruhende Ansprüche dürfen bei dem Gericht geltend gemacht werden, das zuerst ein Urteil in diesem Verfahren gefällt hat.

§ 14

Klagen gegen mehrere Beklagte dürfen bei dem Gericht erhoben werden, das nach den obigen Bestimmungen dieses Kapitels für einen von ihnen zuständig ist, sofern die Erhebung der Klagen zur gleichen Zeit erfolgt und sie sich auf einen im wesentlichen gleichen Grund stützen. Liegt die Sache so, daß nur ein Urteil gegen alle Personen ergehen kann, die an der Sache beteiligt sind, so darf die Klage ebenfalls bei dem Gericht erhoben werden, das für eine von ihnen zuständig ist.

Eine Widerklage ist von dem Gericht zu behandeln, das die Hauptklage behandelt.

Klagen der in Kap. 14 §§ 4 oder 5 bezeichneten Art sind von dem Gericht zu behandeln, das den Hauptprozeß behandelt.

§ 15

Ist nach Zustellung der Prozeßladung (stämning) an den Beklagten eine Änderung der Verhältnise eingetreten, die die Zuständigkeit des Gerichts bedingt haben, so ist dies ohne Wirkung.

§ 16

Ist eine schriftliche Vereinbarung darüber getroffen worden, daß entstandene oder künftige, auf einem angegebenen Rechtsverhältnis beruhende Streitigkeiten bei einem bestimmten Gericht geltend gemacht werden dürfen oder daß für sie ein bestimmtes Gericht ausschließlich zuständig ist, so ist dies maßgebend, sofern nichts anderes vorgeschrieben ist.

§ 17

Das Gericht ist auf Grund der Bestimmungen dieses Kapitels nicht zuständig zur Behandlung von:

1. Streitigkeiten, die von einer anderen Behörde als einem Gericht oder von einem Sondergericht zu behandeln sind oder

die laut Gesetz oder Verordnung unmittelbar von Schiedsrichtern zu entscheiden sind;

2. Streitigkeiten, die bei einem bestimmten Gericht geltend zu machen sind, wenn dieses laut Gesetz oder Verordnung für die Behandlung einer derartigen Streitigkeit ausschließlich zuständig ist;

3. Streitigkeiten, die nach gesetzlicher Bestimmung ausschließlich von einem Stadtgericht oder an seiner Stelle von einem bestimmten Kreisgericht behandelt werden dürfen, wenn die Streitigkeit bei einem anderen Gericht geltend gemacht wird;

4. Streitigkeiten der in den §§ 9 oder 10 genannten Art oder solche, die sonst nach gesetzlicher Bestimmung von einem darin genannten Gericht zu behandeln sind, wenn die Streitigkeit bei einem anderen Gericht geltend gemacht wird;

5. Ehesachen;

6. Streitigkeiten, die sich auf gepfändete bewegliche Vermögensstücke oder auf die Gültigkeit eines Mobiliarkaufvertrages ohne Besitzübergang beziehen und nach gesetzlicher Bestimmung von dem Gericht des Ortes, an dem sich die Vermögensstücke befinden, zu behandeln sind;

7. Streitigkeiten, die vom Gericht ohne Prozeßladung behandelt werden können.

Ferner dürfen Klagen auf Grund der Bestimmungen dieses Kapitels nicht bei Gerichten anderer Art erhoben werden, als diese für die Behandlung der Streitigkeit gesetzlich bestimmt sind; dies gilt jedoch nicht für die im § 13 behandelten Streitigkeiten.

Der Antrag auf Aufrechnung einer Forderung darf nicht von einem Gericht behandelt werden, daß gemäß Abs. 1 nicht zur Behandlung einer Streitigkeit über diese Forderung berechtigt ist.

§ 18

Ist das Gericht aus anderen als den im § 17 genannten Gründen für eine bei ihm geltend gemachte Streitigkeit unzuständig, so ist diese trotzdem als beim richtigen Gericht erhoben anzusehen, wenn der Beklagte den Einwand der Unzuständigkeit des Gerichts nicht rechtzeitig erhebt, dem ersten Termin fernbleibt oder bei schriftlicher Vorbereitung die Einreichung einer Klagebeantwortung unterläßt. Ist der Beklagte ausgeblieben oder hat er die Einreichung einer Klagebeantwortung unterlassen, so sind die Behauptungen des Klägers über die Umstände, die die Zuständigkeit des Gericht bedingen, als richtig anzusehen, wenn der Beklagte Kenntnis von ihnen erhalten hat und kein Anlaß zu der Annahme vorliegt, daß sie unzutreffend sind.

§ 19

Hat das untere Gericht eine Streitigkeit behandelt, so darf die Frage der Zuständigkeit des Gerichts nur dann von dem höheren Gericht behandelt werden, wenn das Rechtsmittel wegen dieser Frage eingelegt ist oder die Unzuständigkeit dort von einer hierzu berechtigten Partei geltend gemacht wird oder es sich um Streitigkeiten handelt, die von einer anderen Behörde als einem Gericht oder von einem Sondergericht oder unmittelbar von einem höheren Gericht zu behandeln oder laut Gesetz oder Verordnung unmittelbar von Schiedsrichtern zu entscheiden sind.

§ 20

Ergeht bei einem höheren Gericht ein Beschluß, durch den das untere Gericht für unzuständig für ein bei ihm schwebendes Verfahren erklärt wird, so darf das höhere Gericht das Verfahren auf Antrag einer Partei an dasjenige untere Gericht verweisen, das als zuständig angesehen wird.

Sind verschiedene Gerichte durch rechtskräftig gewordene Beschlüsse für unzuständig erklärt worden, so darf der Oberste Gerichtshof, sofern eines von ihnen als zuständig angesehen wird, auf Antrag einer Partei das Verfahren an dasjenige Gericht verweisen, von dem das Verfahren zu behandeln gewesen wäre.

§ 21

Sind in einem Gesetz oder einer Verordnung abweichende Bestimmungen über den Gerichtsstand ergangen, so bleiben diese in Kraft.

Kap. 11

Parteien und Vertreter

§ 1

Jeder kann Partei in einem Prozeß sein.

Ist eine Partei hinsichtlich des Streitgegenstandes nicht verfügungsfähig oder betrifft die Streitigkeit ein Rechtsgeschäft, das die Partei nicht selbst vornehmen kann, so ist die Sache von dem Vertreter der Partei zu führen. Auf Klagen wegen Handlungen, die Schaden verursacht haben, finden die Bestimmungen der Kap. 20 § 14 und Kap. 21 § 1 Abs. 1 entsprechende Anwendung.

§ 2

Gesellschaften, Vereine oder andere Verbände, Stiftungen oder andere derartige Anstalten, die Rechte erwerben und Verbindlichkeiten eingehen können, können Partei in einem Prozeß sein. Das gleiche gilt für den Staat sowie eine Kommune oder andere Gemeinverbände.

Die Sache der genannten Parteien ist von ihren Vertretern zu führen.

§ 3

Ein Ausländer, der auf Grund gesetzlicher Bestimmung in seinem Heimatland unfähig ist, seine Sache zu führen, darf sie trotzdem in Schweden führen, wenn er nach schwedischem Recht dazu berechtigt ist.

§ 4

Ein Beweis dafür, daß jemand, der in einem Prozeß als Partei bezeichnet wird oder die Sache als Partei oder als Vertreter einer Partei führen will, hierzu berechtigt ist, ist nicht zu verlangen, sofern das Gericht nicht die Erbringung dieses Beweises für erforderlich erachtet.

§ 5

Eine Partei hat bei der Hauptverhandlung des Untergerichts oder Hofgerichts persönlich zu erscheinen, wenn nicht anzunehmen ist, daß ihre Anwesenheit ohne Bedeutung für die Ermittlungen ist. Bei der Hauptverhandlung des Obersten Gerichtshofs ist eine Partei zum persönlichen Erscheinen verpflichtet, wenn ihre Anwesenheit für die Ermittlungen erforderlich erscheint. Beim Untergericht hat eine Partei auch bei der mündlichen Vorbereitung persönlich zu erscheinen, wenn anzunehmen ist, daß die Vorbereitung hierdurch gefördert wird. Bei anderen als den genannten Verhandlungen ist eine Partei zum persönlichen Erscheinen verpflichtet, wenn dies erforderlich erscheint.

Das über die Verpflichtung der Parteien zum persönlichen Erscheinen Gesagte gilt auch für ihre Vertreter. Sind mehrere Vertreter vorhanden, so darf das Gericht bestimmen, welcher oder welche sich einzufinden haben. Darf eine Partei ihre Sache nicht selbst führen, so ist sie trotzdem zum persönlichen Erscheinen verpflichtet, wenn ihre Anwesenheit für die Ermittlungen erforderlich erscheint.

Ist eine Partei oder ein Vertreter zum persönlichen Erscheinen verpflichtet, so hat das Gericht eine entsprechende Anordnung zu erlassen.

Kap. 12
Prozeßbevollmächtigte

§ 1

Die Sache einer Partei darf durch einen Bevollmächtigten geführt werden.

Für die Verpflichtung der Parteien zum persönlichen Erscheinen gelten die Bestimmungen des Kap. 11 § 5.

§ 2

Als Bevollmächtigter darf sich nur betätigen, wen das Gericht auf Grund seiner Rechtschaffenheit, Einsicht und früheren Tätigkeit für geeignet hält, Bevollmächtigter in diesem Verfahren zu sein.

Der Bevollmächtigte muß schwedischer Staatsangehöriger sein und seinen Wohnsitz in Schweden haben.

Wer geschäftsunfähig ist oder sich im Konkurs befindet, darf nicht Bevollmächtigter sein.

§ 3

Ein rechtskundiger Richter eines öffentlichen Gerichts, ein juristisch vorgebildeter Beamter eines solchen, ein öffentlicher Ankläger oder ein Vollstreckungsbeamter darf nicht Bevollmächtigter sein, wenn der König nicht für ein bestimmtes Verfahren die Erlaubnis hierzu erteilt.

Ein Schöffe darf bei dem Gericht, dem er angehört, nicht die Sache eines anderen führen.

§ 4

Steht jemand zu einem Richter, der bei der Behandlung des Verfahrens Mitglied des Gerichts ist, in einem Verhältnis der im Kap. 4 § 12 behandelten Art, so darf er sich in diesem Verfahren nicht als Bevollmächtigter betätigen. Ebensowenig darf sich als Bevollmächtigter betätigen, wer sich als Richter, Gerichtsbeamter oder Bevollmächtigter des Gegners mit der Sache befaßt hat.

§ 5

Zeigt ein Bevollmächtigter Unredlichkeit, Untüchtigkeit oder Verständnislosigkeit (oförstånd) oder erscheint er sonst ungeeignet, so hat ihn das Gericht in dem Verfahren als Bevollmächtigten zurückzuweisen. Das Gericht darf ihn auch für eine bestimmte Frist oder bis auf weiteres für unbefugt erklären, sich bei ihm als Bevollmächtigter zu betätigen, wenn hierfür Gründe vorliegen.

§ 6

Wird ein Bevollmächtigter zurückgewiesen, so hat das Gericht der Partei, wenn sie nicht anwesend und gewillt ist, ihre Sache selbst zu führen, die Bestellung eines Bevollmächtigten aufzugeben, der geeignet befunden werden kann. Unterläßt sie dies, und findet sie sich nicht persönlich ein, so ist sie als ausgeblieben anzusehen.

Ist ein zurückgewiesener Bevollmächtigter Rechtsanwalt, so ist dem Vorstand des Rechtsanwaltsverbandes Anzeige von der Zurückweisung zu erstatten.

§ 7

Macht jemand, der nicht Bevollmächtigter sein darf, in einem Prozeß einen ihm übertragenen Anspruch geltend, und erscheint es wahrscheinlich, daß die Übertragung erfolgt ist, damit er die Sache führen kann, so hat ihm das Gericht aufzugeben, sich einen Bevollmächtigten zu bestellen. Unterläßt er dies, so ist er als ausgeblieben anzusehen.

§ 8

Will eine Partei ihre Sache durch einen Bevollmächtigten führen lassen, so hat sie diesem mündlich vor Gericht oder schriftlich Vollmacht zu erteilen. Die schriftliche Vollmacht ist von der Partei eigenhändig zu unterzeichnen.

§ 9

Die schriftliche Vollmacht ist in Urschrift vorzulegen, wenn der Bevollmächtigte die Sache zum ersten Male beim Gericht führt.

Steht die vorzulegende Vollmacht nicht zur Verfügung, so hat das Gericht dem Bevollmächtigten eine Frist zur Vorlegung zu setzen; dies gilt nicht für die Einlegung von Berufung oder Protest (missnöje). Erscheint eine Vertagung unangebracht, so darf das Gericht das Verfahren fortsetzen, ohne hierbei ein Urteil oder einen Endbeschluß zu erlassen. Wird die Vollmacht ausgestellt, so ist es so anzusehen, daß die Befugnis des Bevollmächtigten auch seine frühere Tätigkeit in diesem Prozeß umfaßt.

Hält es das Gericht für ungewiß, ob die Unterschrift der Partei auf einer Vollmacht echt ist, so darf es eine Frist zur Beseitigung der Ungewißheit bewilligen.

Die schriftliche Vollmacht ist den Akten in Urschrift oder beglaubigter Abschrift beizufügen.

§ 10

Ist der Inhalt einer schriftlichen Vollmacht durch Telegraf oder Fernsprecher entsprechend den hierfür ergangenen Vorschriften übermittelt worden, so gilt die hierüber gemachte Aufzeichnung als Vollmacht. Hält das Gericht dies für erforderlich, so ist ihm jedoch die Vollmacht in Urschrift vorzulegen und die Aufzeichnung andernfalls nicht als wirksame Vollmacht anzusehen.

Der König erläßt nähere Vorschriften über die Übermittlung von Vollmachten durch Telegraf oder Fernsprecher.

§ 11

Als Vollmacht für den Staat, eine Kommune, andere Gemeindeverbände oder öffentliche Anstalten gilt eine vorschriftsgemäß ausgefertigte Bestallung oder ein Auszug aus dem Protokoll über den Beschluß, durch den der Bevollmächtigte bestellt ist. Für Gesellschaften, Vereine oder andere Verbände, Stiftungen oder andere derartige Anstalten darf ein beglaubigter Auszug aus dem Protokoll über einen derartigen Beschluß als Vollmacht gelten.

§ 12

Die Vollmacht muß den Namen des Bevollmächtigten enthalten. Sie darf nicht auf den Inhaber ausgestellt werden.

Die Vollmacht hat sich auf ein bestimmtes Verfahren oder auf Prozesse im allgemeinen zu beziehen. Will eine Partei die Vollmacht lediglich für ein bestimmtes Gericht oder einen besonderen Prozeßteil erteilen, so ist dies in der Vollmacht anzugeben. Eine mündliche Vollmacht gilt nur für das Verfahren, in dem sie erteilt ist.

§ 13

Der Bevollmächtigte darf keinen anderen an seine Stelle setzen, sofern die Partei nicht die Erlaubnis hierzu erteilt hat.

Ist ein Bevollmächtigter berechtigt, einen anderen an seine Stelle zu setzen, so darf auch der von ihm Ermächtigte einem anderen die Führung der Sache der Partei übertragen, wenn der Bevollmächtigte die Erlaubnis hierzu erteilt hat.

§ 14

Die Vollmacht gibt dem Bevollmächtigten die Berechtigung, in einer Sache namens der Partei

1. die Klage zu erheben, sowie Maßnahmen zu erwirken, auch wenn diese in den Bereich einer anderen Behörde als des Gerichts fallen;
2. die Zustellung von Schriftsätzen und anderen Schriftstücken mit Ausnahme von Anordnungen über das persönliche Erscheinen der Partei entgegenzunehmen;
3. alle Prozeßhandlungen zur Führung der Sache vorzunehmen, sowie Erwiderungen auf alle gegen die Partei gerichteten Anträge abzugeben;
4. auf Anträge, die von der Partei gestellt sind, zu verzichten und Anträge des Gegners anzuerkennen;
5. einen Vergleich abzuschließen;
6. die Vollstreckung des Gerichtsurteils zu betreiben;
7. die der Partei zuerkannte Erstattung der Prozeßkosten zu vereinnahmen.

Auf Grund einer Vollmacht, die sich auf Prozesse im allgemeinen bezieht, darf der Bevollmächtigte in Sachen, in denen ein Vergleich nicht zugelassen ist, nicht Klage erheben oder eine Prozeßladung entgegennehmen.

Bezieht sich die Vollmacht nur auf ein bestimmtes Gericht, so stehen dem Bevollmächtigten bei diesem Gericht die gleichen Befugnisse zu, wie sie im Abs. 1 bezeichnet sind. Er darf auch Protest oder Berufung gegen die vom Gericht erlassenen Beschlüsse oder Urteile einlegen.

Gilt die Vollmacht nur für einen besonderen Teil des Prozesses, so stehen dem Bevollmächtigten bei diesem Prozeßteil die gleichen Befugnisse zu, wie sie im Abs. 1 Ziffer 2—5 bezeichnet sind. Er darf auch Protest oder Berufung gegen die hierbei erlassenen Beschlüsse oder Urteile einlegen.

§ 15

Beschränkungen der Befugnisse des Bevollmächtigten gemäß § 14 dürfen nur insoweit erfolgen, als sie das Recht des Bevollmächtigten betreffen, eine Klage zu erheben, die Zustellung einer Prozeßladung entgegenzunehmen, einen Vergleich abzuschließen, die Vollstreckung des Gerichtsurteils zu betreiben oder die der Partei zuerkannte Erstattung der Prozeßkosten zu vereinnahmen. Sind andere Beschränkungen erfolgt, so sind diese unwirksam.

Ist eine zulässige Beschränkung nicht in der Vollmacht erfolgt, so ist sie gegenüber dem Gericht und dem Gegner nicht wirksam, bevor sie mündlich vor Gericht oder schriftlich zu deren Kenntnis gebracht ist.

§ 16

Ist eine Prozeßvollmacht nicht in der im § 12 bezeichneten Weise abgefaßt, so hat das Gericht der Partei die Beseitigung des Fehlers aufzugeben. Wird dem Fehler nicht abgeholfen, so ist die Vollmacht unwirksam.

§ 17

Eine Prozeßhandlung, die ein Bevollmächtigter in Gegenwart der Partei vorgenommen hat, wirkt nicht gegen diese, wenn sie sofort Widerspruch dagegen erhebt.

§ 18

Eine Vollmacht kann von der Partei jederzeit widerrufen werden.

Will ein Bevollmächtigter die Vertretung einer Partei niederlegen, so bleibt er verpflichtet, auf Grund der Vollmacht die Rechte der Partei so lange wahrzunehmen, bis diese in der Lage ist, Maßnahmen für die Fortführung ihrer Sache zu treffen.

Gegenüber dem Gericht und dem Gegner ist ein Widerruf oder eine Niederlegung unwirksam, bevor sie mündlich vor Gericht oder schriftlich zu deren Kenntnis gebracht ist.

§ 19

Stirbt eine Partei oder verliert sie die Verfügungsfähigkeit hinsichtlich des Streitgegenstandes, so erlischt hierdurch die Wirksamkeit der Vollmacht nicht. Das Gericht hat jedoch den Nachlaß oder den Vertreter der Partei von dem Prozeß zu unterrichten, wenn sich Veranlassung hierfür ergibt.

Ist eine Vollmacht von dem Vertreter einer Partei erteilt und erlischt seine Berechtigung später, so bleibt die Vollmacht trotzdem wirksam.

§ 20

Wer als Bevollmächtigter auftritt, haftet dafür, daß er die Berechtigung hierzu besitzt. Vermag er nicht nachzuweisen, daß er in Übereinstimmung mit einer Vollmacht gehandelt hat oder daß eine von ihm vorgenommene Prozeßhandlung von der Partei anerkannt worden oder jedenfalls gegen sie wirksam ist, so ist er verpflichtet, dem Gegner oder Dritten die im Prozeß dadurch entstandenen Kosten zu erstatten, daß seine Handlung für die Partei nicht bindend ist. Auf die Verpflichtung, sonstigen Schaden zu ersetzen, finden die allgemeinen Bestimmungen über die Vollmacht entsprechende Anwendung.

§ 21

Die Bestimmungen dieses Kapitels über die Bevollmächtigten, die zur Führung der Sache einer Partei berechtigt sind, gelten entsprechend für Bevollmächtigte, die zur Erwirkung einer besonderen Maßnahme bestellt sind.

§ 22

Die Parteien dürfen bei der Führung ihrer Sache einen Beistand heranziehen. Für Prozeßbeistände gelten die Bestimmungen der §§ 2—5 sowie des § 6 Abs. 2. Eine Prozeßhandlung, die ein Beistand in Gegenwart der Partei vorgenommen hat, gilt als von dieser anerkannt, wenn sie nicht sofort Widerspruch dagegen erhebt.

§ 23

Besitzt jemand eine allgemeine Vollmacht, das Vermögen eines anderen zu verwalten oder sonst die Angelegenheiten eines anderen wahrzunehmen, und ist er aus diesem Grunde zugleich berechtigt, die Prozesse seines Vollmachtgebers vor Gericht zu führen, so finden auf ihn die Bestimmungen über die Vertreter Anwendung.

§ 24

Sind in einem Gesetz oder einer Verordnung besondere Vorschriften über die Befugnis, die Sache anderer vor Gericht zu führen, ergangen, so bleiben diese in Kraft.

Kap. 13

Gegenstand und Erhebung der Klage

§ 1

Eine Klage, den Beklagten zu einer Leistung zu verurteilen, darf, auch wenn der Zeitpunkt für die Leistung bei Entscheidung des Verfahrens noch nicht eingetreten ist, behandelt und entschieden werden, wenn

1. es sich um regelmäßig wiederkehrende Leistungen handelt, die nicht von einer schon erfolgten oder künftigen Gegenleistung abhängig oder die auf Grund einer schon erfolgten Gegenleistung als Pension oder Leibrente zu zahlen sind, sofern ein Teilbetrag fällig ist;
2. die Verpflichtung zur Leistung erst eintritt, falls eine andere Verpflichtung, wegen deren die Klage in dem Verfahren erhoben ist, nicht erfüllt wird;
3. es sich um Zinsen für eine fällige Forderung bis zum Zeitpunkt der Zahlung oder um andere Nebenleistungen handelt, die sich aus der Hauptverpflichtung ergeben;
4. es für den Kläger von Bedeutung ist, daß eine Leistung rechtzeitig erfolgt und besonderer Anlaß zu der Annahme vorliegt, daß sich der Beklagte dem entziehen wird;
5. eine derartige Klage in anderen als den genannten Fällen auf Grund einer gesetzlichen Bestimmung erhoben werden darf.

§ 2

Die Klage auf Feststellung, ob ein bestimmtes Rechtsverhältnis besteht oder nicht besteht, darf behandelt und entschieden werden, wenn Ungewißheit über das Rechtsverhältnis vorliegt und dies für den Kläger von Nachteil ist.

Hängt die Entscheidung der Sache von der Frage ab, ob ein bestimmtes Rechtsverhältnis, das zwischen den Parteien streitig ist, besteht oder nicht besteht, so darf auch eine Klage auf dahingehende Feststellung behandelt werden.

Ist sonst gesetzlich bestimmt, daß Feststellungsklagen in bestimmten Fällen zulässig sind, so bleiben diese Vorschriften in Kraft.

§ 3

Eine erhobene Klage darf nicht geändert werden. Der Kläger ist jedoch berechtigt:

1. auf Grund von Umständen, die während des Prozesses eingetreten oder ihm erst dann bekannt geworden sind, eine andere Leistung als die, wegen deren die Klage erhoben ist, zu fordern;

2. eine Feststellung gemäß § 2 Abs. 2 zu beantragen;

3. Zinsen oder andere Nebenleistungen zu fordern, die sich aus der Hauptverpflichtung ergeben, sowie auch sonst einen neuen Antrag zu stellen, soweit er sich auf einen im wesentlichen gleichen Klagegrund stützt.

Wird ein Antrag der in Ziffer 2 oder 3 genannten Art gestellt, nachdem das Verfahren bis zur Hauptverhandlung vorgeschritten ist und kann in diesem über den Antrag nicht ohne Unzuträglichkeiten entschieden werden, so darf er abgewiesen werden. Ein derartiger Antrag darf auch nicht beim höheren Gericht gestellt werden.

Als Klagänderung ist nicht anzusehen, daß der Kläger hinsichtlich der gleichen Sache seine Klage einschränkt oder sich zur Stützung seiner Klage ohne Änderung der Sache auf neue Umstände beruft.

§ 4

Die Klage ist durch eine Prozeßladung (stämning) zu erheben, wenn nichts anderes bestimmt ist.

Will der Kläger seine Klage gemäß § 3 ändern, so darf dies mündlich vor Gericht oder schriftlich geschehen. Dem Beklagten ist hiervon Kenntnis zu geben.

Die Klage gilt als erhoben, wenn das Ersuchen auf Prozeßladung beim Gericht eingeht oder wenn sie in Fällen, in denen keine Prozeßladung erforderlich ist, vor Gericht geltend gemacht wird.

§ 5

Nimmt der Kläger seine Klage zurück, nachdem sich der Beklagte auf sie eingelassen hat, und handelt es sich um eine Sache, bei der ein Vergleich zugelassen ist, so ist auf Antrag des Beklagten trotzdem zu entscheiden.

Handelt es sich nicht um eine Sache der im Abs. 1 bezeichneten Art, und nimmt der Kläger ohne Zustimmung des Beklagten seine Klage zurück, nachdem das Urteil gefällt ist, so ist die Rücknahme wirkungslos.

§ 6

Eine neue Klage darf wegen einer Frage, über die schon ein Prozeß zwischen den gleichen Parteien schwebt, nicht behandelt und entschieden werden.

§ 7

Überträgt der Kläger den Streitgegenstand an einen Dritten, so darf dieser ohne neue Prozeßladung die Klage so übernehmen, wie sie bei seinem Eintritt in den Prozeß ist. Für die Verpflichtung des Übertragenden zur Haftung für die Prozeßkosten gelten die Bestimmungen des Kap. 18 § 10.

Geschieht die Übertragung auf Seiten des Beklagten, so darf derjenige, an den sie erfolgt ist, an Stelle des Beklagten in das Verfahren eintreten, wenn der Kläger hierin einwilligt.

Hat eine Übertragung der genannten Art auf einer von beiden Seiten stattgefunden, so ist derjenige, an den sie erfolgt ist, auf Antrag des Gegners verpflichtet, nach Ladung als Partei in den Prozeß einzutreten.

Kap. 14

Verbindung von Verfahren und Teilnahme Dritter am Prozeß

§ 1

Erhebt jemand gleichzeitig mehrere Klagen gegen denselben Beklagten, so ist über sie in einem Prozeß zu verhandeln, wenn sie sich auf einen im wesentlichen gleichen Klagegrund stützen.

§ 2

Hat ein Kläger gleichzeitig Klagen gegen mehrere Beklagte oder haben mehrere Kläger gleichzeitig Klagen gegen einen oder mehrere Beklagte erhoben, so ist über diese in einem Prozeß zu verhandeln, wenn sie sich auf einen im wesentlichen gleichen Klagegrund stützen.

§ 3

Will der Beklagte zwecks gemeinsamer Verhandlung gegen den Kläger eine Klage erheben, die die gleiche Sache betrifft oder mit ihr im Zusammenhang steht oder sich auf eine Forderung bezieht, die gegen die des Klägers aufgerechnet werden kann, und erfolgt dies vor der Hauptverhandlung, so ist über sie in einem Prozeß zu verhandeln. Die in dieser Weise mit der Hauptklage verbundene Klage ist eine Widerklage.

§ 4

Will jemand, der in dem Prozeß nicht Partei ist, wegen des Streitgegenstandes Klage gegen beide Parteien oder eine von ihnen zwecks gemeinsamer Verhandlung erheben, und erfolgt dies vor der Hauptverhandlung, so ist hierüber in einem Prozeß zu verhandeln.

§ 5

Will eine Partei für den Fall ihres Unterliegens gegen einen Dritten einen Anspruch auf Rücktritt vom Vertrage, eine Schadensersatzforderung oder dergleichen geltend machen, so darf sie, bevor das Verfahren bis zur Hauptverhandlung vorgeschritten ist, Klage gegen den Dritten zwecks gemeinsamer Verhandlung mit diesem Verfahren erheben. Dies findet entsprechende Anwendung, wenn der Dritte mit Rücksicht auf den Ausgang, den die Sache zwischen den Parteien nehmen kann, gegen eine von beiden oder gegen beide Klage wegen eines solchen Anspruchs erheben will.

Über die Erhebung einer Klage gegen einen Dritten in Verbindung mit der Geltendmachung eines Anspruchs auf Herausgabe von unbeweglichem Vermögen ist besonderes bestimmt.

§ 6

Bei Verfahren zwischen den gleichen oder verschiedenen Parteien darf auch in anderen als den genannten Fällen in einem Prozeß verhandelt werden, wenn dies für die Ermittlungen zweckmäßig ist. Die Verfahren dürfen wieder getrennt werden, wenn Gründe hierfür vorliegen.

§ 7

In den Fällen der in den §§ 1—6 behandelten Art dürfen Verfahren nicht miteinander verbunden werden, wenn sie nicht bei dem gleichen Gericht erhoben sind, dieses zuständig und auf sie die gleiche Prozeßform anwendbar ist.

§ 8

Sind auf einer Seite mehrere Parteien vorhanden, so ist jede von ihnen im Verhältnis zum Gegner als selbständige Partei anzusehen.

Handelt es sich um eine Sache, bei der nur ein Urteil gegen alle, die an ihr beteiligt sind, ergehen kann, so gilt eine Prozeßhandlung, die ein Streitgenosse (medpart) vornimmt, zugunsten der anderen, auch wenn sie im Gegensatz zu deren Handlungen steht.

§ 9

Behauptet jemand, der nicht Prozeßpartei ist, daß die Sache sein Recht berührt, und macht er diese Behauptung glaubhaft, so darf er als Intervenient auf einer Seite am Prozeß teilnehmen.

§ 10

Will jemand als Intervenient an einem Prozeß teilnehmen, so hat er einen entsprechenden Antrag beim Gericht zu stellen. Die Parteien sind über den Antrag zu hören. Liegen Gründe hierfür vor, so darf eine Verhandlung zwischen den Parteien und dem Antragsteller stattfinden. Das Gericht hat so bald wie möglich einen Beschluß über den Antrag zu erlassen.

§ 11

Der Intervenient darf diejenigen Prozeßhandlungen vornehmen, die der Partei offenstehen. Er darf jedoch die Klage der Partei nicht ändern oder sonst Handlungen vornehmen, die im Gegensatz zu denen der Partei stehen oder ein Rechtsmittel gegen ein Urteil oder einen Beschluß einlegen, sofern dies nicht neben der Partei geschieht.

Ist jedoch wegen der Natur des Rechtsverhältnisses oder aus sonstigen Gründen ein Urteil für und gegen den Intervenienten so wirksam, als ob es in einem Prozeß ergangen wäre, in dem er selbst Partei war, so besitzt er die Stellung einer Prozeßpartei.

§ 12

Ist eine Partei der Meinung, daß jemand als Intervenient am Prozeß teilnehmen kann, so darf sie ihm den Streit mit der Aufforderung verkünden, in den Prozeß einzutreten.

Jemand, dem der Streit verkündet ist, darf seinerseits einem anderen den Streit verkünden, der nach seiner Meinung in den Prozeß eintreten kann.

Über die Verpflichtung einer Partei, in bestimmten Fällen den Streit zu verkünden, ist besonderes bestimmt.

§ 13

Die Streitverkündung erfolgt durch Zustellung eines Schriftsatzes. Der Schriftsatz ist auch dem Gegner zuzustellen. In dem Schriftsatz sind die Sache und die Gründe für diese Maßnahme anzugeben.

Kap. 15

Arrest, Veräußerungsverbot und andere provisorische Verfügungen

§ 1

Hat eine Partei, die in einem Prozeß die Bezahlung einer Forderung verlangt hat, glaubhafte Gründe für ihre Klage nachgewiesen, und besteht die begründete Besorgnis, daß sich der Gegner durch Flucht, durch Beiseiteschaffen von Vermögensstücken oder in sonstiger Weise der Erfüllung dessen entzieht, was ihm voraussichtlich durch das Urteil auferlegt werden wird, so darf auf sein bewegliches Vermögen ein Arrest (kvarstad) in solcher Höhe gelegt werden, daß die Schuld gedeckt ist, oder sein Vermögen darf, falls dies genügt, unter das Verbot der Veräußerung oder Beiseiteschaffung gestellt werden. Das Veräußerungsverbot (skingringsförbud) darf auch für unbewegliches Vermögen erlassen werden, das dem Gegner gehört[5].

Ein Arrest oder ein Veräußerungsverbot darf auch auf Vermögensstücke gelegt werden, auf die eine Partei im Prozeß das bessere Recht geltend gemacht hat, wenn sie glaubhafte Gründe für ihre Klage nachweist und die begründete Besorgnis besteht, daß der Gegner die Vermögensstücke beiseiteschafft, zerstört oder wesentlich verschlechtert.

Befindet sich bewegliches Vermögen, das unter ein Veräußerungsverbot gestellt wird, bei einem Dritten, so darf diesem die Herausgabe der Vermögensstücke untersagt werden.

§ 2

Hat eine Partei, die in einem Prozeß die Bezahlung einer Forderung verlangt hat, glaubhafte Gründe für ihre Klage nachgewiesen und besteht die begründete Besorgnis, daß der Gegner Schweden verläßt, ohne bekanntes Vermögen zurückzulassen, das seine Schuld deckt, so darf gegen ihn das Verbot ergehen, einen Ort zu verlassen, sofern er nicht ein Pfand oder eine Bürgschaft für die Schuld stellt. Ein Reiseverbot ist nicht länger als drei Monate nach seiner Zustellung wirksam. Ist ein Reiseverbot vor Ablauf der genannten Frist aufgehoben worden oder sonst außer Kraft getreten, so darf sich ein neues Reiseverbot nur auf den Rest der genannten Frist beziehen.

In dem Beschluß über das Reiseverbot ist der Ort anzugeben, an dem sich derjenige, gegen den das Verbot ergeht, aufzuhalten hat, ferner ist auf die Rechtsfolgen einer Übertretung des Verbotes hinzuweisen. Wird ein Reiseverbot übertreten, so darf das Gericht auf Antrag der Partei anordnen, daß der Gegner zurückzuholen und während der für das Reiseverbot geltenden Frist in Haft zu halten ist.

§ 3

Hat eine Partei in einem Prozeß glaubhafte Gründe für ihre Klage nachgewiesen, und besteht die begründete Besorgnis, daß der Gegner durch Ausübung einer bestimmten Tätigkeit, durch Vornahme oder Unterlassung bestimmter Handlungen oder durch sein sonstiges Verhalten die Vollstreckung des Urteils verhindert, erschwert oder dessen Wert für die Partei wesentlich vermindert, so darf ihm bei Vermeidung einer Zwangsstrafe ein Verbot oder eine sonstige Anordnung auferlegt oder es darf die Verwaltung des Vermögens durch einen amtlichen Sachwalter oder eine sonstige Maßnahme angeordnet werden, die zur Sicherung der Rechte der Partei erforderlich erscheint. Die genannten Auflagen oder Anordnungen dürfen auch erlassen werden, wenn sie in sonstigen Fällen für die Partei von besonderer Bedeutung sind und dem Gegner keine wesentlichen Nachteile bringen.

[5] Skingringsförbud (Veräußerungsverbot) bedeutet wörtlich Verbot des Beiseiteschaffens.

§ 4

Ergibt sich in einem Prozeß um das bessere Recht an Vermögensstücken, daß eine Partei diese dem Gegner eigenmächtig entzogen oder sich sonst selbst Recht verschafft hat, so darf angeordnet werden, daß der Besitz oder ein sonstiges gestörtes Rechtsverhältnis sofort wiederherzustellen ist.

§ 5

Beschlüsse über Maßnahmen der in diesem Kapitel behandelten Art sind von dem Gericht zu erlassen, bei dem der Prozeß schwebt.

Die Anordnung derartiger Maßnahmen darf nur auf Antrag einer Partei behandelt werden.

Einem Antrag darf nicht stattgegeben werden, wenn dem Gegner nicht Gelegenheit gegeben worden ist, sich hierzu zu äußern. Ist jedoch Gefahr im Verzug, so darf das Gericht unverzüglich die Anordnung der Maßnahmen bewilligen, bis anderes bestimmt wird.

Maßnahmen der in den §§ 1, 2 oder 3 behandelten Art dürfen nicht bewilligt werden, wenn die Partei, die die Maßnahmen beantragt, nicht beim Gericht ein Pfand oder eine Bürgschaft für Schaden stellt, der dem Gegner entstehen kann. Ergibt sich, daß die Partei außerstande ist, eine derartige Sicherheit zu stellen, und hat sie besondere Gründe für ihre Klage nachgewiesen, so darf sie das Gericht hiervon befreien. Der Staat ist von der Stellung einer Sicherheit befreit. Für die Pfänder und Bürgschaften gelten die Bestimmungen des Zwangsvollstreckungsgesetzes.

§ 6

Wird eine Klage, für deren Sicherung eine Maßnahme der in den §§ 1, 2 oder 3 genannten Art angeordnet ist, zurückgenommen oder hinfällig oder ist, falls sich die Klage auf eine Forderung bezieht, ein Pfand oder eine Bürgschaft gestellt oder liegen sonst keine Gründe mehr für die Maßnahme vor, so ist sie vom Gericht unverzüglich aufzuheben. Bei der Entscheidung des Verfahrens hat das Gericht darüber zu befinden, ob die Maßnahme fortbestehen soll. Das Gericht darf auch in Verbindung mit dem Urteil Maßnahmen der genannten Art anordnen.

Das Gericht darf, wenn Gründe hierfür vorliegen, auf Antrag einer Partei anordnen, daß Maßnahmen im Sinne des § 4 rückgängig gemacht werden.

§ 7

Erscheint es erforderlich, einen Arrest auf Pacht, Miete oder ähnliche Erträgnisse aus unbeweglichem Vermögen zu legen, so bestellt das Gericht einen amtlichen Sachwalter, um die Gelder zu vereinnahmen; das Gericht erläßt ferner an den Zahlungspflichtigen ein Verbot, an einen anderen als den amtlichen Sachwalter zu zahlen.

Ergeht ein Veräußerungsverbot für unbewegliches Vermögen, und besteht besondere Gefahr, daß dieses Vermögen durch Verwahrlosung oder auf sonstige Weise wesentlich verschlechtert wird, so darf das Gericht auf Antrag der Partei, die um die Maßnahme nachgesucht hat, einen amtlichen Sachwalter zur Verwaltung des Vermögens bestellen. Der Partei liegt ob, einen Vorschuß in vom Gericht zu bestimmender Höhe zur Bestreitung der für die Verwaltung des Vermögens notwendigen Kosten zu zahlen.

Im übrigen gelten für die Vollstreckung von Maßnahmen der in diesem Kapitel bezeichneten Art die Bestimmungen des Zwangsvollstreckungsgesetzes.

Kap. 16
Abstimmung

§ 1

Bilden sich bei der Beratung eines Urteils oder Beschlusses verschiedene Meinungen, so hat eine Abstimmung zu erfolgen.

Beim Kreisgericht hat zuerst der Vorsitzende seine Meinung zu sagen und dann die des Schöffenkollegiums einzuholen.

Bei den Abstimmungen des Stadtgerichts und der höheren Gerichte äußert sich zuerst der Jüngste im Gericht und dann einer nach dem anderen entsprechend seinem Sitz im Gericht. Ist ein Verfahren von einem bestimmten Richter vorbereitet worden, so äußert dieser als erster seine Meinung.

Jeder hat die Gründe anzugeben, auf die er seine Meinung stützt.

§ 2

Über prozessuale Fragen ist besonders abzustimmen.

Besteht eine Sache aus mehreren Klageansprüchen, so hat über jeden eine besondere Abstimmung zu erfolgen. Ebenso ist über eine Forderung, die zur Aufrechnung gestellt ist, besonders abzustimmen. Handelt es sich bei dem gleichen Klageanspruch um mehrere Umstände, von denen jeder für sich unmittelbare Bedeutung für den Ausgang der Sache hat, so sind sie zu gesonderter Abstimmung zu bringen, soweit dies die Art der Sache erfordert. Über die Prozeßkosten ist besonders abzustimmen.

Ist jemand bei einer vorangegangenen Abstimmung gegen das Ergebnis gewesen, zu dem die Mehrheit gekommen ist, so bleibt er zur Teilnahme an einer späteren Abstimmung ververpflichtet.

§ 3

Bildet sich beim Kreisgericht eine andere Meinung als die des Vorsitzenden, und sind sich alle Mitglieder des Schöffenkollegiums über die Gründe und das Ergebnis einig oder stimmen, wenn dem Kollegium mehr als sieben Schöffen angehören, mindestens sieben von ihnen miteinander überein, so gibt die Meinung des Kollegiums den Ausschlag. In allen anderen Fällen entscheidet die Meinung des Vorsitzenden.

Bei den Abstimmungen des Stadtgerichts oder der höheren Gerichte entscheidet die Meinung, die mehr als die Hälfte der Mitglieder des Gerichts für sich hat. Hat eine Meinung die Hälfte der Stimmen erhalten und gehört hierzu die Stimme des Vorsitzenden, so gibt diese Meinung den Ausschlag.

Für die Abstimmung über die Genehmigung der Rechtsmitteleinlegung (prövningstillstånd) gelten die Bestimmungen des Kap. 3 § 7.

§ 4

Bilden sich bei Abstimmungen des Stadtgerichts oder der höheren Gerichte mehr als zwei Meinungen, ohne daß eine von ihnen gemäß § 3 den Ausschlag gibt, und handelt es sich um eine Forderung auf Geld oder Gegenstände, die eine bestimmte Menge ausmachen, so sind die für die größere Menge abgegebenen Stimmen mit den Stimmen für die nächst geringere Menge zusammenzurechnen und die Zusammenrechnungen erforderlichenfalls nach dem gleichen Grundsatz fortzuführen, bis eine Meinung zu entscheiden hat. In sonstigen Fällen entscheidet die Meinung, für die mehr Stimmen als für eine andere abgegeben werden oder, wenn die Stimmen für mehrere Meinungen gleich groß sind, diejenige, welcher der Ranghöchste der Richter, die für eine dieser Meinungen gestimmt haben, beigetreten ist.

§ 5

Ist streitig, wie die Abstimmung zu erfolgen oder welche Meinung zu entscheiden hat, so ist hierüber abzustimmen.

§ 6

Handelt es sich in Zivilsachen auch um Fragen der Strafbarkeit, der Auferlegung einer Zwangsstrafe, des Reiseverbots oder der Haft, so gelten insoweit für die Abstimmung die Bestimmungen des Kap. 29.

§ 7

Hat das Schöffenkollegium entsprechend § 3 die Entscheidung des Gerichts bestimmt, so ist hierfür jeder einzelne Schöffe, der mit seiner Stimme dazu beigetragen hat, verantwortlich.

Kap. 17

Urteil und Beschluß

§ 1

Die Entscheidung der Sache durch das Gericht erfolgt durch Urteil. Andere Entscheidungen des Gerichts werden durch Beschluß getroffen. Ein Beschluß, durch den das Gericht die Sache in anderer Weise als durch Urteil beendet, sowie der

Beschluß eines höheren Gerichts in Fragen, derentwegen ein selbständiges Rechtsmittel eingelegt ist, ist ein Endbeschluß.

§ 2

Das Urteil hat sich, wenn eine Hauptverhandlung stattgefunden hat, auf das zu gründen, was sich bei dieser ergeben hat. Am Urteilsspruch dürfen nur Richter mitwirken, die der ganzen Hauptverhandlung beigewohnt haben. Ist eine neue Hauptverhandlung abgehalten worden, so ist das Urteil auf das zu gründen, was sich bei dieser ergeben hat.

Wird in einem Verfahren ohne Hauptverhandlung entschieden, so ist das Urteil auf das zu gründen, was die Akten enthalten und sich sonst im Verfahren ergeben hat.

§ 3

Das Urteil darf nicht auf etwas anderes oder auf mehr ergehen, als die Parteien in der hierfür vorgeschriebenen Form beantragt haben. Handelt es sich um eine Sache, bei der ein Vergleich zugelassen ist, so darf das Urteil nicht auf Umstände gestützt werden, auf die sich die Partei nicht zur Begründung ihrer Klage bezogen hat.

§ 4

Besteht ein Prozeß aus mehreren Klageansprüchen, und lassen sich diese voneinander trennen, so darf ein Urteil über einen von ihnen erlassen werden, auch wenn die Behandlung der übrigen Ansprüche noch nicht beendet ist. Über eine Hauptforderung und eine Forderung, die zur Aufrechnung gestellt wird, darf nur gemeinsam ein Urteil gefällt werden. Wird ein Klageanspruch zum Teil anerkannt, so darf ein besonderes Urteil über den anerkannten Teil erlassen werden.

§ 5

Wird in einem Prozeß über eine Klage auf Feststellung des Bestehens oder Nichtbestehens eines bestimmten Rechtsverhältnisses verhandelt und gleichzeitig über eine Klage, deren Entscheidung hierauf beruht, so darf ein besonderes Urteil über die Feststellungsklage erlassen werden. Beruht sonst die Entscheidung einer bestimmten Klage auf einer anderen Klage, über die in dem gleichen Prozeß verhandelt wird, so darf ebenfalls ein besonderes Urteil über diese Klage erlassen werden.

Sind in einem Verfahren, bei dem eine Leistungsklage erhoben ist, sowohl die Verpflichtung zur Leistung wie die Höhe der Leistung streitig, und erscheint es mit Rücksicht auf die Ermittlungen angebracht, daß jede dieser Fragen für sich entschieden wird, so darf auf Antrag des Klägers ein besonderes Urteil über die Verpflichtung zur Leistung erlassen werden.

Ist gemäß diesem Paragraphen ein besonderes Urteil erlassen worden, so darf das Gericht bestimmen, daß das Verfahren im übrigen bis zur Rechtskraft des Urteils ruht.

§ 6

Vergleichen sich die Parteien über den Streitgegenstand und beantragen sie, daß das Gericht den Vergleich bestätigt, so hat dies durch Urteil zu erfolgen.

§ 7

Das Urteil ist schriftlich abzufassen und hat in getrennten Abschnitten anzugeben:

1. das Gericht, sowie Zeit und Ort des Erlasses des Urteils;
2. die Parteien, sowie ihre Bevollmächtigten oder Beistände;
3. die Anträge und Einwendungen der Parteien, sowie die Umstände, mit denen sie begründet worden sind;
4. die Urteilsgründe mit der Angabe, was im Verfahren bewiesen ist;
5. die Urteilsformel.

Das Urteil eines höheren Gerichts muß in dem hierfür erforderlich erscheinenden Umfang eine Wiedergabe des Urteils des unteren Gerichts enthalten.

Ist eine Partei berechtigt, gegen ein Urteil ein Rechtsmittel oder Einspruch (återvinning) einzulegen, so ist in dem Urteil bekanntzugeben, was sie hierbei zu beachten hat. Für die Belehrung, die gleichzeitig mit Urteilen des Hofgerichts zu erteilen ist, trifft Kap. 54 § 14 Bestimmungen.

§ 8

Ein Versäumnisurteil, ein Urteil, durch das der Klage auf Grund eines Anerkenntnisses des Beklagten stattgegeben wird, sowie ein Urteil, durch welches das höhere Gericht ein Urteil des unteren Gerichts bestätigt, darf in vereinfachter Form ausgefertigt werden. Der König erläßt hierüber nähere Bestimmungen.

§ 9

Bevor ein Urteil beschlossen wird, ist eine Beratung abzuhalten. Hat ein Schöffenkollegium Sitz im Gericht, so legt der Vorsitzende den Sachverhalt und die für diesen geltenden gesetzlichen Bestimmungen dar.

Hat eine Hauptverhandlung stattgefunden, so ist die Beratung am gleichen oder spätestens am nächsten Wochentage abzuhalten und möglichst das Urteil zu beschließen und zu verkünden. Ist wegen der Art des Verfahrens für die Beschlußfassung oder Abfassung des Urteils eine Bedenkzeit erforderlich, so darf das Gericht zu diesem Zweck einen Aufschub beschließen. Das Urteil ist jedoch innerhalb zwei Wochen nach Abschluß der Verhandlung schriftlich abzufassen und zu erlassen, sofern dem keine besonderen Hindernisse entgegenstehen. Wird das Urteil nicht bei der Hauptverhandlung verkündet, so ist es bei einem anderen Gerichtstermin zu verkünden oder dadurch zu erlassen, daß es auf der Geschäftsstelle des Gerichts zugänglich gemacht wird. In der Hauptverhandlung ist über Zeitpunkt und Art des Erlasses des Urteils Mitteilung zu machen.

Das über die Entscheidung eines Verfahrens nach der Hauptverhandlung Gesagte gilt auch, wenn in einem zur mündlichen Vorbereitung bestimmten Termin entschieden wird.

Wird sonst in einem Verfahren ohne Hauptverhandlung entschieden, so ist so bald wie möglich die Beratung abzuhalten, sowie das Urteil zu beschließen, schriftlich abzufassen und zu erlassen. Der Erlaß erfolgt dadurch, daß das Urteil in der Geschäftsstelle des Gerichts zugänglich gemacht wird. Eine Benachrichtigung über den Zeitpunkt des Erlasses ist spätestens am Tage zuvor an die Parteien abzusenden und an einem für die Allgemeinheit zugänglichen Platz in der Geschäftsstelle anzuschlagen.

Die Verkündung des Urteils darf durch Wiedergabe der Urteilsgründe und -formel und Mitteilung des Rechtsmittelhinweises erfolgen.

§ 10

Das Urteil ist gesondert aufzusetzen und von den rechtskundigen Richtern, die an der Entscheidung teilgenommen haben, zu unterschreiben.

Die Urteile des Gerichts sind mit fortlaufenden Nummern nach dem Zeitpunkt ihres Erlasses zu ordnen und für jedes Jahr in einem Urteilsbuch zusammenzufassen.

§ 11

Ein Urteil besitzt nach Ablauf der Frist für die Rechtsmitteleinlegung Rechtskraft, soweit hierdurch über die Sache, derentwegen die Klage erhoben wurde, entschieden worden ist.

Das Urteil besitzt auch Rechtskraft, soweit es dic Entscheidung über eine zur Aufrechnung gestellte Forderung enthält.

Eine Sache, die auf diese Weise entschieden ist, darf nicht von neuem vom Gericht behandelt und entschieden werden.

Für die besonderen Rechtsmittel gelten die hierüber ergangenen Bestimmungen.

§ 12

Die Bestimmungen der §§ 2 und 9 über die Urteile finden auf Endbeschlüsse entsprechende Anwendung. Auf die Beschlüsse dieser Art sind auch die Bestimmungen der §§ 7 und 10 anzuwenden, wenn dies die Art der Sache erfordert. Wird ein Endbeschluß in Verbindung mit einem Urteil erlassen, so ist er in das Urteil aufzunehmen.

Ist eine Partei berechtigt, gegen einen Endbeschluß ein Rechtsmittel einzulegen oder einen Antrag auf Wiedereinsetzung in den vorigen Stand (återupptagande) zu stellen, so ist in dem Beschluß bekanntzugeben, was sie hierbei zu beachten hat. Für die Belehrung, die gleichzeitig mit Beschlüssen des Hofgerichts zu erteilen ist, trifft Kap. 54 § 14 Bestimmungen.

§ 13

Ein Beschluß, der kein Endbeschluß ist, hat in dem hierfür erforderlichen Umfang die Gründe anzugeben, auf die er sich stützt.

Hat jemand, der gegen einen Beschluß während des Prozesses ein Rechtsmittel einlegen will, Protest anzumelden, so ist dies bekanntzugeben. Ist gegen einen derartigen Beschluß ein selbständiges Rechtsmittel einzulegen, so hat das Gericht auch hierauf hinzuweisen. Wer gegen den Beschluß ein Rechtsmittel einlegen will, ist berechtigt, vom Gericht Belehrung über sonstige Umstände zu verlangen, die er hierbei zu beachten hat.

Wird ein Beschluß, der kein Endbeschluß ist, in Verbindung mit einem Urteil oder einem Endbeschluß erlassen, so ist er hierin aufzunehmen. Ist gegen den Beschluß ein selbständiges Rechtsmittel zulässig, so gibt das Gericht bekannt, was bei Einlegung des Rechtsmittels zu beachten ist.

Für die Belehrung, die gleichzeitig mit Beschlüssen des Hofgerichts zu erteilen ist, trifft Kap. 54 § 14 Bestimmungen.

§ 14

Das Gericht darf im Urteil bestimmen, daß dieses ohne Rücksicht auf seine fehlende Rechtskraft vollstreckbar ist, wenn Gründe hierfür vorliegen.

Ein Beschluß, der während des Prozesses ergeht, ohne daß gegen ihn ein selbständiges Rechtsmittel zulässig ist, wird sofort vollstreckbar. Dies gilt auch für einen Beschluß, durch den das Gericht einen Bevollmächtigten oder Beistand zurückgewiesen, den Antrag eines Dritten, als Intervenient am Prozeß teilnehmen zu dürfen, abgelehnt oder die Erstattungen oder Vorschußzahlungen für Beistände, Zeugen, Sachverständige oder andere Personen, die nicht Parteien oder Intervenienten sind, geregelt hat. Gleiches gilt für einen Beschluß, durch den das Gericht Anordnungen über eine Haft, einen Arrest, ein Veräußerungsverbot oder andere provisorische Verfügungen oder über die Aufhebung derartiger Maßnahmen getroffen, sowie für einen Beschluß, durch den es bestimmt hat, daß die Gewährung des Armenrechts aufhören soll, oder durch den es eine andere als die von der Partei vorgeschlagene Person zum Beistand bestellt hat. Das Gericht darf, wenn Gründe hierfür vorliegen, in einem Beschluß, durch den der Partei oder anderen Personen aufgegeben wird, Beweisurkunden vorzulegen oder Gegenstände zur Augenscheinseinnahme oder Besichtigung zur Verfügung zu stellen, anordnen, daß dieser Beschluß ohne Rücksicht auf seine fehlende Rechtskraft vollstreckbar ist.

Sind besondere Vorschriften darüber ergangen, daß Urteile oder Beschlüsse, die keine Rechtskraft besitzen, vollstreckbar sind, so bleiben diese in Kraft.

§ 15

Stellt das Gericht auf Grund einer Beanstandung oder in anderer Weise fest, daß ein Urteil oder Beschluß infolge eines Schreib- oder Rechenfehlers oder anderer ähnlicher Versehen eine offenbare Unrichtigkeit enthält, so erläßt es einen Berichtigungsbeschluß, nachdem die Parteien Gelegenheit zur Äußerung erhalten haben.

Die Berichtigung ist auf der Urschrift des Urteils oder Beschlusses zu vermerken oder, wenn der Beschluß im Protokoll enthalten ist, in diesem, sowie möglichst auch in den Ausfertigungen des Urteils oder Beschlusses. Hierbei ist gleichzeitig der Tag anzugeben, an dem der Vermerk gemacht wird.

Kap. 18

Prozeßkosten

§ 1

Die in dem Verfahren unterliegende Partei hat die Prozeßkosten des Gegners zu erstatten, soweit nichts anderes bestimmt ist.

§ 2

Betrifft das Verfahren ein Rechtsverhältnis, das auf Grund einer gesetzlichen Bestimmung nur durch ein Urteil geregelt werden darf, so kann angeordnet werden, daß jede Partei ihre Prozeßkosten selbst zu tragen hat.

§ 3

Ergibt sich, daß die obsiegende Partei den Prozeß angestrengt hat, ohne daß vom Gegner hierzu Veranlassung gegeben wurde, oder hat sie sonst vorsätzlich oder durch Nachlässigkeit einen unnötigen Prozeß veranlaßt, so hat sie die Prozeßkosten des Gegners zu erstatten oder jede Partei hat ihre Kosten selbst zu tragen, wenn die Umstände Anlaß hierzu geben.

Waren die Umstände, auf denen der Ausgang der Sache beruhte, der unterliegenden Partei vor dem Prozeß nicht bekannt, und hätte sie von ihnen auch keine Kenntnis haben müssen, so darf bestimmt werden, daß jede Partei ihre Kosten selbst zu tragen hat.

§ 4

Handelt es sich in dem gleichen Verfahren um mehrere Anträge, und obsiegt jede der Parteien teilweise, so hat jede von ihnen ihre Kosten selbst zu tragen oder jeder ist eine entsprechende Erstattung zuzuerkennen oder die Erstattungspflicht ist, soweit sich die Kosten für die verschiedenen Teile des Verfahrens trennen lassen, hiernach zu bestimmen. Ist der Teil, mit dem eine Partei unterlegen ist, von nur geringer Bedeutung, so darf ihr trotzdem die volle Erstattung ihrer Kosten zugebilligt werden.

Das Gesagte findet entsprechende Anwendung, wenn dem Antrag einer Partei nur zum Teil stattgegeben wird.

§ 5

Wird die Klage einer Partei abgewiesen, so ist sie als die unterliegende Partei anzusehen.

Wird ein Verfahren eingestellt, weil eine Partei ihre Klage zurückgenommen hat oder ausgeblieben ist, so hat sie die Prozeßkosten des Gegners zu erstatten, wenn nicht besondere Umstände eine andere Regelung der Erstattungspflicht veranlassen.

Vergleichen sich die Parteien, so hat jede von ihnen ihre Kosten selbst zu tragen, wenn nichts anderes vereinbart ist.

§ 6

Hat eine Partei durch Fernbleiben vom Gericht, durch Nichtbeachtung der vom Gericht erlassenen Anordnungen, durch Behauptungen oder Einwendungen, bei denen sie erkannte oder erkennen mußte, daß ihnen die Grundlage fehlte, oder in anderer Weise infolge von Fahrlässigkeit oder Nachlässigkeit eine Verzögerung des Verfahrens herbeigeführt oder sonst Kosten für den Gegner verschuldet, so ist sie zur Erstattung dieser Kosten ohne Rücksicht darauf verpflichtet, wer die Prozeßkosten im übrigen zu tragen hat.

§ 7

Hat eine Partei nach den Bestimmungen dieses Kapitels die Prozeßkosten des Gegners ganz oder teilweise zu erstatten und ergibt sich, daß ihr Vertreter, Bevollmächtigter oder Beistand durch Handlungen der im § 3 Abs. 1 bezeichneten Art oder infolge von Fahrlässigkeit oder Nachlässigkeit im Sinne des § 6 derartige Kosten verschuldet hat, so darf ihm das Gericht die Verpflichtung auferlegen, neben der Partei die Kosten zu erstatten, auch ohne daß dies beantragt wird.

§ 8

Die Erstattung der Prozeßkosten hat in voller Höhe die Kosten für die Vorbereitung und Führung des Prozesses zu decken, ferner die Gebühren des Bevollmächtigten oder Beistandes, soweit diese Kosten für die Wahrnehmung der Rechte der Partei billigerweise erforderlich waren. Auch für die Arbeit der Partei und ihren Zeitverlust, die durch den Prozeß veranlaßt sind, ist eine Erstattung zu zahlen.

§ 9

Sind die Prozeßkosten von mehreren Streitgenossen zu erstatten, so haften sie, einer für alle und alle für einen. Soweit sich die Kosten auf einen Teil des Verfahrens beziehen, der nur eine der Parteien betrifft, oder soweit sie eine Partei infolge von Fahrlässigkeit oder Nachlässigkeit im Sinne des § 6 verursacht hat, sind sie von dieser Partei allein zu tragen.

Ist jemand gemäß § 7 verpflichtet, neben einer Partei Kosten zu erstatten, so haften beide für einen und einer für beide.

§ 10

Hat jemand gemäß Kap. 13 § 7 die Klage übernommen, so haften er und der Kläger, einer für beide und beide für einen, für die Prozeßkosten, die vor der Übernahme entstanden sind; für Kosten, die nachträglich entstanden sind, haftet er allein.

Wer an die Stelle des Beklagten getreten ist, haftet allein für die Prozeßkosten.

§ 11

Haben zwei oder mehrere, einer für alle und alle für einen, für Prozeßkosten zu haften, so darf das Gericht auf Antrag eines von ihnen mit Rücksicht auf die Umstände darüber entscheiden, wie die Kosten unter ihnen zu verteilen oder ob einem von ihnen die gesamten Kosten aufzuerlegen sind.

§ 12

Auf die Verpflichtung eines Intervenienten, der in dem Prozeß nicht die Stellung einer Partei innehat, zur Erstattung von Prozeßkosten und auf seinen Anspruch auf Ersatz solcher Kosten sind die Bestimmungen dieses Kapitels über die Parteien entsprechend anzuwenden. Der Intervenient haftet jedoch nur für die besonderen Kosten, die durch die Intervention verursacht sind. Die Partei, auf deren Seite der Intervenient teilgenommen hat, darf nicht zur Erstattung der genannten Kosten verpflichtet werden.

§ 13

Sind Kosten für eine Beweisaufnahme oder andere Maßnahmen auf Grund eines Beschlusses des Gerichts aus öffentlichen Mitteln zu zahlen oder von den Parteien, von einer für beide und von beiden für eine, zu tragen, so gelten für die Verpflichtung zur Wiedererstattung dieser Kosten die Bestimmungen dieses Kapitels über die Prozeßkosten. Hat jede der Parteien ihre Prozeßkosten selbst zu tragen, so darf bestimmt werden, daß jeder von ihnen die Kosten zur Hälfte zur Last fallen. Sind die Kosten für die Vorführung einer Partei zum Gericht aus öffentlichen Mitteln gezahlt worden, so sind sie von der Partei wiederzuerstatten.

Über die Wiedererstattung von Kosten, die aus öffentlichen Mitteln gezahlt sind, weil der Partei Armenrecht gewährt ist, ist besonderes bestimmt.

§ 14

Eine Partei, die die Erstattung ihrer Prozeßkosten wünscht, hat dies vor Beendigung der Verhandlung zu beantragen und anzugeben, worin diese Kosten bestehen. Tut sie dies nicht, so darf sie nachträglich keine Klage mehr wegen der Kosten erheben, die bei diesem Gericht entstanden sind. Dagegen darf einer Partei auch ohne Antrag eine Erstattung für die Ausfertigung eines gerichtlichen Urteils oder Endbeschlusses zugebilligt werden.

Entscheidet das Gericht in einem Verfahren, so erläßt es gleichzeitig einen Beschluß über die Prozeßkosten sowie die im § 13 Abs. 1 behandelten Fragen. Sind in den zu erstattenden Prozeßkosten die Gebühren für einen Bevollmächtigten oder Beistand enthalten, so ist die Höhe dieser Gebühren anzugeben.

§ 15

Wird in einem Verfahren, das bei einem unteren Gericht geschwebt hat, ein Rechtsmittel eingelegt, so ist die Verpflichtung zur Erstattung der Prozeßkosten des höheren Gerichts auf Grund des bei diesem geführten Prozesses zu bestimmen.

Auf die Kosten des höheren Gerichts bei der Entscheidung einer Frage, derentwegen ein selbständiges Rechtsmittel eingelegt worden ist, finden die Bestimmungen dieses Kapitels über die bei den unteren Gerichten schwebenden Verfahren entsprechende Anwendung.

Wird eine Sache zurückverwiesen, so ist über die Kosten des höheren Gerichts zusammen mit der Entscheidung des Verfahrens nach dessen Wiederbeginn zu entscheiden.

II. Prozesse in Strafverfahren

Kap. 19

Gerichtsstand

§ 1

Gerichtsstand in Strafverfahren ist das Gericht des Ortes, an dem die strafbare Handlung begangen wurde. Eine strafbare Handlung gilt als an dem Ort begangen, an dem die Straftat ausgeführt wurde, sowie, wenn die Handlung an einem anderen Ort vollendet ist oder bei einem Versuch hätte vollendet werden sollen, auch an diesem Ort. Wurde die strafbare Handlung an Orten, die in den Bezirken verschiedener Gerichte liegen, begangen, so sind diese gleich zuständig. Ist die Handlung auf einem schwedischen Fahrzeug während einer Fahrt innerhalb oder außerhalb Schwedens begangen worden, so ist auch das Gericht des Ortes, an dem das Fahrzeug mit dem Beschuldigten zuerst eintrifft oder an dem er ergriffen worden ist oder sich sonst aufhält, zuständig.

Ist bei Erhebung der Anklage ungewiß, wo die strafbare Handlung begangen wurde, so darf die Anklage von dem Gericht eines der Orte behandelt werden, an dem sie mutmaßlich begangen ist, oder des Ortes, an dem der Beschuldigte ergriffen worden ist oder sich aufhält.

Die Anklage wegen einer strafbaren Handlung darf auch von dem Gericht behandelt werden, das für den Beschuldigten in Zivilsachen im allgemeinen zuständig ist, wenn es dies mit Rücksicht auf die Ermittlungen, die Kosten und sonstige Umstände für angebracht hält.

§ 2

Die Anklage wegen einer strafbaren Handlung, die an einem Ort außerhalb Schwedens oder auf einem ausländischen Fahrzeug während der Fahrt innerhalb oder außerhalb Schwedens verübt ist, ist von dem Gericht zu behandeln, das für den Beschuldigten in Zivilsachen im allgemeinen zuständig ist oder von dem Gericht des Ortes, an dem er ergriffen worden ist oder sich aufhält, sofern der König nicht für bestimmte Fälle anderes anordnet.

§ 3

Anklagen gegen mehrere Täter wegen Teilnahme an derselben strafbaren Handlung dürfen bei gleichzeitiger Erhebung bei dem Gericht erhoben werden, das für einen der Täter zuständig ist. Werden die Anklagen zu verschiedenen Zeitpunkten erhoben, so dürfen sie bei dem Gericht, das die Anklage gegen einen der Täter behandelt hat, auch gegen den oder die übrigen erhoben werden.

Das Gesagte gilt auch für andere Anklagen gegen mehrere Täter für strafbare Handlungen, die miteinander in Verbindung stehen, wenn das Gericht dies mit Rücksicht auf die Ermittlungen, die Kosten und sonstige Umstände für angebracht hält.

§ 4

Die Anklageerhebung wegen einer falschen oder unberechtigten Anklage, einer falschen Anzeige oder einer sonstigen unwahren Bezichtigung, die zu einer Anklage geführt hatte, darf bei dem Gericht erfolgen, bei dem die Anklage wegen der strafbaren Handlung erhoben war.

§ 5

Über Prozeßvergehen hat das Gericht das Urteil zu fällen, bei dem der Prozeß geführt wird.

Begeht jemand vor Gericht während dessen Sitzung eine andere strafbare Handlung, so darf dieses Gericht ein Urteil fällen, wenn dies mit Rücksicht auf die Art der Handlung und die sonstigen Umstände angebracht erscheint.

§ 6

Hat jemand mehrere strafbare Handlungen begangen, so darf die Anklage wegen aller Handlungen von dem Gericht behandelt werden, das für eine von ihnen zuständig ist, wenn dies mit Rücksicht auf die Ermittlungen, die Kosten und sonstige Umstände angebracht erscheint.

§ 7

Ist eine öffentliche Anklage von einem bestimmten Gericht behandelt worden und auch ein anderes Gericht zuständig, so kann ersteres, wenn besondere Gründe hierfür vorliegen, auf Ersuchen des Anklägers anordnen, daß das Verfahren an letzteres verwiesen wird. Die Beschlüsse oder sonstigen Maßnahmen des früheren Gerichts bleiben in Kraft, bis das Gericht, an das das Verfahren verwiesen ist, anderes bestimmt.

§ 8

Wird ein Verfahren wegen Unzuständigkeit des Gerichts abgewiesen, so darf das Gericht trotzdem in der Erwartung, daß die Anklage bei dem zuständigen Gericht erhoben werden wird, solche Beschlüsse erlassen, die nicht ohne Gefahr aufgeschoben werden können.

§ 9

Ist in einem Gesetz oder einer Verordnung vorgeschrieben, daß eine Anklage unmittelbar von einem höheren Gericht oder einem anderen als dem gemäß §§ 1 oder 2 für den Beschuldigten zuständigen allgemeinen Untergericht zu behandeln ist, so darf die Anklage nicht auf Grund der Bestimmungen dieses Kapitels von einem anderen Gericht behandelt werden. Ist die Frage der Strafbarkeit von einer anderen Behörde als einem Gericht oder einem Sondergericht zu behandeln, so finden die Bestimmungen dieses Kapitels keine Anwendung.

Eine Vereinbarung, durch die sich jemand verpflichtet hat, Anklage bei einem bestimmten Gericht zu erheben oder sich dort auf diese einzulassen, ist unwirksam.

§ 10

Hat das untere Gericht ein Verfahren behandelt, so darf die Frage der Zuständigkeit des Gerichts nur dann von dem höheren Gericht behandelt werden, wenn das Rechtsmittel wegen dieser Frage eingelegt ist oder die Unzuständigkeit dort von einer hierzu berechtigten Partei geltend gemacht wird oder wenn das Verfahren von einer anderen Behörde als einem Gericht oder von einem Sondergericht oder unmittelbar von einem höheren Gericht oder von einem anderen als dem gemäß §§ 1 oder 2 für den Beschuldigten zuständigen allgemeinen Untergericht zu behandeln ist.

§ 11

Ergeht bei einem höheren Gericht ein Beschluß, durch den das untere Gericht für unzuständig für ein bei ihm schwebendes Verfahren erklärt wird, so darf das höhere Gericht das Verfahren auf Antrag einer Partei an dasjenige untere Gericht verweisen, das als zuständig angesehen wird.

Sind verschiedene Gerichte durch rechtskräftig gewordene Beschlüsse für unzuständig erklärt worden, so darf der Oberste Gerichtshof, sofern eines von ihnen als zuständig angesehen wird, auf Antrag einer Partei das Verfahren an dasjenige Gericht verweisen, von dem es zu behandeln gewesen wäre.

§ 12

Die Bestimmungen dieses Kapitels finden auf die Tätigkeit des Gerichts bei der Voruntersuchung und der Anwendung von Zwangsmitteln entsprechende Anwendung.

Kap. 20

Anklagerecht und Verletzter

§ 1

Die Frage der Strafbarkeit einer Handlung darf vom Gericht nicht behandelt werden, wenn wegen dieser Handlung keine Anklage erhoben worden ist. Das Gericht ist jedoch berechtigt, die Bestrafung eines Prozeßvergehens ohne Anklage zu behandeln.

§ 2

Ist nichts anderes bestimmt, so darf der öffentliche Ankläger wegen einer strafbaren Handlung, die unter die öffentliche Anklage fällt, diese erheben.

Für die Befugnis des Sonderanklägers, wegen einer unter die öffentliche Anklage fallenden strafbaren Handlung Anklage zu erheben, gelten die hierüber ergangenen besonderen Vorschriften.

Der Ankläger darf ein Rechtsmittel auch zugunsten des Beschuldigten einlegen.

§ 3

Unter die öffentliche Anklage fallen alle strafbaren Handlungen, die nicht ausdrücklich davon ausgenommen sind.

Sind für eine öffentliche Anklage besondere Bedingungen wie die Zustimmung einer Behörde oder die Anzeige eines Verletzten bestimmt, so bleiben diese Vorschriften in Kraft.

§ 4

Enthält eine Tat mehrere strafbare Handlungen, und ist wegen einer von ihnen die öffentliche Anklage zu erheben, so darf eine solche auch wegen der übrigen erfolgen.

Ist jemand wegen einer strafbaren Handlung angezeigt worden, wegen deren die öffentliche Anklage nur nach erfolgter Anzeige zu erheben ist, und sind mehrere der Teilnahme an dieser Handlung beschuldigt, so darf die öffentliche Anklage gegen alle erhoben werden.

§ 5

Eine strafbare Handlung darf von dem Verletzten bei dem Ankläger oder der Polizeibehörde zwecks Anklageerhebung angezeigt werden. Ist die Anzeige bei der Behörde eines anderen Ortes als desjenigen erfolgt, an dem die Anklage wegen der Handlung erhoben werden darf, so ist die Anzeige unverzüglich der Behörde dieses Ortes zu übermitteln.

§ 6

Der Ankläger hat die Anklage wegen strafbarer Handlungen, die unter die öffentliche Anklage fallen, zu erheben. Gemäß den Bestimmungen des Kap. 48 darf in bestimmten Fällen an die Stelle der Anklage ein Strafbescheid (strafföreläggande) treten.

§ 7

Die Erhebung der öffentlichen Anklage darf von dem Ankläger unterlassen werden:

1. wenn wegen der strafbaren Handlung keine schwerere Strafe als eine Geldstrafe verhängt werden kann und die Verurteilung des Beschuldigten offenbar nicht auf Grund allgemeiner Gesichtspunkte geboten ist;

2. wenn die strafbare Handlung verübt wurde, bevor der Beschuldigte wegen einer anderen von ihm begangenen Straftat verurteilt ist oder er die Strafe oder sonstige Rechtsfolgen[6] wegen einer derartigen Tat völlig verbüßt hat und die Handlung hinsichtlich ihrer Rechtsfolgen im Vergleich zu der anderen Tat offenbar ohne nennenswerte Bedeutung ist.

Hat sich ergeben, daß keine hinreichenden Gründe mehr für die Unterlassung der Anklage vorliegen, so darf die Unterlassung widerrufen werden. Der König erläßt nähere Vorschriften über die Unterlassung der Anklageerhebung.

Sind in einem Gesetz oder einer Verordnung besondere Vorschriften über die Unterlassung der Anklageerhebung ergangen, so bleiben diese in Kraft.

§ 8

Der Verletzte darf wegen einer strafbaren Handlung, derentwegen öffentliche Anklage zu erheben ist, nur dann Anklage erheben, wenn er die Tat angezeigt und der Ankläger beschlossen hat, daß keine Anklage erfolgen soll.

Hat der Ankläger die Anklage erhoben, so ist der Verletzte berechtigt, dieser beizutreten; er darf auch ein Rechtsmittel beim höheren Gericht einlegen.

Ohne Rücksicht auf das im Abs. 1 Gesagte darf jemand, der wegen einer strafbaren Handlung angezeigt oder angeklagt ist, Anklage zur Bestrafung einer falschen oder unberechtigten Anklage, einer falschen Anzeige oder einer sonstigen unwahren Bezichtigung erheben.

§ 9

Nach der Fällung des Urteils darf eine öffentliche Anklage nicht mehr zurückgenommen werden.

---

[6] Der schwedische Begriff påföljd (Rechtsfolge) umfaßt neben den Strafen auch die Sicherungsmaßnahmen, die keinen Strafcharakter haben, z. B. die Internierung chronischer Straftäter. Vgl. hierzu Simson, „Aperçu du système pénitentiaire en Suède" in Recueil de documents en matière pénale et pénitentiaire, Bern XIV (1949), S. 349.

Wird eine öffentliche Anklage deshalb eingestellt, weil keine ausreichenden Gründe dafür vorliegen, daß der Beschuldigte der Tat schuldig ist, so darf der Verletzte die Anklage übernehmen; er hat hiervon jedoch innerhalb einer vom Gericht zu bestimmenden Frist von höchstens einem Monat, nachdem er von der Einstellung Kenntnis erhalten hat, dem Gericht Anzeige zu machen. Übernimmt der Verletzte die Anklage nicht, so kann er nachträglich keine Anklage wegen der Tat erheben; auf Antrag des Angeklagten ist ein freisprechendes Urteil zu erlassen.

§ 10

Die Bestimmungen der §§ 8 und 9 über das Recht des Verletzten, die Anklage zu erheben oder zu übernehmen oder wegen einer erhobenen Anklage ein Rechtsmittel beim höheren Gericht einzulegen, gelten nicht für Dienstvergehen, bei denen die Anklage unmittelbar von einem höheren Gericht zu behandeln ist.

§ 11

Sind bei der gleichen strafbaren Handlung mehrere Verletzte vorhanden, so gilt die Anzeige oder Anklage eines Verletzten auch für die übrigen.

§ 12

Hat sich der Verletzte durch einen Vergleich oder sonstwie verpflichtet, die strafbare Handlung nicht anzuzeigen oder ihretwegen Anklage zu erheben oder hat er eine Anzeige widerrufen oder eine Anklage zurückgenommen, so darf er die Handlung nicht mehr nachträglich anzeigen oder ihretwegen Anklage erheben. Ist wegen der Tat die öffentliche Anklage nur auf Grund einer Anzeige zu erheben und die obige Verpflichtung erfolgt oder die Anzeige zurückgenommen, bevor die öffentliche Anklage erhoben ist, so darf wegen der strafbaren Handlung nicht nachträglich eine solche erfolgen.

§ 13

Ist jemand durch eine strafbare Handlung getötet worden, so haben sein überlebender Ehegatte, seine Abkömmlinge, sein Vater, seine Mutter oder seine Geschwister oder jemand, der zu ihm in einem Adoptivverhältnis stand, das gleiche Recht wie der Verletzte, die Handlung anzuzeigen oder ihretwegen Anklage zu erheben.

Stirbt sonst jemand, gegen den eine strafbare Handlung begangen oder der durch sie verletzt oder geschädigt ist, so haben die genannten Angehörigen das gleiche Recht, die Handlung anzuzeigen oder ihretwegen Anklage zu erheben, wie es dem Verstorbenen zustand, sofern aus den Umständen nicht hervorgeht, daß dieser die Handlung nicht anzeigen oder ihretwegen Anklage erheben wollte.

§ 14

Ist der Verletzte geschäftsunfähig, und betrifft die strafbare Handlung ein Vermögensstück, über das ihm kein Verfügungsrecht zusteht, oder ein Rechtsgeschäft, das er nicht selbst eingehen kann, so darf sein Vertreter die Handlung anzeigen oder ihretwegen Anklage erheben. Betrifft die Straftat die Person des Geschäftsunfähigen, so ist derjenige, bei dem die Sorgepflicht für ihn liegt, berechtigt, die Tat anzuzeigen oder ihretwegen Anklage zu erheben; hat ein Minderjähriger das achtzehnte Lebensjahr vollendet, so darf er die Tat auch selbst anzeigen oder ihretwegen Anklage erheben. Die Bestimmungen des Kap. 11 §§ 2—5 über Parteien und Vertreter in Zivilsachen finden auf den Verletzten, auch wenn er keine Anklage erhebt, entsprechende Anwendung.

Für den Prozeßbevollmächtigten des Verletzten gelten die Bestimmungen des Kap. 12.

§ 15

Wird der Verletzte auf Grund einer vom Ankläger erhobenen Anklage vernommen und ist er dieser nicht beigetreten oder hat er die Anklage neben dem Ankläger nicht in anderer Weise geführt, so besitzt er entsprechend den für die Zeugen ergangenen Bestimmungen einen Anspruch auf Erstattung und Vorschuß.

§ 16

Ist in einem Gesetz oder einer Verordnung bestimmt, daß die Anklage wegen einer strafbaren Handlung von einer anderen Privatperson als dem Verletzten erhoben werden darf, so ist diese hinsichtlich des Rechts, die Handlung anzuzeigen oder ihretwegen Anklage zu erheben sowie hinsichtlich einer von ihr erhobenen Anklage als Verletzte anzusehen.

Kap. 21

Der Beschuldigte[7] und seine Verteidigung

§ 1

Der Beschuldigte darf seine Sache selbst führen. Ist er geschäftsunfähig, so hat das Gericht, falls dies mit Rücksicht auf die Art der strafbaren Handlung oder sonstwie erforderlich erscheint, denjenigen zu hören, bei dem die Sorgepflicht für ihn liegt; dieser darf auch die Sache des Geschäftsunfähigen führen.

Ist der Beschuldigte verstorben, so dürfen sein überlebender Ehegatte, seine Abkömmlinge, sein Vater, seine Mutter oder seine Geschwister oder jemand, der zu ihm im Adoptivverhältnis stand, ein Rechtsmittel gegen ein Urteil einlegen, soweit durch dieses festgestellt ist, daß der Beschuldigte die Tat begangen hat.

---

[7] Der schwedische Ausdruck misstänkte umfaßt sowohl den einer Straftat Verdächtigen wie den Beschuldigten.

§ 2

Der Beschuldigte hat bei der Hauptverhandlung beim Untergericht persönlich zu erscheinen, wenn es sich in dem Verfahren um die öffentliche Anklage wegen einer Straftat handelt, für die Strafarbeit verhängt werden kann, und ebenso in anderen Verfahren, wenn nicht anzunehmen ist, daß seine Anwesenheit ohne Bedeutung für die Ermittlungen ist. Bei der Hauptverhandlung beim Hofgericht hat der Beschuldigte persönlich zu erscheinen, wenn er von dem Untergericht wegen der strafbaren Handlung zu Strafarbeit verurteilt ist oder die Verhängung einer solchen Strafe zu erwarten steht, sowie auch sonst, wenn nicht anzunehmen ist, daß seine Anwesenheit ohne Bedeutung für die Ermittlungen ist. Bei der Hauptverhandlung beim Obersten Gerichtshof ist der Beschuldigte zum persönlichen Erscheinen verpflichtet, wenn seine Anwesenheit für die Ermittlungen erforderlich erscheint. Beim Untergericht hat der Beschuldigte auch bei der mündlichen Vorbereitung persönlich zu erscheinen, wenn anzunehmen ist, daß die Vorbereitung hierdurch gefördert wird. Bei anderen als den genannten Verhandlungen ist er zum persönlichen Erscheinen verpflichtet, wenn dies erforderlich erscheint.

Leidet der Beschuldigte an Geisteskrankheit oder Geistesschwäche, und hält das Gericht seine Vernehmung für zwecklos, so ist sein persönliches Erscheinen nicht erforderlich.

Ist der Beschuldigte zum persönlichen Erscheinen verpflichtet, so hat das Gericht eine entsprechende Anordnung zu erlassen.

Ist der Beschuldigte nicht zum persönlichen Erscheinen verpflichtet, so darf seine Sache von einem Bevollmächtigten geführt werden. Für den Bevollmächtigten gelten die Bestimmungen des Kap. 12.

§ 3

Bei der Vorbereitung und Durchführung seiner Sache darf der Beschuldigte von einem Verteidiger unterstützt werden.

Der Verteidiger wird von dem Beschuldigten ausgewählt. Ist der Beschuldigte noch nicht achtzehn Jahre alt oder geisteskrank oder geistesschwach, so wird der Verteidiger von demjenigen ausgewählt, bei dem die Sorgepflicht für ihn liegt. Hat sich der Beschuldigte einen Prozeßbevollmächtigten bestellt, so ist dieser als Verteidiger anzusehen. Auf die Verteidiger finden die Bestimmungen des Kap. 12 §§ 2—5 sowie des § 6 Abs. 2 entsprechende Anwendung.

Hat der Beschuldigte keinen Verteidiger ausgewählt oder ist ein von ihm ausgewählter Verteidiger zurückgewiesen worden, und ergibt sich wegen der Art der Sache oder aus sonstigen Gründen, daß seine Rechte nicht ohne Beistand gewahrt werden können, so ist ihm ein öffentlicher Verteidiger beizuordnen. Ist der Beschuldigte festgenommen oder verhaftet, so ist ihm auch sonst auf seinen Antrag ein öffentlicher Verteidiger beizuordnen.

§ 4

Der öffentliche Verteidiger wird vom Gericht beigeordnet; hat das Gericht die Sache abgeschlossen, so darf es einen Verteidiger als Beistand für das höhere Gericht beiordnen, bis von dem Beschuldigten ein Rechtsmittel eingelegt oder die Frist hierfür abgelaufen ist.

Die Frage der Beiordnung eines öffentlichen Verteidigers ist zu behandeln, wenn hierum ersucht wird oder wenn das Gericht sonst Veranlassung hierfür sieht.

§ 5

Als öffentlicher Verteidiger ist ein Rechtsanwalt beizuordnen, der hierfür geeignet erscheint. Vorzugsweise soll jemand herangezogen werden, der als Prozeßbevollmächtigter bei dem Gericht tätig zu sein pflegt.

Hat der Beschuldigte einen hierzu Befugten als öffentlichen Verteidiger vorgeschlagen, so ist dieser beizuordnen, es sei denn, daß seine Heranziehung eine beträchtliche Erhöhung der Kosten mit sich bringen würde oder sonst besondere Gründe anderes veranlassen.

§ 6

Die Beiordnung eines öffentlichen Verteidigers darf vom Gericht widerrufen werden, wenn sich hierfür triftige Gründe ergeben. Wählt sich der Beschuldigte selbst einen anderen Verteidiger aus, so ist die Beiordnung zu widerrufen, wenn hierdurch nicht besondere Schwierigkeiten entstehen würden.

Ein öffentlicher Verteidiger darf nicht ohne Zustimmung des Gerichts einen anderen an seine Stelle setzen.

§ 7

Der Verteidiger hat die Rechte des Beschuldigten mit Eifer und Umsicht wahrzunehmen und zu diesem Zweck für die richtige Klärung der Sache zu wirken.

Der Verteidiger soll die Verteidigung so bald wie möglich durch Beratung mit dem Beschuldigten vorbereiten.

§ 8

Der Verteidiger darf während der Voruntersuchung und der Behandlung des Verfahrens beim Gericht Ersuchen stellen und Maßnahmen treffen, die für die Wahrnehmung der Rechte des Beschuldigten erforderlich sind, sowie ihm auch beim höheren Gericht Beistand leisten, wenn in dem Verfahren ein Rechtsmittel eingelegt wird.

§ 9

Dem Verteidiger eines Festgenommenen oder Verhafteten darf ein Zusammentreffen mit diesem nicht verweigert werden. Der Verteidiger darf sich unter vier Augen mit dem Festgenommenen oder Verhafteten besprechen; andere Personen als der öffentliche Verteidiger jedoch nur, wenn dies der Untersuchungsführer oder Ankläger gestattet oder das Gericht findet, daß es ohne Gefährdung der Ermittlungen oder der Ordnung oder Sicherheit am Gewahrsamsort geschehen kann.

Ein öffentlicher Verteidiger sowie ein von dem Beschuldigten ausgewählter Verteidiger, der dem Gericht benannt ist, ist zur Hauptverhandlung oder zu anderen Verhandlungsterminen des Gerichts zu laden.

§ 10

Ein öffentlicher Verteidiger hat einen Anspruch auf eine Gebühr sowie auf Zahlung einer Erstattung für Kosten und Zeitverlust aus öffentlichen Mitteln entsprechend dem Betrag, den das Gericht für angemessen erachtet.

Ein öffentlicher Verteidiger darf sich von dem Beschuldigten keine weitere Vergütung ausbedingen; ist eine derartige Vereinbarung getroffen, so ist sie unwirksam.

Kap. 22
Privatansprüche auf Grund strafbarer Handlungen[8]

§ 1

Die Klage wegen eines Privatanspruchs gegen den Beschuldigten oder andere Personen auf Grund einer strafbaren Handlung darf in Verbindung mit der wegen der Handlung erhobenen Anklage geführt werden. Wird der Anspruch nicht in Verbindung mit der Anklage behandelt, so ist er in der für Zivilsachen bestimmten Form geltend zu machen.

§ 2

Wird ein Privatanspruch auf eine strafbare Handlung gestützt, derentwegen die öffentliche Anklage zu erheben ist, so ist der Ankläger auf Antrag des Verletzten verpflichtet, in Verbindung mit der Anklage auch die Klage des Verletzten vorzubereiten und durchzuführen, sofern dies ohne Schwierigkeiten geschehen kann und sein Anspruch nicht unbegründet erscheint. Wünscht der Verletzte, daß der Anspruch in Verbindung mit der Anklage behandelt wird, so liegt ihm ob, ihn bei dem Untersuchungsführer oder dem Ankläger anzumelden und die Umstände anzugeben, mit denen er begründet wird.

Findet der Untersuchungsführer oder Ankläger bei der Ermittlung einer strafbaren Handlung, daß ein Privatanspruch aus ihr hergeleitet werden kann, so hat er den Verletzten, wenn dies möglich ist, rechtzeitig vor der Anklageerhebung hiervon zu unterrichten.

---

[8] Der schwedische Ausdruck enskilt anspråk (Privatanspruch) bezieht sich hier auf diejenigen zivilrechtlichen Ansprüche, die auf einer strafbaren Handlung beruhen.

§ 3

Wird eine Klage wegen eines Privatanspruchs auf Grund einer strafbaren Handlung in einem selbständigen Verfahren beim Gericht geführt, so darf dieses anordnen, daß die Klage in Verbindung mit der Anklage zur Behandlung gelangt, wenn dies angebracht erscheint.

§ 4

Auf das Recht des Angeklagten oder anderer Personen, gegen die der Verletzte die Klage führt, oder das Recht eines Dritten, eine Klage der im Kap. 14 § 5 bezeichneten Art zwecks gemeinsamer Verhandlung mit der Anklage zu erheben, finden die Vorschriften der genannten gesetzlichen Bestimmung entsprechende Anwendung.

§ 5

Ist die Klage wegen eines Privatanspruchs in Verbindung mit der Anklage zur Behandlung gelangt, so darf das Gericht bestimmen, daß die Klage als selbständiges Verfahren in der für Zivilsachen vorgeschriebenen Form zu behandeln ist, wenn Gründe hierfür vorliegen.

§ 6

Wird eine Anklage eingestellt oder abgewiesen oder wird erklärt, daß der Verletzte sein Anklagerecht hinsichtlich der strafbaren Handlung verloren habe, so hat das Gericht auf Antrag der Partei anzuordnen, daß die Klage wegen des Privatanspruchs als selbständiges Verfahren in der für Zivilsachen bestimmten Form zu behandeln ist. Wird ein solcher Antrag nicht gestellt, so ist diese Klage als hinfällig anzusehen.

Nimmt eine Partei ihre Klage wegen des Privatanspruchs zurück, nachdem sich der Gegner auf diese eingelassen hat, so ist auf dessen Antrag trotzdem über die Klage zu entscheiden. Wird ein solcher Antrag nicht gestellt, so ist diese Klage als hinfällig anzusehen.

§ 7

Wird eine Klage wegen eines Privatanspruchs auf Grund einer strafbaren Handlung in Verbindung mit der Anklage geführt und ergibt sich, daß die fragliche Tat nicht strafbar ist, so darf in diesem Verfahren trotzdem über die Klage entschieden werden.

§ 8

Eine Klage wegen eines auf einem Dienstvergehen beruhenden Privatanspruchs, bei dem die Anklage unmittelbar von einem höheren Gericht zu behandeln ist, darf von dem Verletzten nur angestrengt werden, wenn die Anklage wegen des Vergehens erhoben ist oder der Ankläger der Klage beitritt.

Kap. 23
Voruntersuchung

§ 1

Eine Voruntersuchung ist einzuleiten, sobald auf Grund einer Anzeige oder aus sonstigen Gründen Anlaß zu der Annahme vorliegt, daß eine strafbare Handlung begangen wurde, derentwegen die öffentliche Anklage zu erheben ist.

Ist die öffentliche Anklage wegen der strafbaren Handlung nur nach erfolgter Anzeige zu erheben, so darf die Voruntersuchung auch ohne Anzeige eingeleitet werden, wenn diese nicht ohne Gefahr abgewartet werden kann; der Verletzte ist hiervon jedoch so bald wie möglich zu unterrichten. Zeigt er die Handlung alsdann nicht zum Zweck der Anklageerhebung an, so ist die Voruntersuchung einzustellen.

§ 2

Während der Voruntersuchung ist zu ermitteln, gegen wen begründeter Tatverdacht vorliegt und ob hinreichende Gründe vorhanden sind, um Anklage gegen ihn zu erheben; ferner ist das Verfahren so vorzubereiten, daß die Beweiserhebung bei der Hauptverhandlung zusammenhängend erfolgen kann.

§ 3

Die Voruntersuchung wird von der Polizeibehörde oder dem Ankläger eingeleitet. Ist die Voruntersuchung von der Polizeibehörde eingeleitet worden, so hat der Ankläger die Führung der Voruntersuchung zu übernehmen, sobald gegen jemand begründeter Tatverdacht vorliegt oder dies sonst aus besonderen Gründen geboten erscheint.

Der Ankläger darf Anweisungen über die Führung der Untersuchung erteilen, wenn die Voruntersuchung von der Polizeibehörde geführt wird.

Wird die Voruntersuchung von dem Ankläger geführt, so darf er zu ihrer Durchführung die Unterstützung der Polizeibehörde in Anspruch nehmen, sowie einen Polizeibeamten damit beauftragen, besondere zur Untersuchung gehörige Maßnahmen zu treffen, wenn ihre Art dies gestattet.

§ 4

Bei der Voruntersuchung sind nicht nur die Umstände, die gegen den Beschuldigten sprechen, sondern auch die für ihn günstigen zu beachten; es ist auch den zu seinen Gunsten sprechenden Beweisen nachzugehen. Die Untersuchung soll so geführt werden, daß niemand unnötig einem Verdacht ausgesetzt wird oder Kosten oder Nachteile zu tragen hat.

Die Voruntersuchung ist so beschleunigt zu führen, wie dies die Umstände zulassen. Ergibt sich keine Veranlassung mehr zu ihrer Fortführung, so ist sie einzustellen.

§ 5

Ist dem Beschuldigten gemäß Kap. 21 § 3 ein öffentlicher Verteidiger zu bestellen, so liegt es dem Untersuchungsführer ob, dem Gericht hiervon Anzeige zu machen.

§ 6

Während der Voruntersuchung darf jeder vernommen werden, von dem anzunehmen ist, daß er Auskünfte erteilen kann, die für die Ermittlungen erheblich sind.

§ 7

Unterläßt es ohne triftigen Grund jemand, der zu einer Vernehmung geladen ist, der Ladung Folge zu leisten, und übersteigt die Wegstrecke zwischen dem für die Vernehmung bestimmten Ort und seinem Wohnort oder dem Ort, an dem er sich bei Empfang der Ladung aufhielt, nicht fünzehn Kilometer, so darf er zur Vernehmung vorgeführt werden.

Ohne vorangegangene Ladung darf jemand, der sich innerhalb einer Wegstrecke von fünfzehn Kilometern von dem für die Vernehmung vorgesehenen Ort aufhält, zur Vernehmung vorgeführt werden, wenn die Untersuchung eine strafbare Handlung zum Gegenstand hat, wegen deren eine Freiheitsstrafe verhängt werden kann, und die begründete Besorgnis besteht, daß er der Ladung keine Folge leisten oder aus Anlaß der Ladung die Ermittlungen durch Beseitigung von Beweisen oder in anderer Weise erschweren würde.

Ist jemand, der vernommen werden soll, festgenommen oder verhaftet, so ist er zu dem für die Vernehmung bestimmten Ort zu bringen.

§ 8

Auf Aufforderung eines Polizeibeamten ist eine am Tatort anwesende Person verpflichtet, zu einer Vernehmung mitzukommen, die unverzüglich abgehalten wird. Weigert sie sich ohne triftigen Grund, so darf sie von dem Polizeibeamten zu dem Verhör abgeführt werden.

§ 9

Wer nicht festgenommen oder verhaftet ist, ist nicht verpflichtet, zum Zweck einer Vernehmung länger als sechs Stunden anwesend zu bleiben. Erscheint es von besonderer Bedeutung, daß eine Person, gegen die Tatverdacht vorliegt, für die Fortsetzung der Vernehmung zur Verfügung steht, so ist sie jedoch verpflichtet, weitere sechs Stunden dazubleiben.

Ist die Vernehmung beendet oder die Zeit, während deren der Vernommene zum Bleiben verpflichtet ist, abgelaufen, so darf er sich unverzüglich entfernen. Ohne besondere Gründe darf nicht verlangt werden, daß er sich zu einer neuen Vernehmung früher als zwölf Stunden später einfindet.

§ 10

Bei einer Vernehmung soll möglichst ein von dem Untersuchungsführer hinzugezogener, vertrauenswürdiger Zeuge anwesend sein.

Der Untersuchungsführer hat zu bestimmen, inwieweit andere Personen als der Zeuge einer Vernehmung beiwohnen dürfen. Bei einer Vernehmung, die gemäß § 18 Abs. 2 auf Antrag des Beschuldigten erfolgt, sind er und sein Verteidiger zur Anwesenheit berechtigt. Auch bei anderen Vernehmungen darf der Verteidiger anwesend sein, sofern dies ohne Gefährdung der Ermittlungen geschehen kann.

Ist der zu Vernehmende noch nicht fünfzehn Jahre alt, so soll der für ihn Sorgeberechtigte bei der Vernehmung anwesend sein, wenn dies ohne Gefährdung der Ermittlungen geschehen kann.

Der Untersuchungsführer darf bestimmen, daß die sich bei der Vernehmung ergebenden Umstände nicht bekanntgegeben werden dürfen.

§ 11

Ist der Beschuldigte oder sein Verteidiger bei der Vernehmung anwesend, so darf er in der von dem Untersuchungsrichter bestimmten Form Fragen an den Vernommenen richten. Ohne Genehmigung des Untersuchungsführers dürfen sich andere Personen, die bei der Vernehmung zugegen sind, während dieser nicht mit dem Vernommenen verständigen.

§ 12

Während einer Vernehmung dürfen zu dem Zweck, ein Geständnis oder eine Erklärung in einer bestimmten Richtung zu erzielen, keine bewußt unrichtigen Angaben, Versprechungen oder Vorspiegelungen besonderer Vorteile, Drohungen, Zwang, Ermüdung oder andere unangemessene Maßnahmen angewandt werden. Dem Vernommenen darf nicht verwehrt werden, die üblichen Mahlzeiten einzunehmen oder sich in der nötigen Weise auszuruhen.

§ 13

Weigert sich jemand bei einer Vernehmung, sich über Umstände zu äußern, die für die Ermittlungen von Bedeutung sind, und ist er im Fall der Anklageerhebung verpflichtet, hierüber als Zeuge auszusagen, oder erscheint es sonst von besonderer Bedeutung für die Ermittlungen, daß jemand, der in dem Verfahren zur Zeugenaussage verpflichtet ist, schon während der Voruntersuchung als Zeuge vernommen wird, so darf auf Antrag des Untersuchungsführers seine Zeugenvernehmung vor Gericht stattfinden.

Eine Vernehmung der im Abs. 1 genannten Art darf nicht stattfinden, bevor die Voruntersuchung so weit fortgeschritten ist, daß gegen jemand begründeter Tatverdacht vorliegt. Auf die Vernehmung finden die entsprechenden Teile der Bestimmungen über die Beweiserhebungen außerhalb der Hauptverhandlung Anwendung; dem Beschuldigten ist Gelegenheit zu geben, bei der Vernehmung anwesend zu sein.

§ 14

Der Untersuchungsführer darf das Gutachten eines Sachverständigen einholen. Erscheint es erforderlich, daß ein Sachverständiger schon während der Voruntersuchung vom Gericht ausgewählt wird, so darf der Untersuchungsführer einen entsprechenden Antrag stellen. Er darf auch beim Gericht eine Anordnung beantragen, daß Beweisurkunden vorgelegt oder Gegenstände zur Besichtigung zur Verfügung gestellt werden.

§ 15

Besteht die Gefahr, daß ein Beweis, auf den bei der Hauptverhandlung Bezug zu nehmen ist, vorher verloren geht oder dann nur unter Schwierigkeiten erbracht werden kann, so darf das Gericht diesen Beweis auf Antrag des Untersuchungsführers oder des Beschuldigten sofort erheben. Die entsprechenden Teile der Bestimmungen über Beweiserhebungen außerhalb der Hauptverhandlung finden hierbei Anwendung.

§ 16

Für die Anwendung von Zwangsmitteln während der Voruntersuchung gelten die Bestimmungen der Kap. 24—28.

§ 17

Werden während der Voruntersuchung Vernehmungen oder andere Maßnahmen an einem Ort außerhalb des Dienstbereichs des Untersuchungsführers erforderlich, so darf dieser die Unterstützung der Polizeibehörde des Ortes, an dem die Maßnahmen zu erfolgen haben, in Anspruch nehmen.

§ 18

Ist die Voruntersuchung so weit vorgeschritten, daß gegen jemand begründeter Tatverdacht vorliegt, so ist dieser bei seiner Vernehmung über den Verdacht zu unterrichten. Sobald dies ohne Gefährdung der Ermittlungen möglich ist, ist ihm und seinem Verteidiger Gelegenheit zu geben, von dem Verlauf der Voruntersuchung Kenntnis zu nehmen, sowie die ihnen wünschenswert erscheinenden Ermittlungen anzugeben und sonst anzuführen, was sie für notwendig erachten. Eine Anklageerhebung darf nicht beschlossen werden, bevor ihnen Gelegenheit hierzu gegeben worden ist.

Beantragt der Beschuldigte eine Vernehmung oder die Vornahme anderer Ermittlungen, so ist dem Antrag stattzugeben, wenn anzunehmen ist, daß die Maßnahme von Bedeutung für die Untersuchung sein kann. Wird das Ersuchen abgelehnt, so sind die Gründe hierfür anzugeben.

§ 19

Hat der Untersuchungsführer, obwohl er die ihm erforderlich erscheinenden Ermittlungen abgeschlossen hat, einem Antrag der im § 18 Abs. 2 genannten Art nicht stattgegeben oder nimmt der Beschuldigte an, daß andere Mängel bei den Ermittlungen vorliegen, so darf er dem Gericht hiervon Anzeige erstatten.

Ist die Anzeige beim Gericht eingegangen, so hat dieses sie so bald wie möglich zu behandeln und über sie zu entscheiden. Liegen Gründe hierfür vor, so darf das Gericht eine Vernehmung des Beschuldigten oder anderer Personen vornehmen oder die sonst geboten erscheinenden Maßnahmen ergreifen.

§ 20

Wird die Voruntersuchung abgeschlossen, so hat der Untersuchungsführer einen Beschluß darüber zu erlassen, ob Anklage zu erheben ist.

§ 21

Bei der Voruntersuchung ist Protokoll über ihren Verlauf zu führen, soweit dieser von Bedeutung für die Ermittlungen ist.

Ist die Bekundung des Beschuldigten oder anderer Personen aufgezeichnet, so ist sie vor Abschluß der Vernehmung zu verlesen oder es ist auf andere Weise Gelegenheit zur Prüfung der Aufzeichnung zu geben und der Vernommene zu befragen, ob er etwas an dem Inhalt zu beanstanden hat. Eine Beanstandung, die keine Abänderung veranlaßt, ist zu vermerken. Alsdann darf die Aufzeichnung nicht mehr abgeändert werden. Ist eine Aussage erst nach der Prüfung in das Protokoll aufgenommen worden, so ist die Aufzeichnung den Akten beizufügen.

In kleineren Verfahren dürfen an Stelle des Protokolls kurzgefaßte Vermerke über den wesentlichen Verlauf der Voruntersuchung gefertigt werden.

Sobald die Anklageerhebung beschlossen ist, kann der Beschuldigte oder sein Verteidiger auf Antrag eine Abschrift des Protokolls oder der über die Voruntersuchung gefertigten Vermerke erhalten.

§ 22

Eine Voruntersuchung im Sinne dieses Kapitels ist auch dann nicht erforderlich, wenn hinreichende Gründe für die Anklageerhebung vorliegen, falls es sich um eine strafbare Handlung, für die keine schwerere Strafe als eine Geldstrafe verhängt werden kann, oder um eine Straftat der in Kap. 45 § 2 Abs. 1 oder 2 bezeichneten Art handelt. Ebensowenig ist eine Voruntersuchung in Verfahren erforderlich, die unmittelbar von einem höheren Gericht zu behandeln sind, sofern kein Anlaß für die Verhängung einer Freiheitsstrafe oder einer Amtsenthebung vorliegt.

Will der Ankläger eine erhobene Anklage erweitern, so darf dies erfolgen, ohne daß eine Voruntersuchung gemäß diesem Kapitel stattgefunden hat.

§ 23

Ergibt sich nach Erhebung der Anklage, daß weitere Ermittlungen erforderlich sind, so finden auf diese die entsprechenden Vorschriften dieses Kapitels Anwendung.

§ 24

Der König erläßt nähere Bestimmungen über die Tätigkeit des Untersuchungsführers sowie über Protokoll und Vermerke bei der Voruntersuchung.

Kap. 24
Verhaftung und Festnahme

§ 1

Liegt gegen jemand aus glaubhaften Gründen der Verdacht einer strafbaren Handlung vor, für die Strafarbeit verhängt werden kann, so darf er verhaftet werden, wenn mit Rücksicht auf die Art der Handlung, das Verhalten des Beschuldigten oder sonstige Umstände die begründete Besorgnis besteht, daß er flüchtet oder sich auf andere Weise der Aburteilung oder Strafe entzieht oder durch Beseitigung von Beweisen oder auf andere Weise die Ermittlungen erschwert, oder auch, wenn sich Anlaß zu der Annahme ergibt, daß er seine Straftaten fortsetzt.

Handelt es sich um eine leichtere als die im Abs. 1 genannte strafbare Handlung, kann aber für sie Gefängnis verhängt werden, und hat der Beschuldigte keinen ständigen Wohnsitz innerhalb Schwedens, so darf er verhaftet werden, wenn die begründete Besorgnis besteht, daß er flüchten wird.

Kann für die strafbare Handlung keine mildere Strafe als Strafarbeit von zwei Jahren verhängt werden, so hat die Verhaftung zu erfolgen, sofern nicht offensichtlich kein Anlaß für sie vorliegt.

Ist anzunehmen, daß der Beschuldigte nur zu einer Geldstrafe oder zu befristeter Amtsenthebung verurteilt werden wird, so darf keine Verhaftung erfolgen.

§ 2

Wer aus glaubhaften Gründen einer strafbaren Handlung verdächtigt wird, darf unabhängig von der Art der Tat verhaftet werden, wenn er unbekannt ist und sich weigert, seinen Namen und Wohnsitz anzugeben, oder Anlaß zu der Annahme besteht, daß seine hierüber gemachten Angaben unwahr sind, sowie wenn er keinen Wohnsitz innerhalb Schwedens hat und die begründete Besorgnis besteht, daß er sich durch Ausreise aus Schweden der Aburteilung oder Strafe entziehen wird.

§ 3

Ist auf Grund der Jugend oder Krankheit eines Beschuldigten anzunehmen, daß seine Verhaftung für ihn ernsten Schaden mit sich bringen würde und ergibt sich, daß seine Überwachung so gestaltet werden kann, daß keine Gründe mehr für die Verhaftung vorliegen, so darf er nicht verhaftet werden. Wer noch nicht achtzehn Jahre alt ist, darf nicht verhaftet werden, sofern nicht offensichtlich keine ausreichende Überwachung vorgenommen werden kann. Gleiches gilt für eine Frau, die in vorgeschrittenem Zustand schwanger oder so kurz zuvor niedergekommen ist, daß durch die Verhaftung für sie oder das Kind ernster Schaden zu befürchten steht. Will sich ein Beschuldigter der genannten Überwachung nicht unterwerfen, so muß die Verhaftung erfolgen.

Gemäß den Bestimmungen des Kap. 25 darf ein Reiseverbot an die Stelle einer Verhaftung treten.

§ 4

Der Haftbeschluß wird vom Gericht erlassen.

§ 5

Ergeben sich gegen jemand Gründe zur Verhaftung, so darf er in Erwartung eines hierüber ergehenden Gerichtsbeschlusses festgenommen werden.

Liegen keine völlig ausreichenden Gründe für eine Verhaftung vor, so darf der Beschuldigte trotzdem festgenommen werden, wenn es von besonderer Bedeutung zu sein scheint, daß er in Erwartung der weiteren Ermittlungen in Gewahrsam genommen wird.

Der Beschluß über die Festnahme ist von dem Untersuchungsführer oder dem Ankläger zu erlassen.

§ 6

Ist jemand, dessen Festnahme beschlossen ist, geflüchtet oder sonst bei Erlaß des Beschlusses nicht anwesend, so ist der Festnahmebehörde Anzeige zu machen, sobald der Beschluß vollstreckt worden ist.

Flüchtet jemand, der einer strafbaren Handlung verdächtigt wird, und ergeben sich Gründe für seine Festnahme, so darf er von der Festnahmebehörde steckbrieflich verfolgt werden.

§ 7

Ergeben sich gegen jemand Gründe zur Festnahme, kann aber der Beschluß hierüber nicht ohne Gefahr abgewartet werden, so darf ihn ein Polizeibeamter auch ohne derartigen Beschluß ergreifen (gripa).

Wird jemand, der eine strafbare Handlung begangen hat, für die eine Freiheitsstrafe verhängt werden kann, auf frischer Tat oder flüchtend betroffen, so darf er von jedem ergriffen werden. Jeder darf auch denjenigen ergreifen, der wegen einer strafbaren Handlung steckbrieflich verfolgt wird. Der Ergriffene ist schleunigst dem nächsten Polizeibeamten zu übergeben.

Ist jemand ergriffen worden, so ist hiervon schleunigst der Festnahmebehörde Anzeige zu erstatten; diese hat nach der im § 8 angegebenen Vernehmung unverzüglich darüber zu beschließen, ob der Ergriffene festzunehmen oder freizulassen ist.

§ 8

Wer gemäß § 6 festgenommen oder gemäß § 7 ergriffen ist, ist so bald wie möglich zwecks Vernehmung zu der Festnahmebehörde oder zu einem Polizeibeamten zu bringen, der mit der Abhaltung der Vernehmung beauftragt ist.

§ 9

Wird jemand festgenommen, so ist ihm Auskunft darüber zu geben, auf welche strafbare Handlung sich der Verdacht bezieht. Die Hausgenossen des Festgenommenen oder seine nächsten Angehörigen sind von der Festnahme zu unterrichten, sobald dies ohne Gefährdung der Ermittlungen geschehen kann. Ohne besondere Gründe darf eine derartige Unterrichtung jedoch nicht gegen den Wunsch des Festgenommenen erfolgen.

§ 10

Liegen keine Gründe mehr für die Festnahme vor, so ist der Beschuldigte unverzüglich freizulassen.

§ 11

Der Festgenommene ist in Gewahrsam zu halten, er darf aber sonst keinen anderen Beschränkungen seiner Freiheit unterworfen werden, als der Zweck der Festnahme, die Ordnung am Gewahrsamsort oder die allgemeine Sicherheit notwendig machen. Bei seinem Gewahrsam oder seiner Überführung ist so zu verfahren, daß keine unnötige Aufmerksamkeit erregt wird.

§ 12

Wird der Festgenommene nicht freigelassen, so hat die Festnahmebehörde spätestens am Tage nach demjenigen, an dem der Beschluß über die Festnahme ergangen oder an dem der Festgenommene gemäß § 8 zur Vernehmung gebracht ist, beim Gericht ein Ersuchen um seine Verhaftung einzureichen. Ergibt sich, daß für die Entscheidung über die Haftfrage weitere Ermittlungen erforderlich sind, so darf das Ersuchen zurückgestellt werden, es ist jedoch so bald wie möglich einzureichen, und zwar spätestens am fünften Tage nach demjenigen, an dem der Beschluß über die Festnahme ergangen oder an dem der Festgenommene gemäß § 8 zur Vernehmung gebracht ist. Wird das genannte Ersuchen nicht gestellt, so ist der Festgenommene unverzüglich freizulassen.

Gemeinsam mit dem Ersuchen sind dem Gericht das Protokoll oder die Vermerke über den bisherigen Verlauf der Voruntersuchung zu übermitteln; mit Genehmigung des Gerichts darf die Übersendung jedoch für eine bestimmte kurze Frist zurückgestellt werden. Wird die Vernehmung anderer Personen als des Festgenommenen für erforderlich erachtet, so sind auch hierüber Angaben zu machen.

§ 13

Ist ein Ersuchen gemäß § 12 eingegangen, so hat das Gericht so bald wie möglich und, wenn dem keine besonderen Hindernisse entgegenstehen, spätestens am vierten Tage danach eine Verhandlung über die Haftfrage abzuhalten. Wird die Hauptverhandlung auf einen Termin innerhalb einer Woche nach Eingang des Ersuchens anberaumt, so darf die Verhandlung jedoch bis zur Hauptverhandlung zurückgestellt werden, sofern das Gericht nicht die Abhaltung einer besonderen Verhandlung für erforderlich erachtet.

§ 14

Bei der Verhandlung über die Haftfrage haben derjenige, der die Verhaftung beantragt hat, sowie, wenn der Überführung des Festgenommenen keine besonderen Hindernisse entgegenstehen, auch dieser zugegen zu sein.

Wer die Verhaftung beantragt hat, hat die Umstände anzugeben, mit denen der Antrag begründet wird. Dem Festgenommenen und seinem Verteidiger ist Gelegenheit zur Äußerung zu geben. Über den Inhalt der Voruntersuchungsakten und die sonstigen Anführungen der Parteien hinaus sind die Ermittlungen nicht zu erstrecken, wenn nicht besondere Gründe hierfür vorliegen.

§ 15

Die Verhandlung hat möglichst ohne Unterbrechung vor sich zu gehen, bis über die Frage entschieden werden kann. Eine Vertagung darf nicht erfolgen, wenn nicht besondere Gründe für sie vorliegen, und ohne Antrag des Beschuldigten nicht für längere Zeit als vier Tage.

Wird die Verhandlung vertagt, so hat die Festnahme fortzudauern, wenn das Gericht nichts anderes bestimmt.

§ 16

Nach Abschluß der Verhandlung hat das Gericht unverzüglich einen Beschluß über die Haftfrage zu erlassen. Der Haftbeschluß muß die Angabe enthalten, auf welche strafbare Handlung sich der Verdacht bezieht, und den Grund der Verhaftung kurz angeben.

Wird keine Verhaftung beschlossen, so hat das Gericht die unverzügliche Freilassung des Festgenommenen anzuordnen.

§ 17

Die Frage der Verhaftung eines nicht Festgenommenen darf auf Antrag des Untersuchungsführers oder Anklägers behandelt werden. Nach der Erhebung der Anklage darf das Gericht diese Frage auch auf Antrag des Verletzten sowie von Amts wegen behandeln.

Ist das Verlangen nach einer Verhaftung erhoben, so hat so bald wie möglich eine Gerichtsverhandlung hierüber stattzufinden. Auf eine derartige Verhandlung finden die entsprechenden Teile der Bestimmungen der §§ 14—16 Anwendung. Ist der Beschuldigte zur Verhandlung geladen oder liegt Anlaß zu der Annahme vor, daß er geflüchtet ist oder sich sonst abseits hält, so bildet seine Abwesenheit jedoch kein Hindernis für die Verhandlung. Bleibt der Verletzte aus, obwohl er zu der Verhandlung geladen ist, so darf über diese Frage ohne Rücksicht hierauf entschieden werden.

Hat das Gericht die Verhaftung einer Person beschlossen, die nicht bei Gericht anwesend ist, so ist dem Gericht Anzeige zu machen, sobald der Beschluß vollstreckt worden ist.

§ 18

Beschließt das Gericht gemäß § 16 die Verhaftung eines Festgenommenen oder gemäß § 17 eines anderen bei Gericht Anwesenden oder geht die Anzeige von der Vollstreckung eines Haftbeschlusses ein, so hat das Gericht die Frist festzusetzen, innerhalb deren die Anklage zu erheben ist, wenn diese nicht schon erhoben war. Die Frist darf nicht länger bemessen werden, als unumgänglich erforderlich erscheint.

Übersteigt die festgesetzte Frist zwei Wochen, so hat das Gericht, so lange der Beschuldigte verhaftet und die Anklage noch nicht erhoben ist, im Abstand von höchstens zwei Wochen erneut Verhandlungen der in den §§ 14—16 genannten Art abzuhalten und hierbei besonders darüber zu wachen, daß die Ermittlungen so beschleunigt wie möglich betrieben werden. Erscheint es mit Rücksicht auf die Art der Ermittlungen oder andere Umstände offenbar, daß eine Verhandlung innerhalb des angegebenen Zeitraums bedeutungslos sein würde, so darf das Gericht jedoch einen längeren zeitlichen Abstand bestimmen.

Erscheint die festgesetzte Frist unzureichend, so darf das Gericht eine Verlängerung der Frist bewilligen, wenn ein Ersuchen hierum vor Ablauf der Frist gestellt wird.

§ 19

Ist die Anklage nicht innerhalb der im § 18 genannten Frist erhoben oder ist bei dem Gericht kein Ersuchen um Fristverlängerung eingegangen oder liegen sonst keine Gründe mehr für die Verhaftung vor, so hat das Gericht unverzüglich die Freilassung des Verhafteten anzuordnen.

§ 20

Wird in einem Verfahren, in dem ein Rechtsmittel eingelegt ist, das Verlangen einer Verhaftung erhoben, so kann das höhere Gericht ohne Verhandlung hierüber beschließen; ist der Beschuldigte festgenommen, so ist der Beschluß spätestens am vierten Tage, nachdem das Ersuchen um seine Verhaftung beim Gericht eingegangen ist, zu erlassen. Erscheint eine Verhandlung erforderlich, so ist sie so bald wie möglich abzuhalten. Für diese Verhandlung gelten die Bestimmungen der §§ 14—17.

§ 21

Wird der Beschuldigte wegen der strafbaren Handlung verurteilt, und ist er verhaftet, so entscheidet das Gericht entsprechend den in diesem Kapitel angegebenen Grundsätzen darüber, ob er die Rechtskraft des Urteils in Haft abzuwarten hat; befindet sich der Beschuldigte auf freiem Fuß, so darf das Gericht seine Verhaftung anordnen.

§ 22

Wer verhaftet ist, ist unverzüglich in ein öffentliches Gefängnis zu bringen. Eine Militärperson darf jedoch statt dessen in ein Militärgefängnis gebracht werden.

Erscheint es von besonderer Bedeutung, daß der Verhaftete für die Ermittlung der strafbaren Handlung, die seine Verhaftung veranlaßt hat, oder sonstiger Straftaten, deren er verdächtig ist, an einem anderen als dem im Abs. 1 genannten Ort in Gewahrsam gehalten wird, so darf das Gericht auf Antrag des Untersuchungsführers oder des Anklägers anordnen, daß die Überführung bis auf weiteres zurückgestellt wird. Das Gericht, der Untersuchungsführer oder der Ankläger dürfen auch beschließen, daß der Verhaftete nach seiner Aufnahme in einem öffentlichen Gefängnis zu einer Vernehmung oder sonstigen Maßnahme an einen Ort außerhalb des Gefängnisses zu bringen ist.

§ 23

Niemand darf in anderer Weise, als dies in diesem Kapitel oder anderweit bestimmt ist, wegen Tatverdachts in Gewahrsam gehalten werden, auch wenn er dem zustimmt.

Über die Verpflichtung von Personen, die einer strafbaren Handlung verdächtig sind, für Vernehmungen zur Verfügung zu stehen, trifft Kap. 23 Bestimmungen.

§ 24

Über den Gewahrsam festgenommener oder verhafteter Personen sowie über die aus öffentlichen Mitteln zu zahlende Entschädigung für unschuldig Verhaftete ist besonderes bestimmt.

Kap. 25
Reiseverbot

§ 1

Liegt gegen jemand der begründete Verdacht einer strafbaren Handlung vor, für die eine Freiheitsstrafe verhängt werden kann, und besteht mit Rücksicht auf die Art der Handlung, das Verhalten des Beschuldigten oder sonstige Umstände die begründete Besorgnis, daß er flüchtet oder sich auf andere Weise der Aburteilung oder Strafe entzieht, liegt aber sonst kein Anlaß zu seiner Festnahme oder Verhaftung vor, so darf statt dessen gegen ihn das Verbot erlassen werden, einen ihm angewiesenen Aufenthaltsort ohne Genehmigung zu verlassen, wenn dies ausreichend erscheint. Unabhängig von der Art der strafbaren Handlung darf das genannte Verbot auch ergehen, wenn die begründete Besorgnis besteht, daß sich der Beschuldigte dadurch, daß er Schweden verläßt, der Aburteilung oder Strafe oder der Zahlung von Schadensersatz oder von anderen Erstattungen an den Verletzten entzieht, die ihm voraussichtlich auf Grund der strafbaren Handlung auferlegt werden.

§ 2

Mit dem Reiseverbot darf die Verpflichtung verbunden werden, daß der Beschuldigte zu bestimmten Zeiten in seiner Wohnung oder an seiner Arbeitsstelle zur Verfügung zu stehen oder sich bei der örtlichen Polizeibehörde zu melden sowie andere Bedingungen einzuhalten hat, die für seine Überwachung erforderlich erscheinen.

§ 3

Das Reiseverbot wird von dem Untersuchungsführer, dem Ankläger oder dem Gericht erlassen.

Die Frage des Erlasses eines Reiseverbots darf auf Antrag des Untersuchungsführers oder Anklägers von dem Gericht behandelt werden oder, wenn es über die Verhaftung des Beschuldigten oder sein Verbleiben in Haft zu beschließen hat. Nach der Erhebung der Anklage darf das Gericht die Frage auch auf Antrag des Verletzten sowie von Amts wegen behandeln.

Wegen eines Anspruchs des Verletzten auf Schadensersatz oder andere Erstattungen darf der Untersuchungsführer oder der Ankläger kein Reiseverbot erlassen oder ein solches beim Gericht beantragen, wenn der Anspruch nicht bei ihm angemeldet ist; das Gericht darf die Frage eines derartigen Verbots nur auf Antrag behandeln.

Ist das Verlangen auf Erlaß eines Reiseverbots beim Gericht erhoben, so hat so bald wie möglich eine Gerichtsverhandlung hierüber stattzufinden. Auf diese Verhandlung finden die entsprechenden Teile der Bestimmungen des Kap. 24 § 17 Anwendung. Ist Gefahr im Verzug, so darf das Gericht unverzüglich ein Reiseverbot in Kraft setzen, bis anderes bestimmt wird.

§ 4

Der Beschluß über das Reiseverbot muß die Angabe enthalten, auf welche strafbare Handlung sich der Verdacht bezieht, sowie den Ort angeben, an dem sich der Beschuldigte aufzuhalten und was er sonst zu beachten hat. In dem Beschluß ist auf die Rechtsfolgen einer Übertretung des Verbotes und einer Nichterfüllung der mit ihm verbundenen Bedingungen hinzuweisen.

Der Beschluß ist dem Beschuldigten zuzustellen.

§ 5

Ist ein Reiseverbot nicht vom Gericht erlassen worden, so darf der Beschuldigte hierüber die Entscheidung des Gerichts beantragen. Ist der Antrag eingegangen, so hat das Gericht so bald wie möglich und, wenn dem keine besonderen Hindernisse entgegenstehen, spätestens am vierten Tage danach eine Verhandlung der im § 3 bezeichneten Art abzuhalten. Wird die Hauptverhandlung auf einen Termin innerhalb einer Woche nach Einreichung des Antrags anberaumt, so darf die Verhandlung jedoch bis zur Hauptverhandlung zurückgestellt werden, sofern das Gericht nicht die Abhaltung einer besonderen Verhandlung für erforderlich erachtet.

§ 6

Erläßt oder bestätigt das Gericht ein Reiseverbot, so hat es die Frist festzusetzen, innerhalb deren die Anklage zu erheben ist, wenn diese nicht schon vorher erhoben war. Diese Frist darf nicht länger bemessen werden, als unumgänglich erforderlich erscheint. In anderen Fällen ist die Anklage binnen eines Monats nach Erlaß des Reiseverbots zu erheben.

Erscheint die im Abs. 1 genannte Frist unzureichend, so darf das Gericht eine Verlängerung der Frist bewilligen, wenn ein Ersuchen hierum vor Ablauf der Frist gestellt wird.

§ 7

Ist die Anklage nicht innerhalb der im § 6 genannten Frist erhoben oder ist bei dem Gericht kein Ersuchen um Fristverlängerung eingegangen oder liegen sonst keine Gründe mehr für das Reiseverbot vor, so ist dieses unverzüglich aufzuheben.

Die Aufhebung des Reiseverbots bestimmt das Gericht oder, falls das Verbot nicht vom Gericht erlassen oder bestätigt ist, der Untersuchungsführer oder der Ankläger.

Die Bestimmungen des Kap. 24 § 21 über die Verhaftung finden auf das Reiseverbot entsprechende Anwendung.

§ 8

Wird in einem Verfahren, in dem ein Rechtsmittel eingelegt ist, das Verlangen eines Reiseverbots erhoben, so kann das höhere Gericht ohne Verhandlung hierüber beschließen. Erscheint eine Verhandlung erforderlich, so ist sie so bald wie möglich abzuhalten. Für diese Verhandlung gelten die entsprechenden Teile der Bestimmungen des Kap. 24 § 17.

§ 9

Wird ein Reiseverbot übertreten oder werden die mit ihm verbundenen Bedingungen nicht erfüllt, so ist der Beschuldigte unverzüglich festzunehmen oder zu verhaften, wenn nicht offensichtlich keine Gründe hierfür vorliegen.

Kap. 26

Arrest und Veräußerungsverbot

§ 1

Liegt gegen jemand der begründete Verdacht einer strafbaren Handlung vor, und besteht die begründete Besorgnis, daß er sich durch Flucht oder Beiseiteschaffen von Vermögensstücken oder in anderer Weise der Zahlung einer Geldstrafe, von Ersatz für verfallenes Vermögen, von sonstigen Erstattungen an die Allgemeinheit oder von Schadensersatz oder sonstigen Erstattungen an den Verletzten entzieht, die ihm voraussichtlich auf Grund der strafbaren Handlung auferlegt werden wird, so darf auf sein bewegliches Vermögen ein Arrest (kvarstad) in der seiner Schuld entsprechenden Höhe gelegt werden oder sein Vermögen darf unter das Verbot der Veräußerung oder Beiseiteschaffung gestellt werden, falls dies genügt. Das Veräußerungsverbot (skingringsförbud) darf auch für unbewegliches Vermögen erlassen werden, das dem Beschuldigten gehört.

Befindet sich bewegliches Vermögen, das unter ein Veräußerungsverbot gestellt wird, bei einem Dritten, so darf diesem die Herausgabe des Vermögens untersagt werden.

§ 2

Der Beschluß über einen Arrest oder ein Veräußerungsverbot wird vom Gericht erlassen.

Die Frage des Erlasses eines Arrestes oder eines Veräußerungsverbots darf auf Antrag des Untersuchungsführers oder Anklägers behandelt werden. Nach der Erhebung der Anklage darf das Gericht diese Frage auch auf Antrag des Verletzten sowie von Amts wegen behandeln.

Wegen eines Anspruchs des Verletzten auf Schadensersatz oder sonstige Erstattungen darf der Untersuchungsführer oder der Ankläger einen Arrest oder ein Veräußerungsverbot nicht beantragen, wenn der Anspruch nicht bei ihm angemeldet ist; das Gericht darf diese Maßnahmen ausschließlich auf Antrag anordnen.

Wird das Verlangen nach Erlaß eines Arrestes oder eines Veräußerungsverbots beim Gericht erhoben, so hat so bald wie möglich eine Gerichtsverhandlung hierüber stattzufinden. Auf eine derartige Verhandlung finden die entsprechenden Teile der Bestimmungen des Kap. 24 § 17 Anwendung. Ist

Gefahr im Verzug, so darf das Gericht unverzüglich das Inkrafttreten der Maßnahmen bewilligen, bis anderes bestimmt wird.

§ 3

In Erwartung des Gerichtsbeschlusses über einen Arrest oder ein Veräußerungsverbot darf der Untersuchungsführer oder der Ankläger bewegliches Vermögen in Verwahrung nehmen.

Ist Gefahr im Verzug, so darf die genannte Maßnahme auch von einem Polizeibeamten getroffen werden, jedoch ist hiervon schleunigst dem Untersuchungsführer oder dem Ankläger Anzeige zu machen, der unverzüglich zu entscheiden hat, ob die Vermögensstücke in Verwahrung verbleiben sollen.

§ 4

Hat der Untersuchungsführer oder der Ankläger bewegliches Vermögen in Verwahrung genommen oder beschlossen, daß derartige Vermögensstücke in Verwahrung verbleiben, so hat er so bald wie möglich und spätestens am fünften Tage danach bei dem Gericht ein Ersuchen um Erlaß eines Arrestes oder eines Veräußerungsverbots einzureichen. Wird das genannte Ersuchen nicht gestellt, so sind die Vermögensstücke unverzüglich zurückzugeben.

Ist das Ersuchen eingegangen, so hat das Gericht so bald wie möglich und, wenn dem keine besonderen Hindernisse entgegenstehen, spätestens am vierten Tage danach eine Verhandlung der im § 2 bezeichneten Art abzuhalten. Wird die Hauptverhandlung auf einen Termin innerhalb einer Woche nach Eingang des Ersuchens anberaumt, so darf die Verhandlung jedoch bis zur Hauptverhandlung zurückgestellt werden, sofern das Gericht nicht die Abhaltung einer besonderen Verhandlung für erforderlich hält.

Wird ein Arrest oder ein Veräußerungsverbot beschlossen, so sollen die Vermögensstücke bis zur Vollstreckung des Beschlusses im Gewahrsam der Behörde verbleiben, wenn das Gericht nichts anderes bestimmt.

§ 5

Ordnet das Gericht einen Arrest oder ein Veräußerungsverbot an, so hat es die Frist festzusetzen, innerhalb deren die Anklage zu erheben ist, wenn diese nicht schon erhoben war. Die Frist darf nicht länger bemessen werden, als unumgänglich erforderlich erscheint.

Erscheint die festgesetzte Frist nicht ausreichend, so darf das Gericht ihre Verlängerung bewilligen, wenn ein entsprechendes Ersuchen vor Fristablauf gestellt wird.

§ 6

Ist innerhalb der im § 5 genannten Frist nicht die Anklage erhoben oder beim Gericht ein Ersuchen um Fristverlängerung eingegangen oder ist für die Schuld ein Pfand oder eine

Bürgschaft gestellt worden oder liegen sonst keine Gründe mehr für den Arrest oder das Veräußerungsverbot vor, so hat das Gericht die Maßnahme unverzüglich aufzuheben.

Bei seiner Entscheidung hat das Gericht darüber zu befinden, ob die Maßnahme weiterbestehen soll. Das Gericht darf auch in Verbindung mit dem Urteil eine Maßnahme der genannten Art anordnen.

§ 7

Die Bestimmungen des Kap. 25 § 8 über das Reiseverbot finden auf einen Arrest und ein Veräußerungsverbot entsprechende Anwendung.

§ 8

Erscheint es erforderlich, einen Arrest auf Pacht, Miete oder ähnliche Erträgnisse aus unbeweglichem Vermögen zu legen, so bestellt das Gericht einen amtlichen Sachwalter, um die Gelder zu vereinnahmen; das Gericht erläßt ferner an den Zahlungspflichtigen ein Verbot, an einen anderen als den amtlichen Sachwalter zu zahlen.

Ergeht ein Veräußerungsverbot für unbewegliches Vermögen, und besteht besondere Gefahr, daß dieses Vermögen durch Verwahrlosung oder auf sonstige Weise wesentlich verschlechtert wird, so darf das Gericht einen amtlichen Sachwalter zur Verwaltung des Vermögens bestellen. Bezieht sich die Maßnahme auf einen Anspruch des Verletzten auf Schadensersatz oder andere Erstattungen, so liegt es diesem ob, einen Vorschuß in vom Gericht zu bestimmender Höhe zur Bestreitung der für die Verwaltung des Vermögens notwendigen Kosten zu entrichten; in sonstigen Fällen sind derartige Kosten aus öffentlichen Mitteln zu zahlen.

Im übrigen gelten für die Vollstreckung eines Arrestes und eines Veräußerungsverbots die Bestimmungen des Zwangsvollstreckungsgesetzes; die in diesem Gesetz enthaltenen Vorschriften über Pfand oder Bürgschaft finden jedoch keine Anwendung.

Kap. 27

Beschlagnahme

§ 1

Gegenstände, bei denen Grund zu der Annahme besteht, daß sie für die Ermittlung einer strafbaren Handlung von Bedeutung oder jemand durch eine strafbare Handlung entzogen oder auf Grund einer strafbaren Handlung verfallen sind, dürfen beschlagnahmt werden (tagas i beslag).

Die Bestimmungen dieses Kapitels über Gegenstände gelten auch für Urkunden, soweit nichts anderes vorgeschrieben ist.

§ 2

Die Beschlagnahme einer Urkunde darf nicht erfolgen, wenn hinsichtlich ihres Inhalts anzunehmen ist, daß ein Beamter oder eine andere Person der im Kap. 36 § 5 bezeichneten Art nicht als Zeuge hierüber vernommen werden darf, falls dieser oder derjenige, zu dessen Gunsten die Schweigepflicht gilt, das Schriftstück besitzt. Handelt es sich nicht um eine strafbare Handlung, für die keine mildere Strafe als Strafarbeit von zwei Jahren verhängt werden kann, so darf ferner auch bei dem Beschuldigten oder bei einem seiner Angehörigen im Sinne des Kap. 36 § 5 ein Schriftwechsel zwischen ihnen oder zwischen derartigen Angehörigen untereinander nicht beschlagnahmt werden.

§ 3

Briefe, Telegramme oder andere Sendungen, die sich im Gewahrsam einer Post- oder Telegrafenanstalt befinden, dürfen nur dann beschlagnahmt werden, wenn für die strafbare Handlung Strafarbeit verhängt werden kann und die Sendung bei dem Empfänger der Beschlagnahme unterliegen würde.

§ 4

Wer gesetzmäßig einen Beschuldigten ergreift oder festnimmt oder eine Verhaftung, Haussuchung oder körperliche Durchsuchung vornimmt, darf hierbei vorgefundene Gegenstände beschlagnahmen.

Gegenstände, die sonst vorgefunden werden, dürfen auf Grund eines Beschlusses des Untersuchungsführers oder des Anklägers beschlagnahmt werden. Ist Gefahr im Verzug, so dürfen die Maßnahmen auch ohne einen derartigen Beschluß von einem Polizeibeamten getroffen werden. Dies gilt nicht für Sendungen, die sich im Gewahrsam einer Post- oder Telegrafenanstalt befinden.

Wird eine Beschlagnahme nicht von dem Untersuchungsführer oder dem Ankläger vorgenommen, und hat dieser die Beschlagnahme nicht beschlossen, so ist ihm schleunigst Anzeige zu erstatten und von ihm unverzüglich darüber zu entscheiden, ob die Beschlagnahme fortbestehen soll.

§ 5

Das Gericht darf die Beschlagnahme von Gegenständen anordnen, die bei Gericht vorgelegt werden oder sonst einer Beschlagnahme zugänglich sind.

Die Frage der Anordnung einer Beschlagnahme darf vom Gericht auf Antrag des Untersuchungsführers oder Anklägers behandelt werden. Nach der Erhebung der Anklage darf das Gericht diese Frage auch auf Antrag des Verletzten sowie von Amts wegen behandeln.

Wird beim Gericht das Verlangen auf Anordnung einer Beschlagnahme erhoben, so hat so bald wie möglich eine Gerichtsverhandlung hierüber stattzufinden. Auf eine derartige Verhandlung finden die entsprechenden Teile der Bestimmungen des Kap. 24 § 17 Anwendung. Ist Gefahr im Verzug, so darf das Gericht unverzüglich das Inkrafttreten einer Beschlagnahme anordnen, bis anderes bestimmt wird.

§ 6

Ist eine Beschlagnahme ohne Anordnung des Gerichts vorgenommen worden, so ist der davon Betroffene berechtigt, die Entscheidung des Gerichts hierüber zu beantragen. Ist der Antrag eingegangen, so hat das Gericht so bald wie möglich und, wenn keine besonderen Hindernisse entgegenstehen, spätestens am vierten Tage danach eine Verhandlung der im § 5 bezeichneten Art abzuhalten. Wird die Hauptverhandlung auf einen Termin innerhalb einer Woche nach Einreichung des Antrags anberaumt, so darf die Verhandlung jedoch bis zur Hauptverhandlung zurückgestellt werden, sofern das Gericht nicht die Abhaltung einer besonderen Verhandlung für erforderlich erachtet.

§ 7

Ordnet das Gericht eine Beschlagnahme an oder bestätigt es eine vollzogene Beschlagnahme, so hat es die Frist festzusetzen, innerhalb deren die Anklage zu erheben ist, wenn diese nicht schon erhoben war. Die Frist darf nicht länger bemessen werden, als unumgänglich notwendig erscheint. In anderen Fällen ist die Anklage binnen eines Monats nach Vornahme der Beschlagnahme zu erheben.

Erscheint die im Abs. 1 bezeichnete Frist nicht ausreichend, so darf das Gericht ihre Verlängerung bewilligen, wenn ein entsprechendes Ersuchen vor Fristablauf gestellt wird.

§ 8

Ist innerhalb der im § 7 bezeichneten Frist nicht die Anklage erhoben oder ist bei dem Gericht kein Ersuchen um Fristverlängerung eingegangen oder liegen sonst keine Gründe mehr für die Beschlagnahme vor, so ist diese unverzüglich aufzuheben.

Die Aufhebung der Beschlagnahme bestimmt das Gericht oder, falls die Beschlagnahme nicht vom Gericht angeordnet oder bestätigt ist, der Untersuchungsführer oder der Ankläger.

Bei der Entscheidung des Verfahrens hat das Gericht darüber zu befinden, ob die Beschlagnahme weiterbestehen soll. Das Gericht darf eine Beschlagnahme auch in Verbindung mit dem Urteil anordnen.

§ 9

Liegt Anlaß zu der Annahme vor, daß Sendungen, die beschlagnahmt werden dürfen, bei einer Post-, Telegrafen-, Eisenbahn- oder sonstigen Beförderungsanstalt eingehen werden, so darf das Gericht anordnen, daß die Sendungen nach Eingang zurückzuhalten sind, bis über die Frage der Beschlagnahme entschieden worden ist. Diese Frage darf nur auf Antrag des Untersuchungsführers oder des Anklägers behandelt werden.

Die Anordnung ist nur für eine bestimmte Geltungsdauer zu erlassen, und zwar höchstens für einen Monat von dem Tage an gerechnet, an dem sie dem Anstaltsvorstand zugestellt wird. In die Anordnung ist ein Hinweis aufzunehmen, daß dem Absender, Empfänger oder anderen Personen keine Mitteilungen über die Maßnahme ohne Genehmigung des Untersuchungsführers oder des Anklägers gemacht werden dürfen.

Ist eine Sendung auf Grund der Anordnung zurückgehalten worden, so hat der Anstaltsvorstand unverzüglich demjenigen Mitteilung hierüber zu machen, der die Anordnung beantragt hat. Dieser hat sogleich darüber zu entscheiden, ob die Beschlagnahme zu erfolgen hat.

§ 10

Die beschlagnahmten Gegenstände sind von demjenigen, der die Beschlagnahme ausgeführt hat, in Obhut zu nehmen oder versiegelt verwahren zu lassen. Die fraglichen Gegenstände dürfen jedoch im Besitz des Inhabers belassen werden, sofern dies ohne Gefahr geschehen kann und sonst angebracht erscheint.

Werden die Gegenstände im Besitz des Inhabers belassen, so ist gegen ihn ein Verbot zu erlassen, die Gegenstände zu veräußern oder beiseite zu schaffen, ferner sind diese erforderlichenfalls durch eine Klebemarke oder in sonstiger Weise so kenntlich zu machen, daß die Beschlagnahme ersichtlich ist. Die Gegenstände dürfen vom Besitzer benutzt werden, wenn kein entsprechendes Verbot erforderlich erscheint.

Beschlagnahmte Gegenstände sind gut aufzubewahren, und es ist besonders darauf zu achten, daß sie nicht vertauscht oder verändert werden oder sonstiger Mißbrauch mit ihnen getrieben wird.

§ 11

War jemand, bei dem eine Beschlagnahme erfolgt ist, bei dieser nicht zugegen, so ist er unverzüglich von ihr und darüber, wie mit den beschlagnahmten Gegenständen verfahren ist, zu unterrichten. Ist eine Sendung bei einer Post-, Telegrafen-, Eisenbahn- oder sonstigen Beförderungsanstalt beschlagnahmt worden, so sind hiervon der Empfänger und, falls er bekannt ist, auch der Absender zu unterrichten, sobald dies ohne Gefährdung der Ermittlungen erfolgen kann.

§ 12

Von anderer Seite als dem Gericht, dem Untersuchungsführer oder dem Ankläger dürfen Post- oder Telegrafensendungen, Handelsbücher oder andere private Schriftstücke, die beschlagnahmt sind, nicht näher untersucht, sowie Briefe oder sonstige verschlossene Schriftstücke nicht geöffnet werden; jedoch darf ein Sachverständiger oder eine andere Person, die zur Ermittlung der strafbaren Handlung herangezogen oder sonst dabei gehört wird, nach Weisung der genannten Behörde die Schriftstücke prüfen. Ist derjenige, der die Beschlagnahme vornimmt, nicht berechtigt, die Schriftstücke näher zu untersuchen, so sind sie von ihm zu versiegeln.

Schriftstücke der fraglichen Art sind so bald wie möglich zu untersuchen. Kann der Inhalt einer Post- oder Telegrafensendung dem Empfänger ganz oder teilweise ohne Gefährdung der Ermittlungen bekanntgegeben werden, so ist ihm unverzüglich eine Abschrift oder ein Auszug des Schriftstücks zuzuleiten.

§ 13

Über die Beschlagnahme ist ein Protokoll aufzunehmen, in dem ihr Zweck und ihr Verlauf anzugeben und die beschlagnahmten Gegenstände genau zu beschreiben sind.

Wer von einer Beschlagnahme betroffen ist, soll auf Antrag eine Bescheinigung hierüber erhalten, in der auch angegeben ist, auf welche strafbare Handlung sich der Verdacht bezieht.

§ 14

Die Bestimmungen des Kap. 25 § 8 über das Reiseverbot finden auf die Beschlagnahme entsprechende Anwendung.

§ 15

Zur Sicherung der Ermittlungen einer strafbaren Handlung dürfen Gebäude oder Zimmer abgeschlossen, der Zutritt zu einem bestimmten Gebiet untersagt, die Fortschaffung bestimmter Gegenstände verboten oder ähnliche Maßnahmen getroffen werden.

Auf Maßnahmen der genannten Art finden die entsprechenden Bestimmungen dieses Kapitels über die Beschlagnahme Anwendung.

§ 16

Liegt gegen jemand der begründete Verdacht einer strafbaren Handlung vor, für die keine mildere Strafe als Strafarbeit von zwei Jahren verhängt werden kann, und erscheint es von besonderer Bedeutung für die Ermittlungen, daß der Untersuchungsführer oder der Ankläger von Ferngesprächen von und zu dem Fernsprechapparat, den der Beschuldigte innehat oder sonst voraussichtlich benutzen wird, Kenntnis erhält, so darf das Gericht die Genehmigung zur Abhörung der Gespräche erteilen. Diese Frage darf nur auf Antrag des Untersuchungsführers oder des Anklägers behandelt werden.

Die Genehmigung ist nur für eine bestimmte Geltungsdauer zu erteilen, und zwar höchstens für eine Woche von dem Tage an gerechnet, an dem sie dem Vorstand der Telefonanstalt zugestellt wird.

Auf die Prüfung von Aufzeichnungen, die bei der Abhörung von Ferngesprächen gemacht sind, finden die Bestimmungen des § 12 Abs. 1 über die Untersuchung und Prüfung privater Schriftstücke entsprechende Anwendung. Soweit die Aufzeichnungen etwas enthalten, was für die Ermittlungen unerheblich ist, sind sie nach der Prüfung unverzüglich zu vernichten.

§ 17

Sind in einem Gesetz oder einer Verordnung abweichende Bestimmungen über Beschlagnahmen erlassen, so bleiben diese in Kraft.

Kap. 28

Haussuchung, körperliche Durchsuchung und körperliche Untersuchung

§ 1

Liegt Anlaß zu der Annahme vor, daß eine strafbare Handlung verübt ist, für die eine Freiheitsstrafe verhängt werden kann, so darf in Häusern, Räumen oder verschlossenen Aufbewahrungsorten eine Haussuchung vorgenommen werden, um nach Gegenständen zu suchen, die der Beschlagnahme unterliegen, oder um sonst Umständen nachzuforschen, die für die Ermittlung der strafbaren Handlung von Bedeutung sein können.

Bei jemandem, gegen den kein begründeter Tatverdacht vorliegt, darf eine Haussuchung jedoch nur dann vorgenommen werden, wenn die strafbare Handlung bei ihm verübt oder der Beschuldigte dort ergriffen ist oder wenn sonst besonderer Anlaß zu der Annahme vorliegt, daß durch die Haussuchung Gegenstände, die der Beschlagnahme unterliegen, vorgefunden oder sonstige Ermittlungen ermöglicht werden.

Für eine Haussuchung bei dem Beschuldigten darf keinesfalls auf seine Zustimmung Bezug genommen werden, sofern er diese Maßnahme nicht selbst beantragt hat.

§ 2

Zur Nachforschung nach demjenigen, der ergriffen, festgenommen, verhaftet oder zu einer Vernehmung oder Gestellung dem Gericht vorgeführt werden soll, darf eine Haussuchung bei ihm selbst sowie bei anderen Personen vorgenommen werden, wenn besonderer Anlaß zu der Annahme vorliegt, daß sich der Gesuchte dort aufhält.

§ 3

In Räumlichkeiten, die der Allgemeinheit zugänglich sind oder Zufluchtsorte für Landstreicher oder Straftäter zu sein pflegen oder in denen Waren der gesuchten Art angekauft oder als Pfand entgegengenommen zu werden pflegen, darf eine Haussuchung für Zwecke der in den §§ 1 oder 2 genannten Art sowie auch in anderen als den dort behandelten Fällen erfolgen.

§ 4

Die Anordnung der Haussuchung wird von dem Untersuchungsführer, dem Ankläger oder dem Gericht erlassen. Ist anzunehmen, daß eine Haussuchung großen Umfang haben oder für denjenigen, bei dem sie vorzunehmen ist, besondere Ungelegenheiten mit sich bringen wird, und ist keine Gefahr im Verzug, so soll die Maßnahme nicht ohne Anordnung des Gerichts vorgenommen werden.

Die Frage der Anordnung einer Haussuchung darf vom Gericht auf Antrag des Untersuchungsführers oder Anklägers behandelt werden. Nach der Erhebung der Anklage darf das Gericht diese Frage auch auf Antrag des Verletzten sowie von Amts wegen behandeln.

§ 5

Ohne die im § 4 genannte Anordnung darf ein Polizeibeamter eine Haussuchung vornehmen, wenn die Maßnahme den Zweck hat, nach jemand nachzuforschen, der ergriffen, festgenommen, verhaftet oder zu einer Vernehmung oder Gestellung dem Gericht vorgeführt werden soll, oder Gegenstände zu beschlagnahmen, die im unmittelbaren Anschluß an eine Straftat gesucht oder ausfindig gemacht werden, sowie auch in anderen Fällen, wenn Gefahr im Verzug ist.

§ 6

Bei einer Haussuchung dürfen nicht über das Maß des unumgänglich Notwendigen hinausgehende Ungelegenheiten oder Schäden verursacht werden.

Räume oder Aufbewahrungsorte dürfen erforderlichenfalls mit Gewalt geöffnet werden. Ist dies geschehen, so sind sie nach der Durchführung der Maßnahme wieder in geeigneter Weise zu verschließen.

Ohne besondere Gründe darf eine Haussuchung nicht zwischen neun Uhr abends und sechs Uhr vormittags durchgeführt werden.

§ 7

Bei einer Haussuchung hat möglichst ein von dem ausführenden Beamten hinzugezogener vertrauenswürdiger Zeuge anwesend zu sein. Der Ausführungsbeamte darf erforderlichenfalls einen Sachverständigen oder andere Personen zur Unterstützung heranziehen.

Demjenigen, bei dem eine Haussuchung vorgenommen wird, oder im Fall seiner Abwesenheit seinen anwesenden Hausgenossen ist Gelegenheit zu geben, bei der Durchführung der Maßnahme zugegen zu sein, sowie einen Zeugen hinzuzuziehen, wenn hierdurch die Untersuchung nicht aufgehalten wird. War weder er selbst noch einer seiner Hausgenossen noch ein von ihnen hinzugezogener Zeuge zugegen, so ist er über die getroffene Maßnahme zu unterrichten, sobald dies ohne Gefährdung der Ermittlungen geschehen kann.

Bei der Durchführung der Maßnahme darf einem Verletzten oder seinem Bevollmächtigten die Anwesenheit gestattet werden, um mit den notwendigen Auskünften zur Verfügung zu stehen. Es ist jedoch darauf zu achten, daß diese Personen von den hierbei zutage tretenden Verhältnissen nicht in größerem Ausmaß Kenntnis erhalten, als für den fraglichen Zweck erforderlich ist.

§ 8

Post- oder Telegrafensendungen, Handelsbücher oder andere private Schriftstücke, die bei einer Haussuchung vorgefunden werden, dürfen nicht näher untersucht und ebenso Briefe oder sonstige verschlossene Schriftstücke nicht in anderer als der in Kap. 27 § 12 Abs. 1 genannten Weise geöffnet werden.

§ 9

Über eine Haussuchung ist ein Protokoll aufzunehmen, in dem der Zweck der Maßnahme und ihr Verlauf anzugeben sind.

Derjenige, bei dem eine Haussuchung vorgenommen ist, soll auf Antrag eine Bescheinigung hierüber erhalten, in der auch angegeben ist, auf welche strafbare Handlung sich der Verdacht bezieht.

§ 10

Für die in den §§ 1 oder 2 genannten Zwecke dürfen der Untersuchungsführer oder Ankläger sowie ein Polizeibeamter eine Untersuchung auch an anderen als den im § 1 genannten Orten vornehmen, auch wenn diese der Allgemeinheit nicht zugänglich sind.

§ 11

Liegt Anlaß zu der Annahme vor, daß eine strafbare Handlung verübt ist, für die eine Freiheitsstrafe verhängt werden kann, so darf eine körperliche Durchsuchung zur Nachforschung nach der Beschlagnahme unterliegenden Gegenständen oder sonst zur Aufklärung von Umständen, die für die Ermittlung der Tat von Bedeutung sein können, vorgenommen werden.

An jemandem, gegen den kein begründeter Tatverdacht vorliegt, darf eine körperliche Durchsuchung jedoch nur dann vorgenommen werden, wenn besonderer Anlaß zu der Annahme vorliegt, daß hierbei Gegenstände, die der Beschlagnahme unterliegen, vorgefunden oder sonstige Ermittlungen ermöglicht werden.

§ 12

An demjenigen, gegen den der begründete Verdacht einer strafbaren Handlung vorliegt, für die eine Freiheitsstrafe verhängt werden kann, darf zu den im § 11 genannten Zwecken eine körperliche Untersuchung vorgenommen werden.

Bei einer körperlichen Untersuchung dürfen erforderlichenfalls Blutproben entnommen oder andere Untersuchungen, die ohne nennenswerte Nachteile erfolgen können, ausgeführt werden.

§ 13

Auf körperliche Durchsuchungen und körperliche Untersuchungen finden die entsprechenden Teile der Bestimmungen der §§ 4, 8 und 9 über die Haussuchung Anwendung. Ist Gefahr im Verzug, so dürfen die genannten Maßnahmen von einem Polizeibeamten beschlossen werden.

Maßnahmen größeren Umfangs sind innerhalb eines Hauses und in abgetrenntem Raum vorzunehmen. Werden sie nicht von einem Arzt vorgenommen, so soll möglichst ein von dem ausführenden Beamten hinzugezogener vertrauenswürdiger Zeuge anwesend sein. Blutentnahmen oder andere eingehendere Untersuchungen dürfen nur von einem Arzt ausgeführt werden.

Die körperliche Durchsuchung oder körperliche Untersuchung einer Frau darf nur von einer Frau oder einem Arzt und in Gegenwart einer Frau oder eines Arztes vorgenommen werden.

§ 14

Von einem Festgenommenen oder Verhafteten dürfen Fotografien und Fingerabdrücke gemacht werden, er ist auch ähnlichen Maßnahmen unterworfen. Dies gilt auch für sonstige Personen, wenn die Maßnahme für die Ermittlung einer strafbaren Handlung erforderlich ist, für die eine Freiheitsstrafe verhängt werden kann.

Der König erläßt nähere Bestimmungen über Maßnahmen der vorstehend genannten Art.

§ 15

Sind in einem Gesetz oder einer Verordnung abweichende Bestimmungen über Haussuchungen, körperliche Durchsuchungen oder körperliche Untersuchungen getroffen worden, so bleiben diese in Kraft.

Kap. 29

Abstimmung

§ 1

Bilden sich bei der Beratung eines Urteils oder Beschlusses verschiedene Meinungen, so hat eine Abstimmung zu erfolgen.

In Verfahren, an denen ein Schöffenkollegium teilnimmt, hat zuerst der Vorsitzende seine Meinung zu sagen und dann die des Kollegiums einzuholen.

Bei den Abstimmungen der rechtskundigen Mitglieder des Stadtgerichts und der höheren Gerichte äußert sich zuerst der Jüngste im Gericht und dann einer nach dem anderen, entsprechend seinem Sitz im Gericht. Ist ein Verfahren von einem bestimmten Richter vorbereitet worden, so äußert dieser als erster seine Meinung.

Jeder hat die Gründe anzugeben, auf die er seine Meinung stützt.

§ 2

Über prozessuale Fragen ist besonders abzustimmen.

Handelt es sich um die Bestrafung mehrerer Handlungen, so ist erforderlichenfalls zuerst hinsichtlich jeder strafbaren Handlung darüber abzustimmen, ob der Angeklagte der Tat schuldig ist, und dann ist die Strafe oder eine andere Rechtsfolge (påföljd) zu bestimmen. Entsteht die Frage, ob einer oder mehrere strafbare Handlungen vorliegen, so ist hierüber besonders abzustimmen.

Bilden sich bei einer Abstimmung über die Rechtsfolgen für eine Straftat verschiedene Meinungen hinsichtlich der bedingten Aussetzung der Strafbemessung[9] oder der Frage, ob auf Jugendgefängnis, Verwahrung oder Internierung[10] in einer Sicherheitsanstalt oder sonstige Sicherungsmaßnahmen zu erkennen ist, so hat erforderlichenfalls eine besondere Abstimmung über jede Rechtsfolge zu geschehen, für die jemand gestimmt hat. Wird hierbei nicht auf eine derartige Rechtsfolge erkannt, so hat eine besondere Abstimmung über die Strafe zu erfolgen. Das über Sicherungsmaßnahmen Gesagte gilt auch für die Frage, ob der Angeklagte auf Grund seines Geisteszustandes straffrei sein soll.

Entsteht die Frage der bedingten Aussetzung des Strafvollzugs, so ist hierüber nach der Festsetzung der Strafe eine besondere Abstimmung vorzunehmen.

Ist jemand bei einer vorangegangenen Abstimmung gegen das Ergebnis gewesen, zu dem die Mehrheit gelangt ist, so bleibt er zur Teilnahme an einer späteren Abstimmung verpflichtet. Bei der Abstimmung über die Verurteilung zu anderen Strafen als der des Jugendgefängnisses ist es jedoch so anzusehen, daß sich derjenige, der zuvor für den Freispruch des Angeklagten aus anderen Gründen als wegen dessen Geisteszustandes gestimmt hat, der für diesen mildesten Meinung angeschlossen hat.

§ 3

Bildet sich in einem Verfahren, an dem ein Schöffenkollegium teilnimmt, eine andere Meinung als die des Vorsitzenden,

---

[9] Von der bedingten Aussetzung der Strafbemessung ist die bedingte Aussetzung der Strafvollstreckung zu scheiden (vgl. Simson, „Die schwedische Kriminalgesetzgebung 1941—1951“ in Zeitschrift für die ges. Strafrechtswissenschaft Bd. 64 [1952], S. 346).

[10] Verwahrung (Sicherungsverwahrung) ist eine Sicherungsmaßnahme gegen psychisch abnorme Straftäter, Internierung richtet sich gegen andere chronische Täter (vgl. Simson, „Le traitement des délinquants d'habitude en Suède“, Revue de Science Criminelle et de Droit Pénal Comparé 1949, S. 693).

und sind sich alle Mitglieder des Schöffenkollegiums über die Gründe und das Ergebnis einig oder stimmen, wenn dem Kollegium mehr als sieben Schöffen angehören, mindestens sieben von ihnen miteinander überein, so gibt die Meinung des Kollegiums den Ausschlag. In allen anderen Fällen entscheidet die Meinung des Vorsitzenden.

Bei den Abstimmungen der rechtskundigen Mitglieder des Stadtgerichts und der höheren Gerichte entscheidet die Meinung, die mehr als die Hälfte der Mitglieder für sich hat. Hat eine Meinung die Hälfte der Stimmen erhalten, und ist dies die mildeste Meinung, so entscheidet diese. Bei einer besonderen Abstimmung darüber, ob der Angeklagte auf Grund seines Geisteszustandes straffrei sein soll oder ob er bedingt zu verurteilen[11] oder ob auf Jugendgefängnis, Sicherungsverwahrung oder Internierung in einer Sicherheitsanstalt oder sonstige Sicherungsmaßnahmen zu erkennen ist, sowie auch in anderen Fällen, in denen keine Meinung als die mildere anzusehen ist, entscheidet jedoch diejenige, die die Hälfte der Stimmen und darunter die des Vorsitzenden erhalten hat.

Für die Abstimmung über die Genehmigung zur Rechtsmitteleinlegung (prövningstillstånd) gelten die Bestimmungen des Kap. 3 § 7.

§ 4

Bilden sich bei Abstimmungen der rechtskundigen Mitglieder des Stadtgerichts oder der höheren Gerichte mehr als zwei Meinungen, ohne daß eine von ihnen gemäß § 3 den Ausschlag gibt, so sind die für den Angeklagten ungünstigsten Stimmen mit denen zusammenzurechnen, die die für ihn danach am wenigsten günstigen sind, und die Zusammenrechnungen erforderlichenfalls nach dem gleichen Grundsatz fortzuführen, bis eine Meinung zu entscheiden hat. Kann keine Meinung als die für den Angeklagten ungünstigere angesehen werden, so entscheidet die Meinung, für die mehr Stimmen als für eine andere abgegeben werden, oder wenn die Stimmen für mehrere Meinungen gleich groß sind, diejenige, welcher der Ranghöchste der Richter, die für eine dieser Meinungen gestimmt haben, beigetreten ist.

§ 5

Ist streitig, wie die Abstimmung zu erfolgen oder welche Meinung zu entscheiden hat, so ist hierüber abzustimmen.

§ 6

Für die Abstimmung über prozessuale Fragen, die nicht die Strafbarkeit betreffen oder die sich auf einen Privatanspruch

---

[11] Vgl. für die unterschiedlichen Formen der bedingten Verurteilung Schwedens (villkorlig dom) Grünhut-Simson, „Bedingte Verurteilung“ in Zeitschrift für die ges. Strafrechtswissenschaft Bd. 64 (1952), S. 170.

beziehen, sowie bei Fragen auf Grund des § 5 oder hinsichtlich der Prozeßkosten gelten die Bestimmungen des Kap. 16; auf eine Verhaftung oder auf Maßnahmen der in den Kap. 25—28 bezeichneten Art finden jedoch die Vorschriften dieses Kapitels über die Abstimmung hinsichtlich der Strafbarkeit entsprechende Anwendung. Wird in einem Strafverfahren eine Klage wegen eines Privatanspruchs geführt, so ist die Entscheidung des Gerichts über die Frage der Strafbarkeit bindend für die Entscheidung über den Privatanspruch. Hat beim Stadtgericht ein Schöffenkollegium Sitz im Gericht, so gelten auch bei Anwendung der Vorschriften des Kap. 16 die Bestimmungen des § 3 Abs. 1 dieses Kapitels.

§ 7

Hat das Schöffenkollegium entsprechend § 3 die Entscheidung des Gerichts bestimmt, so ist hierfür jeder einzelne Schöffe verantwortlich, der mit seiner Stimme dazu beigetragen hat.

Kap. 30
Urteil und Beschluß

§ 1

Die Entscheidung der Sache durch das Gericht erfolgt durch Urteil. Andere Entscheidungen des Gerichts werden durch Beschluß getroffen. Ein Beschluß, durch den das Gericht die Sache in anderer Weise als durch Urteil beendet, sowie der Beschluß eines höheren Gerichts in Fragen, derentwegen ein selbständiges Rechtsmittel eingelegt ist, ist ein Endbeschluß.

§ 2

Das Urteil hat sich, wenn eine Hauptverhandlung stattgefunden hat, auf das zu gründen, was sich bei dieser ergeben hat. Am Urteilsspruch dürfen nur Richter mitwirken, die der ganzen Hauptverhandlung beigewohnt haben. Ist eine neue Hauptverhandlung abgehalten worden, so ist das Urteil auf das zu gründen, was sich bei dieser ergeben hat.

Wird in einem Verfahren ohne Hauptverhandlung entschieden, so ist das Urteil auf das zu gründen, was die Akten enthalten und sich sonst im Verfahren ergeben hat.

§ 3

Das Urteil darf sich nur auf die Tat beziehen, wegen deren die Anklage in vorgeschriebener Form geführt ist oder deren Strafbarkeit vom Gericht sonst auf Grund einer gesetzlichen Bestimmung zu behandeln ist. Das Gericht ist an die Anträge hinsichtlich der rechtlichen Bezeichnung der strafbaren Handlung oder der anwendbaren gesetzlichen Bestimmungen nicht gebunden.

§ 4

Wird in einem Prozeß über die Anklage gegen mehrere Angeklagte verhandelt, so darf gegen einen von ihnen ein Urteil erlassen werden, auch wenn die Sache hinsichtlich der anderen noch nicht beendet ist.

§ 5

Das Urteil ist schriftlich abzufassen und hat in getrennten Abschnitten anzugeben:

1. das Gericht, sowie Zeit und Ort des Erlasses des Urteils;
2. die Parteien, sowie ihre Bevollmächtigten oder Beistände und den Verteidiger des Angeklagten;
3. die Anträge der Parteien und die Umstände, mit denen sie begründet worden sind;
4. die Urteilsgründe mit der Angabe, was im Verfahren bewiesen ist;
5. die Urteilsformel.

Das Urteil eines höheren Gerichts muß in dem hierfür erforderlich erscheinenden Umfang eine Wiedergabe des Urteils des unteren Gerichts enthalten.

Ist eine Partei berechtigt, gegen ein Urteil ein Rechtsmittel einzulegen, so ist in dem Urteil bekanntzugeben, was sie hierbei zu beachten hat. Für die Belehrung, die gleichzeitig mit Urteilen des Hofgerichts zu erteilen ist, trifft Kap. 54 § 14 Bestimmungen.

§ 6

Betrifft ein Verfahren nur die Bestrafung einer Tat, für die keine schwerere Strafe als eine Geldstrafe verhängt werden kann, und war der Angeklagte geständig, so darf das Urteil in vereinfachter Form ausgefertigt werden. Ein Urteil, durch welches das höhere Gericht ein Urteil des unteren Gerichts bestätigt, darf ebenfalls in vereinfachter Form ausgefertigt werden. Der König erläßt hierüber nähere Bestimmungen.

§ 7

Bevor ein Urteil beschlossen wird, ist eine Beratung abzuhalten. Hat ein Schöffenkollegium Sitz im Gericht, so legt der Vorsitzende den Sachverhalt und die für diesen geltenden gesetzlichen Bestimmungen dar.

Hat eine Hauptverhandlung stattgefunden, so ist die Beratung am gleichen oder spätestens am nächsten Wochentage abzuhalten und möglichst das Urteil zu beschließen und zu verkünden. Erscheint für die Beschlußfassung oder Abfassung des Urteils eine Bedenkzeit unumgänglich erforderlich, so darf das Gericht zu diesem Zweck einen Aufschub beschließen. Das Urteil ist jedoch, wenn der Angeklagte verhaftet ist, innerhalb einer Woche und in anderen Fällen innerhalb zwei Wochen nach Abschluß der Verhandlung schriftlich abzufassen und zu erlassen, sofern dem keine besonderen Hindernisse entgegenstehen. Ist der Angeklagte verhaftet, so ist das

Urteil spätestens innerhalb zwei Wochen zu erlassen. Wird das Urteil nicht bei der Hauptverhandlung verkündet, so ist es bei einem anderen Gerichtstermin zu verkünden oder dadurch zu erlassen, daß es auf der Geschäftsstelle des Gerichts zugänglich gemacht wird. In der Hauptverhandlung ist über Zeitpunkt und Art des Erlasses des Urteils Mitteilung zu machen.

Wird in einem Verfahren ohne Hauptverhandlung entschieden, so ist so bald wie möglich die Beratung abzuhalten, sowie das Urteil zu beschließen, schriftlich abzufassen und zu erlassen. Der Erlaß erfolgt dadurch, daß das Urteil in der Geschäftsstelle des Gerichts zugänglich gemacht wird. Eine Benachrichtigung über den Zeitpunkt des Erlasses ist spätestens am Tage zuvor an die Parteien abzusenden und an einem für die Allgemeinheit zugänglichen Platz in der Geschäftsstelle anzuschlagen.

Die Verkündung des Urteils darf durch Wiedergabe der Urteilsgründe und -formel und Mitteilung des Rechtsmittelhinweises erfolgen.

§ 8

Das Urteil ist gesondert aufzusetzen und von den rechtskundigen Richtern, die an der Entscheidung teilgenommen haben, zu unterschreiben.

Die Urteile des Gerichts sind mit fortlaufenden Nummern nach dem Zeitpunkt ihres Erlasses zu ordnen und für jedes Jahr in einem Urteilsbuch zusammenzufassen.

§ 9

Nach Ablauf der Frist für die Rechtsmitteleinlegung darf die Frage der Bestrafung des Angeklagten für die durch das Urteil behandelte Tat nicht von neuem behandelt werden.

Für die Abänderung und Zusammenziehung von Strafen sowie für die besonderen Rechtsmittel gelten die hierüber ergangenen Bestimmungen.

§ 10

Die Bestimmungen der §§ 2 und 7 über die Urteile finden auf Endbeschlüsse entsprechende Anwendung. Auf die Beschlüsse dieser Art sind auch die Bestimmungen der §§ 5 und 8 anzuwenden, wenn dies die Art der Sache erfordert. Wird ein Beschluß in Verbindung mit einem Urteil erlassen, so ist er in das Urteil aufzunehmen.

Ist eine Partei berechtigt, gegen einen Endbeschluß ein Rechtsmittel einzulegen oder einen Antrag auf Wiedereinsetzung in den vorigen Stand (återupptagande) zu stellen, so ist in dem Beschluß bekanntzugeben, was sie hierbei zu beachten hat. Für die Belehrung, die gleichzeitig mit Beschlüssen des Hofgerichts zu erteilen ist, trifft Kap. 54 § 14 Bestimmungen.

§ 11

Ein Beschluß, der kein Endbeschluß ist, hat in dem hierfür erforderlichen Umfang die Gründe anzugeben, auf die er sich stützt.

Hat jemand, der gegen einen Beschluß während des Prozesses ein Rechtsmittel einlegen will, Protest anzumelden, so ist dies bekanntzugeben. Ist gegen einen derartigen Beschluß ein selbständiges Rechtsmittel einzulegen, so hat das Gericht auch hierauf hinzuweisen. Wer gegen den Beschluß ein Rechtsmittel einlegen will, ist berechtigt, vom Gericht Belehrung über sonstige Umstände zu verlangen, die er hierbei zu beachten hat.

Wird ein Beschluß, der kein Endbeschluß ist, in Verbindung mit einem Urteil oder einem Endbeschluß erlassen, so ist er hierin aufzunehmen. Ist gegen den Beschluß ein selbständiges Rechtsmittel zulässig, so gibt das Gericht bekannt, was bei Einlegung des Rechtsmittels zu beachten ist.

Für die Belehrung, die gleichzeitig mit Beschlüssen des Hofgerichts zu erteilen ist, trifft Kap. 54 § 14 Bestimmungen.

§ 12

Ein Beschluß, der während des Prozesses ergeht, ohne daß gegen ihn ein selbständiges Rechtsmittel zulässig ist, wird sofort vollstreckbar. Dies gilt auch für einen Beschluß, durch den das Gericht einen Bevollmächtigten, Beistand oder Verteidiger zurückgewiesen oder die Erstattungen oder Vorschußzahlungen für Beistände, Zeugen, Sachverständige oder andere Personen, die nicht Parteien sind, geregelt hat. Gleiches gilt für einen Beschluß, durch den das Gericht Anordnungen über eine Verhaftung oder eine der in den Kap. 25—28 genannten Maßnahmen getroffen, sowie für einen Beschluß, durch den es bestimmt hat, daß die Gewährung des Armenrechts aufhören soll oder durch den es eine andere als die von der Partei vorgeschlagene Person zum Beistand oder Verteidiger bestellt hat. Das Gericht darf, wenn Gründe hierfür vorliegen, in einem Beschluß, durch den der Partei oder anderen Personen aufgegeben wird, Beweisurkunden vorzulegen oder Gegenstände zur Augenscheinseinnahme oder zur Besichtigung zur Verfügung zu stellen, anordnen, daß dieser Beschluß ohne Rücksicht auf seine fehlende Rechtskraft vollstreckbar ist.

Sind besondere Vorschriften darüber ergangen, daß Urteile oder Beschlüsse, die keine Rechtskraft besitzen, vollstreckbar sind, so bleiben diese in Kraft.

§ 13

Stellt das Gericht auf Grund einer Beanstandung oder in anderer Weise fest, daß ein Urteil oder Beschluß infolge eines Schreib- oder Rechenfehlers oder anderer ähnlicher Versehen eine offenbare Unrichtigkeit enthält, so erläßt es einen Berichtigungsbeschluß, nachdem die Parteien Gelegenheit zur Äußerung erhalten haben.

Die Berichtigung ist auf der Urschrift des Urteils oder Beschlusses zu vermerken oder, wenn der Beschluß im Protokoll enthalten ist, in diesem, sowie möglichst auch in den Ausfertigungen des Urteils oder Beschlusses. Hierbei ist gleichzeitig der Tag anzugeben, an dem der Vermerk gemacht wird.

Kap. 31
Prozeßkosten

§ 1

Wird der Angeklagte in einem Verfahren, in dem ein Ankläger die Anklage führt, wegen der strafbaren Handlung verurteilt, so hat er der Staatskasse zurückzuerstatten, was aus öffentlichen Mitteln auf Grund von Gerichtsbeschlüssen an Zeugen oder Sachverständige oder sonst für die Beweiserhebung während der Voruntersuchung oder des Prozesses und an Gebühren und Erstattungen an den Verteidiger gezahlt ist, sowie die Kosten der Staatskasse für seine Vorführung zum Gericht. Der Angeklagte ist jedoch nicht für Kosten erstattungspflichtig, die nach billigem Ermessen für die Ermittlungen nicht erforderlich waren oder die von einer anderen Person als ihm selbst, seinem Bevollmächtigten oder einem von ihm ausgewählten Verteidiger durch Fahrlässigkeit oder Nachlässigkeit verschuldet sind. Steht der Betrag der Kosten nicht in billigem Verhältnis zu Straftat und Lebensumständen des Angeklagten, so darf die Erstattung dem, was als angemessen angesehen wird, angeglichen werden.

Wird der Angeklagte auf Grund seines Geisteszustandes für straffrei erklärt, so ist er zur Erstattung der genannten Kosten verpflichtet, wenn und soweit dies mit Rücksicht auf die Umstände gerechtfertigt erscheint.

§ 2

Hat ein Ankläger die Anklage ohne hinreichende Gründe erhoben oder ergibt sich sonst bei Freisprechung des Angeklagten auf Grund der Umstände des Verfahrens besonderer Anlaß hierfür, so kann ihm das Gericht die Erstattung seiner Kosten für Verteidiger, Zeugen oder Sachverständige oder sonst für in der Voruntersuchung oder im Prozeß erfolgte Beweiserhebungen sowie für Zustellung und Ausfertigung von Protokoll, Urteil oder dergleichen aus öffentlichen Mitteln zuerkennen, soweit diese Kosten nach billigem Ermessen zur Wahrnehmung seiner Rechte und für sein Erscheinen bei Gericht erforderlich waren. Wird die Anklage abgewiesen oder eingestellt, so ist der Angeklagte berechtigt, die Erstattung der genannten Kosten zu erlangen, wenn Gründe hierfür vorliegen.

§ 3

Ergibt sich, daß die Anklage vom Ankläger grundlos erhoben worden ist, so darf er verpflichtet werden, der Staatskasse die im § 1 genannten Kosten zu ersetzen und ihr ferner das zurückzuerstatten, was dem Angeklagten gemäß § 2 zuerkannt ist.

Hat der Verletzte grundlos eine Anzeige erstattet oder sonst die Anklageerhebung veranlaßt, so darf auch ihm in hierbei angemessen erscheinendem Umfang eine Erstattungspflicht auferlegt werden.

§ 4

Hat der Angeklagte in einem Verfahren, in dem die Anklage vom Ankläger geführt wird, durch Fernbleiben vom Gericht, durch Nichtbeachtung der vom Gericht erlassenen Anordnungen, durch Behauptungen oder Einwendungen, bei denen er erkannte oder erkennen mußte, daß ihnen die Grundlage fehlte, oder in anderer Weise infolge von Fahrlässigkeit oder Nachlässigkeit eine Verzögerung des Verfahrens herbeigeführt oder sonst Kosten für die Staatskasse verschuldet, so ist er zur Erstattung dieser Kosten ohne Rücksicht darauf verpflichtet, wer die Prozeßkosten im übrigen zu tragen hat.

Das Gesagte findet entsprechende Anwendung, wenn der Ankläger, der Verletzte oder ein öffentlicher Verteidiger durch Fahrlässigkeit oder Nachlässigkeit Kosten für die Staatskasse oder den Angeklagten verschuldet hat.

§ 5

Hat eine private Partei nach den Bestimmungen dieses Kapitels die Prozeßkosten ganz oder teilweise zu erstatten und ergibt sich, daß ihr Vertreter, Bevollmächtigter oder Beistand oder ein von ihr ausgewählter Verteidiger durch Handlungen der im § 3 Abs. 2 bezeichneten Art oder infolge von Fahrlässigkeit oder Nachlässigkeit im Sinne des § 4 derartige Kosten verschuldet hat, so darf ihm das Gericht die Verpflichtung auferlegen, neben der Partei die Kosten zu erstatten, auch ohne daß dies beantragt wird.

§ 6

Werden wegen Mitwirkens an der gleichen strafbaren Handlung oder wegen im Zusammenhang miteinander stehender strafbarer Handlungen mehrere Personen verurteilt oder haben mehrere Verletzte oder haben der Ankläger und der Verletzte Prozeßkosten zu erstatten, so haften sie für die Kosten, einer für alle und alle für einen. Soweit sich die Kosten auf einen Teil des Verfahrens beziehen, der nur einen von ihnen betrifft, oder soweit einer von ihnen sie infolge von Fahrlässigkeit oder Nachlässigkeit im Sinne des § 4 verursacht hat, sind sie von diesem allein zu tragen.

Ist jemand gemäß § 5 verpflichtet, neben einer Partei Kosten zu erstatten, so haften sie, einer für beide und beide für einen.

§ 7

Haben zwei oder mehrere, einer für alle und alle für einen, für Prozeßkosten zu haften, so darf das Gericht auf Antrag eines von ihnen mit Rücksicht auf die Umstände darüber entscheiden, wie die Kosten unter ihnen zu verteilen oder ob einem von ihnen die gesamten Kosten aufzuerlegen sind.

§ 8

Die Bestimmungen der §§ 2—7 sind, wenn die Voruntersuchung eingestellt oder sonst keine Anklageerhebung auf sie gefolgt ist, entsprechend auf die Kosten der Voruntersuchung anzuwenden. Die Verpflichtung zur Erstattung derartiger Kosten darf der Staatskasse nicht auferlegt werden, wenn die Voruntersuchung nicht grundlos eingeleitet ist oder hierfür sonst ein besonderer Anlaß vorliegt.

Hat der Verletzte gemäß Kap. 20 § 9 eine vom Ankläger eingestellte Anklage übernommen, so gelten für die vor der Übernahme entstandenen Kosten die Bestimmungen der §§ 1—7.

§ 9

Wünscht der Ankläger, daß der Angeklagte zur Erstattung der Prozeßkosten zu verpflichten ist, oder wünscht der Angeklagte, eine Erstattung solcher Kosten zu erhalten, so hat er dies vor Beendigung der Verhandlung zu beantragen und anzugeben, worin die Kosten bestehen. Tut er dies nicht, so kann er nachträglich keine Klage wegen der Kosten erheben, die bei diesem Gericht entstanden sind. Dem Angeklagten darf jedoch auch ohne Antrag eine Erstattung für die Ausfertigung eines gerichtlichen Urteils oder Endbeschlusses zugebilligt werden. Das Gericht entscheidet von Amts wegen darüber, ob Kosten, die auf Grund eines Beschlusses des Gerichts aus öffentlichen Mitteln zu zahlen sind, von dem Angeklagten oder einer anderen Person zurückzuerstatten sind oder der Staatskasse endgültig zur Last zu fallen haben. Über die im § 3 genannten Fragen ist vom Gericht auch von Amts wegen zu entscheiden.

Entscheidet das Gericht in einem Verfahren, so erläßt es gleichzeitig einen Beschluß über die Prozeßkosten.

Ist die Voruntersuchung eingeleitet worden, aber keine Anklageerhebung auf sie gefolgt, und will der Beschuldigte die Erstattung der während der Voruntersuchung entstandenen Kosten verlangen oder wird die Frage der Rückerstattung dieser Kosten von behördlicher Seite geltend gemacht, so ist ein entsprechender Antrag beim Gericht zu stellen.

Über die Wiedererstattung von Kosten, die aus öffentlichen Mitteln gezahlt sind, weil dem Angeklagten das Armenrecht zugebilligt war, ist besonderes bestimmt.

§ 10

Wird in einem Verfahren, das bei einem unteren Gericht geschwebt hat, ein Rechtsmittel eingelegt, so ist die Verpflichtung zur Erstattung der Prozeßkosten des höheren Gerichts auf Grund des bei diesem geführten Prozesses zu bestimmen. Das Urteil des höheren Gerichts gilt nur dann als Verurteilung, wenn dem Angeklagten eine Strafe auferlegt wird, die als schwerer als die vom unteren Gericht verhängte anzusehen ist, oder wenn er nach einem Freispruch des unteren Gerichts wegen der strafbaren Handlung verurteilt wird oder wenn ein von ihm eingelegtes Rechtsmittel keine Abänderung des Urteils des unteren Gerichts herbeiführt. Die Bestimmungen des § 3 sind auf Fälle anzuwenden, in denen von dem Ankläger grundlos ein Rechtsmittel eingelegt worden ist.

Auf die Kosten des höheren Gerichts im Verfahren über eine Frage, derentwegen ein selbständiges Rechtsmittel eingelegt worden ist, finden die Bestimmungen dieses Kapitels über die bei den unteren Gerichten schwebenden Verfahren entsprechende Anwendung.

Wird eine Sache an ein unteres Gericht zurückverwiesen, so ist über die Kosten des höheren Gerichts zusammen mit der Entscheidung des Verfahrens nach dessen Wiederbeginn zu entscheiden.

§ 11

Für die Prozeßkosten in Verfahren, in denen nur der Verletzte die Anklage führt, gelten die entsprechenden Teile der Bestimmungen des Kap. 18.

Für die Verpflichtung des Verletzten, die Prozeßkosten in Verfahren zu erstatten, in denen er einer öffentlichen Anklage beigetreten ist oder in denen er Klage in anderer Weise neben dem Ankläger oder dieser die Sache für ihn geführt hat, sowie für seinen Anspruch auf Erstattung solcher Kosten gelten über die Bestimmungen der §§ 3 und 4 hinaus die Vorschriften des Kap. 18 § 12.

§ 12

Sind in einem Gesetz oder einer Verordnung abweichende Bestimmungen über die Prozeßkosten ergangen, so bleiben diese in Kraft.

III. Gemeinsame Bestimmungen

Kap. 32

Fristen und gesetzliche Hinderungsgründe

§ 1

Haben Parteien oder andere Personen auf Grund eines Gerichtsbeschlusses vor Gericht zu erscheinen oder sonst Prozeßhandlungen vorzunehmen, so ist ihnen zu diesem Zweck eine angemessene Frist zu gewähren.

§ 2

Ist die Ladung zu einer Verhandlung oder ein sonstiger Gerichtsbeschluß durch Vermittlung einer Partei zuzustellen, so setzt das Gericht dieser eine bestimmte Frist, innerhalb deren die Zustellung spätestens erfolgt und der Nachweis hierüber beim Gericht eingegangen sein muß.

Betrifft die Zustellung eine Prozeßladung oder einen Berufungs-, Beschwerde- oder Revisionsschriftsatz und ist, wenn das Gericht in das Verfahren eintritt, bei ihm nicht der Nachweis eingegangen, daß die Zustellung innerhalb der vorgeschriebenen Frist und in der im Kapitel 33 bestimmten Weise erfolgt ist, und hat sich ferner auch der Gegner nicht eingefunden oder eine Klagebeantwortung, eine Erwiderung auf eine Rechtsmitteleinlegung oder eine Erklärung eingereicht, so ist die von der Partei erhobene Klage hinfällig; eine Belehrung über diese Folge ist in die Auflage des Gerichts aufzunehmen. Geht der Zustellungsnachweis in anderen als den genannten Fällen nicht innerhalb der vorgeschriebenen Frist ein, so darf das Gericht eine erneute Zustellung anordnen.

§ 3

Ergibt sich, daß Parteien oder anderen Personen, die auf Grund eines Gerichtsbeschlusses vor Gericht zu erscheinen oder sonst eine Prozeßhandlung vorzunehmen haben, keine angemessene Frist hierfür gewährt worden ist, oder liegen sonst Gründe für eine Verlängerung der vom Gericht gesetzten Frist vor, so hat das Gericht eine neue Frist festzusetzen.

§ 4

Findet das Gericht nach Anberaumung einer Verhandlung, daß vor der Sitzung Gründe vorliegen, von denen anzunehmen ist, daß sie ein Hindernis für die Abhaltung der Verhandlung oder für ihre Durchführung in dem erforderlichen Umfang bilden, so darf das Gericht einen neuen Termin für die Verhandlung anberaumen.

Hat eine Partei Kenntnis von Umständen der genannten Art erhalten oder hält sich jemand, der zu einem Verhandlungstermin geladen ist, für verhindert, der Ladung Folge zu leisten, so hat er dies dem Gericht unverzüglich mitzuteilen.

§ 5

Ist es für die Entscheidung eines Verfahrens von besonderer Bedeutung, daß über eine Frage, die Gegenstand eines anderen Prozesses oder einer Behandlung in sonstiger Weise ist, zuerst entschieden wird, oder stehen der Verhandlung andere Hindernisse von längerer Dauer entgegen, so darf das Gericht in Erwartung der Beseitigung des Hindernisses das Ruhen des Verfahrens anordnen.

§ 6

Unterläßt es jemand, der auf Grund eines Gerichtsbeschlusses vor Gericht zu erscheinen oder sonst eine Prozeßhandlung vorzunehmen hat, dem Folge zu leisten, und liegt Anlaß zu der Annahme vor, daß bei ihm ein gesetzlicher Hinderungsgrund vorliegt, so führt die Unterlassung nicht zu Rechtsfolgen oder ist ihm im Prozeß sonst zur Last zu legen.

§ 7

Ist in diesem Gesetz vorgeschrieben, daß jemand, der ein Rechtsmittel einlegen will, innerhalb einer bestimmten Frist Protest oder Berufung anzumelden oder einen Berufungs-, Beschwerde- oder Revisionsschriftsatz einzureichen oder sonstige Handlungen zur Durchführung des Rechtsmittels vorzunehmen hat, und zeigt sich vor dem Ablauf der Frist ein gesetzlicher Hinderungsgrund, so hat das Gericht, bei dem die Handlung vorzunehmen ist, eine neue Frist festzusetzen.

Das Gesagte findet entsprechende Anwendung auf Einspruchs- oder Wiedereinsetzungsanträge.

§ 8

Gesetzliche Hinderungsgründe liegen vor, wenn jemand durch Unterbrechung des öffentlichen Verkehrs, Krankheit oder sonstige Umstände, die er nicht voraussehen mußte oder die das Gericht sonst als triftige Gründe ansieht, verhindert war, einer Obliegenheit nachzukommen.

Als gesetzlicher Hinderungsgrund für eine Partei ist es ferner anzusehen, wenn für einen von der Partei betrauten Bevollmächtigten Hindernisse der genannten Art vorlagen und ein anderer Bevollmächtigter nicht rechtzeitig hatte bestellt werden können.

Kap. 33
Prozeßschriftsätze und Zustellungen

§ 1

Anträge, Anzeigen oder andere Schriftsätze eines Prozesses haben Angaben über das Gericht sowie über Namen, Beruf und Wohnsitz der Parteien zu enthalten.

Im Antrag auf Prozeßladung hat der Kläger gleichzeitig seine eigene und die Postanschrift des Beklagten, wenn sie ihm bekannt ist, sowie die sonstigen Umstände anzugeben, die für die Zustellung an die Parteien erheblich sind. Hat der Kläger einen Bevollmächtigten mit seiner Vertretung betraut, so sind dessen Name und Postanschrift anzugeben. In der schriftlichen Klagebeantwortung hat der Beklagte auch seine Postanschrift und die sonstigen Umstände, die für die Zustellung an ihn erheblich sind, und, falls er einen Bevollmächtigten mit seiner Vertretung betraut hat, dessen Namen und Postanschrift anzugeben.

Tritt eine Änderung der Umstände ein, die die Partei dementsprechend angegeben hat, so hat sie dies dem Gericht unverzüglich anzuzeigen.

§ 2

Ist ein von einer Partei eingereichter Schriftsatz oder ein sonstiges Schriftstück zuzustellen, so liegt es der Partei ob, dem Schriftstück eine beglaubigte Abschrift beizufügen. Hat die Zustellung durch Vermittlung des Gerichts zu erfolgen, und werden für die Zustellung mehrere Abschriften benötigt, so ist die Partei verpflichtet, diese zur Verfügung zu stellen. Stellt die Partei die genannten Abschriften nicht zur Verfügung, so läßt das Gericht die Fertigung der Abschriften des Schriftstücks auf Kosten der Partei vornehmen.

§ 3

Schriftsätze oder sonstige Schriftstücke dürfen beim Gericht durch Boten übergeben oder durch die Post in einem frankierten Brief übersandt werden. Schriftstücke, die in dieser Weise eingehen, sind als von demjenigen eingereicht anzusehen, der das Schriftstück unterzeichnet hat. Das Schriftstück gilt als eingegangen, wenn es selbst oder eine Postbenachrichtigung über die Sendung, in der es sich befindet, dem Gericht oder seiner Geschäftsstelle ausgehändigt ist.

§ 4

Zustellungen erfolgen im Prozeß durch Vermittlung des Gerichts. Beantragt eine Partei, die Zustellung vornehmen zu dürfen, so darf ihr diese anvertraut werden, wenn dies nach Meinung des Gerichts ohne Ungelegenheiten geschehen kann. Die Zustellung eines Versäumnisurteils, das nicht auf Feststellung der Zahlungspflicht auf Grund einer eingetragenen Forderung aus unbeweglichem Vermögen, einem Erbbaurecht oder einem Wasserfallsrecht ergeht, hat nur dann durch Vermittlung des Gerichts zu erfolgen, wenn die Partei dies beantragt.

Hat der Ankläger die Prozeßladung selbst ausgefertigt, so hat ihre Zustellung durch seine Vermittlung zu erfolgen. Der Ankläger darf auch die Zustellung von anderen Ladungen oder von Auflagen vornehmen, die von ihm ausgefertigt sind.

In Strafverfahren wird die Zustellung von Ladungen oder Beschlüssen während der Voruntersuchung von demjenigen vorgenommen, der die Ladung ausgefertigt oder den Beschluß erlassen hat.

§ 5

Zustellungen durch Vermittlung des Gerichts erfolgen innerhalb Schwedens durch die Post, wenn das Gericht nicht eine andere Zustellungsart für erforderlich erachtet.

Der König erläßt nähere Bestimmungen über Zustellungen durch die Post.

§ 6

Eine Zustellung ist, wenn nichts anderes bestimmt ist, in der Weise vorzunehmen, daß das Schriftstück dem, für den es bestimmt ist, in Urschrift oder beglaubigter Abschrift ausgehändigt wird. Verweigert dieser die Entgegennahme des Schriftstückes, so gilt die Zustellung trotzdem als vollzogen. Der König erläßt Vorschriften über die Beförderung der durch Telegraf oder Fernsprecher zuzustellenden Benachrichtigungen.

Ist dem zuzustellenden Schriftstück eine Karte, eine Zeichnung oder eine sonstige Anlage umfangreicher Art beigefügt, so darf das Gericht anordnen, daß sie auf der Geschäftsstelle zugänglich zu machen ist, anstatt ausgehändigt zu werden. Dem Schriftstück ist eine Benachrichtigung hierüber beizufügen.

§ 7

Während eines Gottesdienstes oder einer sonstigen gemeinsamen Andacht dürfen Zustellungen nicht erfolgen.

§ 8

Hat jemand, an den eine Zustellung zu erfolgen hat, einen bekannten Wohnsitz innerhalb Schwedens, und wird er dort nicht angetroffen, so darf das Schriftstück einem erwachsenen Angehörigen des Haushalts, dem er angehört, ausgehändigt werden oder, falls kein Angehöriger angetroffen wird, seinem Hauswirt, sofern dieser im gleichen Hause wohnt, oder dem Hauswart oder anderen Personen, die an Stelle des Hauswirts die Aufsicht über das Haus führen und dort ihre Wohnung haben. Betreibt der Gesuchte ein Gewerbe mit ständigen Geschäftsräumen, und wird er dort während der gewöhnlichen Arbeitszeit nicht angetroffen, so darf das Schriftstück in den Geschäftsräumen auch einem dort angestellten Gehilfen ausgehändigt werden.

Eine Benachrichtigung von der in dieser Weise erfolgten Aushändigung des Schriftstücks ist außerdem noch mit der Post an den Gesuchten unter seiner gewöhnlichen Anschrift zu senden.

§ 9

Besitzt eine Gesellschaft, ein Verein oder ein anderer Verband, eine Stiftung oder eine andere derartige Anstalt, an die eine Zustellung zu erfolgen hat, Geschäftsräume, in denen die Verwaltung geführt wird und jemand, der für den Verband oder die Anstalt Zustellungen entgegennehmen darf, gewöhnlich seine Arbeit hat, wird aber eine Person dieser Art während der gewöhnlichen Arbeitszeit nicht in den Geschäftsräumen angetroffen, so darf das Schriftstück in den Geschäftsräumen einem dort angestellten Gehilfen ausgehändigt werden. Eine Benachrichtigung von der in dieser Weise erfolgten Aushändigung des Schriftstücks ist außerdem noch mit der Post an den Verband oder die Anstalt unter ihrer gewöhnlichen Anschrift zu senden.

Das gleiche gilt, wenn eine Kommune oder ein sonstiger Gemeindeverband, an den eine Zustellung zu erfolgen hat, Geschäftsräume besitzt, in denen die Verwaltung geführt wird, und niemand, der Zustellungen für den Gemeindeverband entgegennehmen darf, während der gewöhnlichen Arbeitszeit dort angetroffen wird.

Hat ein Verband, eine Anstalt oder ein Gemeindeverband Geschäftsräume der genannten Art, so darf die Zustellung an den Gesuchten nicht gemäß § 8 erfolgen.

§ 10

Eine Zustellung auf Grund der §§ 8 oder 9 ist als erfolgt anzusehen, wenn sie entsprechend den Vorschriften der genannten Paragraphen ausgeführt worden ist.

Derjenige, an den ein Schriftstück gemäß den genannten Paragraphen ausgehändigt ist, ist dafür haftbar, daß es so bald wie möglich in die Hände des Gesuchten gelangt; bei der Aushändigung des Schriftstücks ist er hierauf hinzuweisen.

Das Schriftstück darf nicht an eine Person ausgehändigt werden, die in dem Verfahren der Gegner dessen ist, an den die Zustellung zu erfolgen hat.

§ 11

Hat jemand, an den eine Zustellung zu erfolgen hat, einen bekannten Wohnsitz außerhalb Schwedens oder hält er sich an einem Ort außerhalb Schwedens auf, so darf die Zustellung nach den an diesem Ort geltenden Gesetzen erfolgen.

Hat eine Partei eine Zustellung selbst an dem ausländischen Ort vorzunehmen, so darf sie hierfür beim Ministerium des Äußeren um Unterstützung ersuchen.

§ 12

Hat der für eine Zustellung Gesuchte weder innerhalb noch außerhalb Schwedens einen bekannten Wohnsitz und läßt sich auch keine Auskunft über seinen Aufenthaltsort beschaffen, so hat das Gericht anzuordnen, daß das Schriftstück in der Geschäftsstelle des Gerichts an einem der Allgemeinheit zugänglichen Platz anzuschlagen und eine entsprechende Benachrichtigung in die amtlichen Zeitungen zu setzen ist, sowie auch in sonstige Zeitungen, wenn angenommen werden kann, daß es hierdurch zur Kenntnis des Gesuchten gelangt. Hat eine Zustellung an eine Partei in dieser Form stattgefunden, so ist in dem gleichen Verfahren bei einer erneuten an sie gemäß diesem Paragraphen erfolgenden Zustellung nicht zu verlangen, daß eine Benachrichtigung in Zeitungen gesetzt wird.

Das Gesagte findet entsprechende Anwendung, wenn der Gesuchte zwar innerhalb Schwedens einen bekannten Wohnsitz hat, aber weder er noch jemand, dem das Schriftstück gemäß § 8 ausgehändigt werden darf, angetroffen wird und sich keine Aufklärung darüber beschaffen läßt, wo er sich aufhält.

Die Zustellung gilt als erfolgt, wenn sie entsprechend den obigen Vorschriften ausgeführt ist.

§ 13

Die Bestimmungen der §§ 8, 11 Abs. 1 oder 12 gelten nicht für die Zustellung von Prozeßladungen in Strafverfahren. Ebenso darf in Zivilsachen die Zustellung von Prozeßladungen nicht gemäß §§ 8 oder 12 Abs. 2 erfolgen, wenn kein Anlaß zu der Annahme vorliegt, daß der Gesuchte geflüchtet ist oder sich sonst abseits hält.

§ 14

Ist ein Schriftstück, das jemand zuzustellen ist, in dessen Hände gelangt, so gilt die Zustellung als erfolgt, auch wenn er das Schriftstück auf andere als die oben bestimmte Weise erhalten hat.

§ 15

Wird eine Auflage gemacht oder eine sonstige Bekanntgabe bei einer Gerichtsverhandlung vorgenommen, so gilt ihre Zustellung als an diejenigen Personen erfolgt, die bei der Verhandlung anwesend waren, doch liegt es dem Gericht auf Antrag ob, unverzüglich eine Ausfertigung der Bekanntgabe zur Verfügung zu stellen.

§ 16

Sind mehr als zehn Mitglieder einer Dorf-Allmende (byalag) vorhanden, so darf eine Zustellung an die Allmende dadurch erfolgen, daß eine beglaubigte Abschrift des Schriftstücks einem der Mitglieder ausgehändigt wird, um allen zugänglich zu sein. Ferner ist das Schriftstück nachträglich mit dem Hinweis, wer von den Mitgliedern die Abschrift erhalten hat, in der Kirche der Gemeinde zu verlesen und an einem der Allgemeinheit zugänglichen Platz in der Geschäftsstelle des Gerichts anzuschlagen.

Gehört eine Grube (Bergwerk) mehreren Personen gemeinsam, so darf in Verfahren, die sich auf die Grube beziehen, die Zustellung an die fraglichen Personen dadurch erfolgen, daß das Schriftstück dem Grubenvorstand ausgehändigt wird. Dieser ist dafür haftbar, daß unverzüglich auf der Grubenversammlung Kenntnis von dem Schriftstück gegeben oder jedem Beteiligten eine beglaubigte Abschrift ausgehändigt wird.

In Verfahren, die eine Fischereigemeinschaft (gemensamhetsfiske) betreffen, für die ein Geschäftsführer bestellt ist, darf die Zustellung an die Mitglieder dadurch erfolgen, daß das Schriftstück dem Geschäftsführer ausgehändigt wird. Dieser ist dafür haftbar, daß unverzüglich bei einer Zusammenkunft der Mitglieder von dem Schriftstück Kenntnis gegeben oder jedem einzelnen von ihnen eine beglaubigte Abschrift ausgehändigt wird.

§ 17

Die Zustellung an einen Nachlaß oder eine Konkursmasse oder an eine Gesellschaft, einen Verein oder anderen Verband, eine Stiftung oder andere derartige Anstalt erfolgt an eine Person, die berechtigt ist, die Vermögensmasse, den Verband oder die Anstalt zu vertreten. Sind mehrere Personen gemeinsam hierzu berechtigt, so darf die Zustellung an eine von ihnen erfolgen, an einen Nachlaßbeteiligten jedoch nur dann, wenn er Mitbesitzer der Nachlaßmasse ist. Ist die Zustellung an einen Nachlaßbeteiligten erfolgt, so liegt es ihm ob, die anderen Beteiligten unverzüglich von der Zustellung zu unterrichten.

Ein Nachlaßbeteiligter, der Mitbesitzer der Nachlaßmasse ist, ist zur Entgegennahme einer Zustellung berechtigt, auch wenn der Nachlaß nicht unter der Verwaltung der Beteiligten steht; er ist dafür haftbar, daß das Schriftstück unverzüglich einem zur Vertretung des Nachlasses Berechtigten ausgehändigt wird.

Ist niemand zur Vertretung eines Verbandes berechtigt, an den eine Zustellung zu erfolgen hat, aber jemand vorhanden, der zur Zusammenberufung derjenigen Personen berechtigt ist, die über die Angelegenheiten des Verbandes zu beschließen haben, so hat die Zustellung an diesen zu erfolgen.

§ 18

Die Zustellung an eine Kommune oder einen anderen Gemeindeverband hat an denjenigen zu erfolgen, dem die Zusammenberufung der Personen obliegt, die für den Gemeindeverband über die Führung der Sache zu beschließen haben; an einen Provinziallandtag (landsting) darf die Zustellung auch durch Aushändigung des Schriftstücks an die Provinzialregierung (länsstyrelsen) erfolgen.

§ 19

Die Zustellung an den Staat hat durch Aushändigung des Schriftstücks an die Provinzialregierung derjenigen Provinz (län) zu erfolgen, in der sich das Gericht befindet, oder auch an eine andere Behörde, falls die Sache des Staates in dem Verfahren von dieser wahrzunehmen ist.

An einen Kreis (härad) oder einen Gerichtssprengel (tingslag) erfolgt die Zustellung dadurch, daß das Schriftstück in den Kirchen der zum Kreis oder Gerichtssprengel gehörenden Gemeinden vorgelesen und an einem der Allgemeinheit zugänglichen Platz in der Geschäftsstelle des Gerichts angeschlagen wird.

§ 20

Hat jemand bei der Unteren Justizrevision schriftlich einen Bevollmächtigten angemeldet, der für ihn zur Entgegennahme von Prozeßladungen oder sonstigen Schriftstücken berechtigt ist, so darf die Zustellung in dem in dieser Anmeldung angegebenen Umfang an den Bevollmächtigten erfolgen.

Die Anmeldung darf nur von dem gemacht werden, der im Zeitpunkt der Anmeldung seinen Wohnsitz innerhalb Schwedens hat; sie hat sich auf einen bestimmten Zeitraum zu beziehen und darf drei Jahre nicht überschreiten. Als Bevollmächtigter darf nur angemeldet werden, wer seinen Wohnsitz innerhalb Schwedens hat. Bei der Anmeldung ist die Postanschrift des Bevollmächtigten anzugeben. Tritt hierin eine Änderung ein, so ist dies anzuzeigen.

Ist jemand auf Grund dieses Paragraphen berechtigt, Zustellungen für eine andere Person entgegenzunehmen, so finden die Bestimmungen der §§ 11 und 12 auf Zustellungen an ihn keine Anwendung, es sei denn, daß sie nicht gemäß § 6 oder § 8 erfolgen können.

§ 21

Hat eine Partei dem Gericht einen Bevollmächtigten für das Verfahren benannt, so soll die Zustellung an diesen erfolgen, wenn er zur Entgegennahme berechtigt ist.

§ 22

Hat eine Partei, die keinen Wohnsitz innerhalb Schwedens hat, dem Gericht keinen Bevollmächtigten benannt, der für sie zur Entgegennahme von Zustellungen berechtigt ist, so hat ihr das Gericht, wenn sie die Sache zum erstenmal führt, aufzugeben, sich einen derartigen Bevollmächtigten zu bestellen und dem Gericht hiervon Anzeige zu machen. Unterläßt sie dies, so darf die Zustellung an sie dadurch erfolgen, daß ihr das Schriftstück durch die Post an ihre letzte bekannte Anschrift zugesandt wird.

§ 23

Ist eine Zustellung nicht in der in diesem Kapitel angegebenen Weise erfolgt, so darf das Gericht eine erneute Zustellung anordnen. Will eine Partei beanstanden, daß eine Zustellung an sie nicht in der vorgeschriebenen Weise erfolgt ist, so hat sie diese Beanstandung so bald wie möglich vorzubringen.

Kap. 32 § 2 trifft Vorschriften darüber, daß eine Sache in bestimmten Fällen, in denen die Zustellung durch Vermittlung der Partei zu erfolgen hat, hinfällig wird.

§ 24

Das Untergericht bestellt die erforderliche Anzahl von Ladungsbeamten (stämningsmän), um Zustellungen in den Fällen vorzunehmen, in denen sie hierzu herangezogen werden. Die Bestellung erfolgt für ein bestimmtes Kalenderjahr oder für einen Teil des Jahres und darf vom Gericht widerrufen werden, wenn Gründe hierfür vorliegen. Der Ladungsbeamte hat bei seiner ersten Bestellung vor Gericht einen Eid abzulegen, daß er die ihm anvertrauten Zustellungsangelegenheiten pflichtgetreu und ohne Nachlässigkeit erledigen wird. Ein ländlicher Polizeibeamter (fjärdingsman) ist ohne besondere Bestellung Ladungsbeamter.

Ein Verzeichnis der zu Ladungsbeamten bestellten Personen ist an der Gerichtstür anzuschlagen und muß der Allgemeinheit auf der Geschäftsstelle des Gerichts zugänglich sein.

§ 25

Die Bescheinigung eines Ladungsbeamten gilt als voller Beweis dafür, daß die Zustellung so vorgenommen ist, wie dies die Bescheinigung angibt. Der gleiche Beweis kommt Bescheinigungen zu, die von einem Schöffen oder von einem Landesvogt, Stadtvogt, Landfiskal, Stadtfiskal oder Notarius publicus oder von einem schwedischen Konsul oder Beamten eines schwedischen Konsulats ausgestellt sind. Dasselbe gilt für die Bescheinigung des Polizeibeamten einer Stadt, in der er die Zustellung im Auftrag seines Vorgesetzten ausgeführt hat, sowie für Bescheinigungen, die entsprechend den vom König erlassenen Bestimmungen von Postbeamten ausgestellt sind. Das schriftliche Anerkenntnis eines Rechtsanwalts über eine an ihn erfolgte Zustellung gilt ebenfalls als voller Beweis für diese.

Eine Bescheinigung, daß die Zustellung an einem Ort des Auslandes erfolgt ist, gilt, wenn die Befugnis des Ausstellers von einem schwedischen oder einem in Schweden tätigen diplomatischen oder konsularen Beamten bescheinigt ist, als voller Beweis dafür, daß die Zustellung so vorgenommen ist, wie dies die Bescheinigung angibt.

§ 26

Eine Partei ist nicht verpflichtet, die Kosten einer durch Vermittlung des Gerichts erfolgten Zustellung zu zahlen, sofern nichts anderes bestimmt ist.

§ 27

Sind in einem Gesetz oder einer Verordnung abweichende Bestimmungen über Zustellungen erlassen, so bleiben diese in Kraft.

Kap. 34
Prozeßhindernisse

§ 1

Die Frage der Hindernisse für die Behandlung eines Verfahrens ist vom Gericht zu behandeln, sobald Veranlassung hierzu vorliegt.

Prozeßhindernisse sind vom Gericht von Amts wegen zu beachten, wenn nichts anderes bestimmt ist.

§ 2

Will eine Partei den Einwand erheben, daß das Gericht für die Behandlung des Verfahrens nicht zuständig ist, so hat sie diesen Einwand vorzubringen, wenn sie ihre Sache zum erstenmal beim Gericht führt. War sie durch gesetzliche Hinderungsgründe an der Erhebung des Einwandes verhindert, so hat sie diesen so bald wie möglich nach Fortfall der Hinderungsgründe geltend zu machen. Unterläßt die Partei innerhalb der genannten Zeit die Erhebung des Einwandes, so wird ihre Berechtigung hierzu hinfällig.

§ 3

Hat eine Partei den im § 2 bezeichneten Einwand rechtzeitig erhoben, so hat das Gericht über ihn so bald wie möglich einen besonderen Beschluß zu erlassen. Wird ein anderes Prozeßhindernis geltend gemacht, so hat das Gericht einen besonderen Beschluß hierüber zu erlassen, wenn die Art des Einwandes dies erfordert.

Dritter Abschnitt

Beweis

Kap. 35

Beweis im allgemeinen

§ 1

Das Gericht hat nach gewissenhafter Prüfung von allem, was sich ergeben hat (av allt, som förekommit), darüber zu entscheiden, was in dem Verfahren bewiesen worden ist.

Die Bestimmungen über die Wirkung bestimmter Beweismittel bleiben in Kraft.

§ 2

Für Umstände, die allgemein bekannt sind, ist kein Beweis zu verlangen.

Ebenso ist kein Beweis für gesetzliche Bestimmungen erforderlich. Sollen ausländische Gesetze maßgebend sein, und ist ihr Inhalt dem Gericht nicht bekannt, so darf dieses jedoch eine Partei ersuchen, Beweise für sie zu erbringen.

§ 3

Gibt eine Partei im Prozeß bestimmte Umstände zu, und handelt es sich um eine Sache, bei der ein Vergleich zugelassen ist, so gilt das Zugeständnis der Partei gegen sie. Widerruft sie ihr Zugeständnis, so entscheidet das Gericht unter Berücksichtigung der für den Widerruf angeführten Gründe und der sonstigen Umstände darüber, welche Beweiswirkung dem Geständnis zukommt.

Handelt es sich nicht um eine Sache der im Abs. 1 genannten Art, so entscheidet das Gericht unter Berücksichtigung der Umstände, welche Beweiswirkung das Zugeständnis besitzt.

§ 4

Unterläßt es eine Partei, sich gemäß dem Gerichtsbeschluß bei Gericht einzufinden oder sonst eine Prozeßhandlung vorzunehmen oder zum Zweck der Ermittlungen gestellte Fragen zu beantworten, so entscheidet das Gericht unter Berücksichtigung von allem, was sich ergeben hat, darüber, welche Beweiswirkung dem Verhalten der Partei zukommt.

§ 5

Handelt es sich um die Schätzung eines eingetretenen Schadens, und kann voller Beweis hierüber gar nicht oder nur unter Schwierigkeiten geführt werden, so darf das Gericht den Schaden mit einem angemessenen Betrag schätzen.

§ 6

Den Parteien liegt es ob, für die Beweisführung Sorge zu tragen. Das Gericht darf auch von Amts wegen Beweise erheben, wenn es dies für erforderlich hält. Handelt es sich um eine Sache, bei der ein Vergleich zugelassen ist, oder um die

Strafbarkeit einer Handlung, wegen deren keine öffentliche Anklage zu erheben ist, so darf das Gericht jedoch ohne Ersuchen einer Partei keine Zeugen vernehmen, die nicht vorher auf Grund eines Parteiantrages vernommen worden sind, oder eine Auflage zur Vorlegung von Beweisurkunden erlassen.

§ 7

Findet das Gericht, daß Umstände, für die eine Partei Beweis erbringen will, für das Verfahren nicht erheblich oder daß angebotene Beweise nicht erforderlich sind oder offenbar wirkungslos bleiben würden, so darf die Beweisaufnahme nicht zugelassen werden. Das Gericht darf ferner angebotene Beweise ablehnen, wenn es findet, daß sich die Beweiserhebung mit erheblich geringeren Schwierigkeiten oder Kosten auf andere Weise durchführen läßt.

§ 8

Wird eine Hauptverhandlung abgehalten, so sind die Beweise während dieser zu erheben, sofern sie nach den hierüber ergangenen Bestimmungen nicht außerhalb der Hauptverhandlung erhoben werden dürfen. Wird keine Hauptverhandlung abgehalten oder sind sonst Beweise außerhalb der Hauptverhandlung zu erheben, so dürfen sie bei dem gleichen oder bei einem anderen Gericht erhoben werden.

§ 9

Sind Beweise außerhalb der Hauptverhandlung zu erheben, so sind die Parteien hierzu zu laden. Ist in einem Strafverfahren der Angeklagte festgenommen oder verhaftet, und erscheint seine Anwesenheit erforderlich, so ordnet das Gericht seine Vorführung an. Bleibt eine Partei aus, so dürfen die Beweise trotzdem erhoben werden.

§ 10

Beschließt das Gericht, daß Beweise von einem anderen inländischen Gericht zu erheben sind, so hat es an dieses ein entsprechendes Ersuchen zu richten und hierbei den Sachverhalt kurz wiederzugeben, sowie die Beweismittel und den Beweisgegenstand anzugeben. Bei seinem Ersuchen hat das Gericht die Akten des Verfahrens beizufügen, wenn dies angebracht erscheint und Hindernisse dem nicht entgegenstehen.

§ 11

Das Gericht, das um die Erhebung von Beweisen ersucht ist, hat Zeit und Ort der Beweisaufnahme festzusetzen. Ihm stehen hierbei die gleichen Befugnisse zu, wie wenn der Prozeß bei ihm geführt würde.

Das Protokoll über die Beweisaufnahme ist zusammen mit allen dem Gericht übersandten oder sonst zu der Sache gehörigen Schriftstücken dem Gericht zu übermitteln, bei dem der Prozeß geführt wird.

§ 12

Über die Erhebung von Beweisen im Ausland ist besonderes bestimmt[12].

§ 13

Beweise, die außerhalb der Hauptverhandlung erhoben worden sind, sind auch in ihr zu erheben, wenn dies für das Verfahren erheblich erscheint und die Hindernisse hierfür nicht mehr vorliegen.

Sind in einem Verfahren, in dem ein Rechtsmittel bei einem höheren Gericht eingelegt ist, beim unteren Gericht Zeugen oder Sachverständige oder Parteien unter Versicherung der Wahrheit vernommen oder ist ein Lokaltermin abgehalten worden, so ist die erneute Beweisaufnahme nicht erforderlich, es sei denn, daß das höhere Gericht diese für die Ermittlungen für erheblich hält oder daß eine Partei sie beantragt und die Erhebung nicht unerheblich erscheint. Beim Obersten Gerichtshof dürfen solche Beweise jedoch nur dann von neuem erhoben werden, wenn besondere Gründe hierfür vorliegen.

Werden Beweise nicht von neuem erhoben, so sind sie an Hand des Protokolls und anderer Aufzeichnungen über die Beweisaufnahme wiederzugeben.

§ 14

Auf eine Erklärung, die jemand anläßlich eines bereits eingeleiteten oder bevorstehenden Prozesses schriftlich abgegeben hat, oder auf die Aufzeichnung einer Aussage, die aus Anlaß eines solchen Prozesses vor dem Ankläger oder der Polizeibehörde oder sonst außerhalb des Gerichts gemacht worden ist, darf nicht als Beweismittel Bezug genommen werden, wenn dies nicht besonders gestattet ist oder das Gericht die Zulassung auf Grund besonderer Umstände für richtig erachtet.

Kap. 36

Zeugen

§ 1

Jeder, der in dem Verfahren nicht Partei ist, darf als Zeuge vernommen werden. Der Verletzte darf jedoch in einem Strafverfahren auch dann nicht als Zeuge aussagen, wenn er keine Anklage oder Klage führt.

§ 2

Wird ein Mitglied des Gerichts als Zeuge benannt, so hat er bei seinem Richtereid zu prüfen, ob er etwas weiß, das der Aufklärung des Verfahrens dienen kann. Bejaht er dies, so darf er als Zeuge vernommen werden.

[12] Gesetz vom 20. 12. 1946 über Beweiserhebungen bei ausländischen Gerichten. Für Beweiserhebungen für ausländische Gerichte gilt ein besonderes Gesetz vom gleichen Tage.

§ 3

Wer mit einer Partei verheiratet ist oder war oder mit ihr verlobt oder in gerade auf- oder absteigender Linie verwandt oder verschwägert oder mit ihr verschwistert oder in der Weise mit ihr verschwägert ist, daß der eine mit Geschwistern des anderen verheiratet ist oder war, oder wer zu einer Partei im Adoptivverhältnis steht, ist nicht verpflichtet, eine Zeugenaussage zu machen.

Steht jemand zu dem Vertreter einer Partei in dem genannten Verhältnis, so darf er sich deshalb seiner Zeugnispflicht nicht entziehen.

§ 4

Ist eine als Zeuge benannte Person noch nicht fünfzehn Jahre alt oder leidet sie an Geisteskrankheit, Geistesschwäche oder einer sonstigen Störung der Geistestätigkeit, so entscheidet das Gericht mit Rücksicht auf die Umstände, ob sie als Zeuge vernommen werden darf.

§ 5

Beamte, öffentliche Angestellte oder andere Personen, die dazu bestellt oder gewählt sind, in Angelegenheiten des öffentlichen Dienstes tätig zu sein oder sonstige öffentliche Ämter auszuüben, dürfen nicht als Zeugen über etwas vernommen werden, über das sie auf Grund ihrer Stellung Stillschweigen zu bewahren haben.

In gleicher Weise dürfen Rechtsanwälte, Ärzte, Hebammen oder deren Gehilfen nicht über Umstände vernommen werden, die ihnen auf Grund ihrer Stellung anvertraut worden sind oder die sie im Zusammenhang hiermit erfahren haben, sofern dies nicht gesetzlich gestattet ist oder derjenige seine Zustimmung erteilt, zu dessen Gunsten die Schweigepflicht gilt.

Prozeßbevollmächtigte, Beistände oder Verteidiger dürfen nicht als Zeugen über Umstände vernommen werden, die ihnen zur Ausführung ihres Auftrages anvertraut sind, wenn die Partei nicht die Bekanntgabe gestattet.

Ohne Rücksicht auf das in Abs. 2 oder 3 Gesagte sind alle anderen Personen mit Ausnahme des Verteidigers verpflichtet, in Verfahren wegen strafbarer Handlungen auszusagen, für die keine mildere Strafe als Strafarbeit von zwei Jahren verhängt werden kann.

Über die Schweigepflicht der Geistlichen ist besonderes bestimmt[13].

§ 6

Ein Zeuge darf die Aussage über Umstände verweigern, deren Bekanntgabe offenbaren würde, daß er selbst oder einer seiner Angehörigen im Sinne des § 3 eine strafbare oder unehrenhafte Handlung begangen hat. Der Zeuge darf sich

[13] Vgl. Kirchengesetz Kap. 7 § 2.

ferner weigern, eine Aussage zu machen, durch die ein Berufsgeheimnis offenbart werden würde, sofern nicht ein besonderer Anlaß dafür vorliegt, daß der Zeuge hierüber vernommen wird.

§ 7

Ist jemand, der als Zeuge zu vernehmen ist, bei Gericht anwesend, so ist er verpflichtet, sofort als Zeuge auszusagen. In anderen Fällen ist ein Zeuge schriftlich zu laden.

Die Zeugenladung hat Angaben über die Parteien und das Verfahren sowie über Zeit und Ort des Termins zu enthalten, ferner ist kurz anzugeben, worauf sich die Zeugenvernehmung bezieht. Gleichzeitig ist auf den Inhalt der §§ 20, 23 und 25 hinzuweisen.

§ 8

Das Gericht darf dem als Zeugen zu Vernehmenden aufgeben, seine Kenntnis des Beweisgegenstandes vor der Vernehmung dadurch aufzufrischen, daß er ihm zugängliche Rechnungsbücher, Aufzeichnungen oder sonstige Schriftstücke prüft oder einen Ort oder einen Gegenstand besichtigt, sofern dies ohne erhebliche Schwierigkeiten für den Zeugen geschehen kann.

§ 9

Ein Zeuge darf vor seiner Vernehmung bei der Verhandlung nicht anwesend sein, sofern nicht besondere Gründe hierfür vorliegen.

Sind in einem Verfahren mehrere Zeugen vorhanden, so ist jeder einzeln zu vernehmen. Erscheinen die Aussagen der Zeugen unklar oder widerspruchsvoll oder liegen sonst besondere Gründe für eine Gegenüberstellung der Zeugen vor, so darf eine solche erfolgen.

§ 10

Bevor eine Zeugenvernehmung erfolgt, hat das Gericht den Zeugen über seinen vollständigen Namen, sein Alter, seinen Beruf und seinen Wohnsitz zu befragen, sowie zu versuchen, festzustellen, ob er zu einer Partei oder zu der Sache in einem Verhältnis steht, das für die Beurteilung der Glaubwürdigkeit seiner Bekundungen erheblich sein kann, oder ob sonst in dieser Hinsicht Umstände von Bedeutung vorliegen.

Steht der Zeuge zu einer Partei in einem Verhältnis der im § 3 bezeichneten Art, so ist er darauf hinzuweisen, daß er nicht zur Aussage verpflichtet ist.

§ 11

Bevor der Zeuge seine Aussage macht, hat er mit der Hand auf der Heiligen Schrift folgenden Eid abzulegen:

„Ich N. N. gelobe und versichere vor Gott dem Allmächtigen und bei seinem heiligen Worte, daß ich die reine Wahrheit sagen und nichts verschweigen, hinzufügen oder verändern werde.“

§ 12

Erklärt der Zeuge, daß er auf Grund seiner religiösen Anschauungen Bedenken gegen die Ablegung des Zeugeneides hat, so darf ihm das Gericht, wenn anzunehmen ist, daß seine Bedenken ernsthaft begründet sind, gestatten, statt dessen folgende Versicherung abzugeben:

„Ich N. N. gelobe und versichere auf Ehre und Gewissen, daß ich die reine Wahrheit sagen und nichts verschweigen, hinzufügen oder verändern werde.“

Ein Zeuge darf diese Versicherung ferner an Stelle des Eides abgeben, wenn beide Parteien dem zustimmen und dies nach Ansicht des Gerichts gestattet werden kann.

Gehört ein Zeuge nicht dem christlichen oder mosaischen Glauben an, so hat er an Stelle des Eides die Versicherung abzugeben.

§ 13

Ein Eid darf nicht abgelegt oder eine Versicherung nicht abgegeben werden von

1. einer Person, die noch nicht fünfzehn Jahre alt ist;
2. einer Person, der auf Grund von Geisteskrankheit, Geistesschwäche oder einer sonstigen Störung der Geistestätigkeit die erforderliche Einsicht für die Bedeutung eines Eides oder einer Versicherung zu fehlen scheint.

Ebenso darf in Strafverfahren von einem Angehörigen des Angeklagten im Sinne des § 3 ein Eid nicht abgelegt oder eine Versicherung nicht abgegeben werden.

§ 14

Bevor der Zeuge vernommen wird, hat ihn das Gericht auf seine Wahrheitspflicht und, wenn er einen Eid abgelegt oder eine Versicherung abgegeben hat, auch auf deren Bedeutung hinzuweisen. Liegen Gründe hierfür vor, so ist der Zeuge gleichzeitig auf den Inhalt der §§ 5 und 6 hinzuweisen.

§ 15

Jeder Zeuge hat einzeln den Eid abzulegen oder die Versicherung abzugeben.

Ein Zeuge, der in einem Verfahren erneut vernommen wird, darf unter Berufung auf den vorher abgelegten Eid oder die vorher abgegebene Versicherung aussagen. Er ist vom Gericht darauf hinzuweisen, daß dieser Eid oder diese Versicherung weiter für ihn bindend ist.

§ 16

Der Zeuge hat seine Aussage mündlich zu machen. Auf schriftliche Zeugenaussagen darf nicht Bezug genommen werden; dem Zeugen darf jedoch gestattet werden, schriftliche Aufzeichnungen als Gedächtnishilfe zu benutzen.

Bei der Zeugenvernehmung dürfen schriftliche Aufzeichnungen über das, was der Zeuge früher vor Gericht oder vor dem Ankläger oder der Polizeibehörde bekundet hat, nur dann verlesen werden, wenn seine Aussage bei der Vernehmung von der früheren Aussage abweicht oder wenn er bei seiner Vernehmung erklärt, daß er sich nicht äußern kann oder will.

§ 17

Der Zeuge wird vom Gericht vernommen. Mit Genehmigung des Gerichts darf er jedoch von den Parteien vernommen werden. Hierbei ist er zuerst von der Partei, die ihn als Zeugen benannt hat, und dann von dem Gegner zu vernehmen.

Der Zeuge soll ersucht werden, seine Aussage zusammenhängend zu machen. Ist diese erfolgt, so dürfen das Gericht und die Parteien Fragen an ihn stellen. Der Zeuge soll, wenn dies aus seiner Aussage nicht hervorgeht, befragt werden, wie er Kenntnis von dem erhielt, worüber er sich geäußert hat.

Fragen, die durch ihren Inhalt, ihre Form oder die Art ihrer Stellung zu einer bestimmten Antwort auffordern, dürfen nicht gestellt werden, sofern nicht besondere Gründe dies veranlassen. Das Gericht hat Fragen zurückzuweisen, die offensichtlich nicht zur Sache gehören, verwirrend oder sonst ungebührlich sind.

§ 18

Liegt Anlaß zu der Annahme vor, daß ein Zeuge in Gegenwart einer Partei aus Furcht oder sonstigen Ursachen nicht frei die Wahrheit sagt, oder hindert eine Partei den Zeugen bei seiner Aussage dadurch, daß sie ihm ins Wort fällt, oder in anderer Weise, so ist das Gericht berechtigt zu bestimmen, daß die Partei während der Vernehmung nicht anwesend sein darf.

Nachdem die Partei wieder hereingerufen ist, ist die Aussage des Zeugen zu verlesen; die Partei ist hierauf berechtigt, Fragen an den Zeugen zu stellen.

§ 19

Ist ein Zeuge krankheitshalber, wegen Aufenthalts an einem entfernten Ort oder wegen anderer Ursachen außerstande, sich bei der Hauptverhandlung einzufinden, oder ergibt sich, daß das Erscheinen des Zeugen unangemessene Kosten oder besondere Ungelegenheiten mit sich führen würde, so darf seine Vernehmung auf Grund eines Beschlusses des Gerichts außerhalb der Hauptverhandlung erfolgen. Kann sich ein Zeuge krankheitshalber nicht einfinden, so ist er an seinem Aufenthaltsort zu vernehmen.

§ 20

Bleibt ein geladener Zeuge aus, so ist er zu einer Geldstrafe zu verurteilen. Wird das Verfahren auf einen anderen Tag vertagt, so darf dem Zeugen bei Vermeidung einer Zwangsstrafe aufgegeben werden, sich an diesem Tage einzufinden. Bleibt er von neuem aus, so ist er zur Zahlung einer Zwangsstrafe oder, falls keine Zwangsstrafe angedroht war, zu einer Geldstrafe zu verurteilen.

Ein Zeuge, der nicht anwesend ist, wenn das Verfahren zur Verhandlung kommt, darf auf Grund eines Gerichtsbeschlusses zu diesem Prozeßtermin vorgeführt werden. Wird der Zeuge an diesem nicht vorgeführt, und erfolgt keine Androhung einer Zwangsstrafe, so darf das Gericht bestimmen, daß er zu einem späteren Prozeßtermin vorgeführt wird. Ist der Zeuge dem Gericht vorgeführt worden, so ist ihm keine Geld- oder Zwangsstrafe aufzuerlegen, weil er es unterlassen hatte, sich zu diesem Prozeßtermin einzufinden.

§ 21

Weigert sich der Zeuge ohne triftigen Grund, einen Eid abzulegen oder eine Versicherung abzugeben oder seine Zeugenaussage zu machen oder Fragen zu beantworten oder Auflagen im Sinne des § 8 zu beachten, so hat ihm das Gericht bei Vermeidung einer Zwangsstrafe und, falls er sich hierdurch nicht beeinflussen läßt, bei Vermeidung von Haft die Erfüllung seiner Verpflichtung aufzugeben. Aus der genannten Veranlassung darf niemand länger als drei Monate und keinesfalls länger als bis zur Beendigung des Verfahrens in Haft gehalten werden. Ein Zeuge, der sich in Haft befindet, ist dem Gericht spätestens an jedem vierzehnten Tage vorzuführen.

§ 22

Auf einen Zeugen der im § 13 Abs. 1 genannten Art sind die Vorschriften der §§ 20 und 21 nicht anzuwenden, doch darf ein derartiger Zeuge dem Gericht vorgeführt werden.

Verzichtet derjenige, der einen Zeugen benannt hat, auf dessen Vernehmung oder wird die Vernehmung sonst hinfällig, so dürfen nach diesem Zeitpunkt keine Strafen oder Zwangsmittel gemäß §§ 20 oder 21 auferlegt oder angewandt werden.

§ 23

Macht sich ein Zeuge einer Nachlässigkeit oder eines Versäumnisses der in den §§ 20 oder 21 bezeichneten Art schuldig, und werden hierdurch für eine Partei Prozeßkosten verschuldet, so darf ihn das Gericht auch ohne Stellung eines entsprechenden Antrags zur Erstattung der Kosten in angemessen erscheinendem Umfang verpflichten. Ist auch eine Partei vom Gericht verpflichtet worden, dem Gegner derartige Kosten zu erstatten, und hat diese den Erstattungsbetrag gezahlt, so ist sie berechtigt, von dem Zeugen die Summe zu verlangen, die er zu zahlen verpflichtet worden ist.

Die genannten Bestimmungen über die Verpflichtung eines Zeugen zur Erstattung der Kosten einer Partei finden auf die Kosten, die für die Staatskasse verursacht sind, entsprechende Anwendung.

§ 24

Der Zeuge hat entsprechend dem Betrag, den das Gericht für angemessen erachtet, einen Anspruch auf Erstattung seiner notwendigen Kosten für Fahrt und Aufenthalt sowie für seinen Zeitverlust.

Der Erstattungsbetrag für einen Zeugen, der von einer privaten Partei benannt ist, ist von dieser zu zahlen. Hat das Gericht den Zeugen von Amts wegen geladen, und handelt es sich um eine Sache, bei der ein Vergleich zugelassen oder um die Bestrafung einer Handlung, wegen deren keine öffentliche Anklage zu erheben ist, so ist der Erstattungsbetrag von den Parteien, von einer für beide und von beiden für eine, zu zahlen. In anderen Fällen ist die Erstattung aus öffentlichen Mitteln zu zahlen.

Für die Festsetzung einer Erstattung, die aus öffentlichen Mitteln zu zahlen ist, gelten die hierüber erlassenen Bestimmungen.

§ 25

Wer als Zeuge geladen ist, ist berechtigt, die Erstattung der Kosten von Fahrt und Aufenthalt vorschußweise zu erhalten. Der Vorschuß ist von dem zu entrichten, der den Erstattungsbetrag gemäß § 24 an den Zeugen zu zahlen hat. Die Höhe des Vorschusses wird vom Gericht bestimmt.

Unterläßt es eine Partei, die zur Zahlung des Vorschusses an den Zeugen verpflichtet ist, den Vorschußbetrag der Aufforderung gemäß zu zahlen, so darf sie später nicht mehr um Vernehmung des Zeugen ersuchen, wenn hierdurch eine Verzögerung des Verfahrens verursacht werden würde.

Der König erläßt nähere Bestimmungen über die Vorschußzahlungen.

Kap. 37

Parteivernehmung unter Versicherung der Wahrheit

§ 1

In Zivilsachen darf zur Beweiserbringung die Vernehmung einer Partei oder beider Parteien unter Versicherung der Wahrheit erfolgen.

Eine Partei darf sowohl für sich selbst wie für den Gegner um Vernehmung unter Versicherung der Wahrheit ersuchen.

§ 2

Wer gemäß Kap. 36 § 13 Abs. 1 keinen Zeugeneid ablegen darf, darf nicht unter Versicherung der Wahrheit vernommen werden.

§ 3

Bevor eine Partei ihre Bekundung macht, hat sie folgende Versicherung abzugeben:

„Ich N. N. gelobe und versichere auf Ehre und Gewissen, daß ich die reine Wahrheit sagen und nichts verschweigen, hinzufügen oder verändern werde."

Nachdem die Partei die Versicherung abgegeben hat, hat das Gericht sie auf deren Bedeutung hinzuweisen.

§ 4

Stehen dem Erscheinen einer Partei bei der Hauptverhandlung besondere Hindernisse entgegen, so darf ihre Vernehmung auf Grund eines Beschlusses des Gerichts außerhalb der Hauptverhandlung erfolgen. Kann sich eine Partei infolge von Krankheit nicht einfinden, so darf sie an ihrem Aufenthaltsort vernommen werden.

§ 5

Auf die Parteivernehmung unter Versicherung der Wahrheit sind im übrigen die Bestimmungen des Kap. 36 §§ 5, 6 und 7 Abs. 1 sowie der §§ 15—18 über die Zeugenvernehmung entsprechend anzuwenden.

Kap. 38
Urkundenbeweis

§ 1

Eine Urkunde (skriftlig handling), auf die als Beweismittel Bezug genommen wird, soll in Urschrift vorgelegt werden. Erscheint es ausreichend oder ist die Urschrift nicht zugänglich, so darf ein derartiges Schriftstück in beglaubigter Abschrift eingereicht werden.

Enthält ein Schriftstück auch Angaben, zu deren Bekanntgabe sein Inhaber gemäß § 2 nicht berechtigt oder verpflichtet ist oder die sonst nicht offenbart werden sollen, so darf er an Stelle des Schriftstücks einen beglaubigten Auszug aus ihm vorlegen.

§ 2

Ist jemand im Besitz einer Urkunde, von der anzunehmen ist, daß sie als Beweismittel von Bedeutung ist, so ist er zu ihrer Vorlegung verpflichtet; in Strafverfahren liegt jedoch dem Beschuldigten oder einem seiner Angehörigen im Sinne des Kap. 36 § 3 keine derartige Verpflichtung ob.

Eine Partei oder einer ihrer Angehörigen der genannten Art ist nicht verpflichtet, einen Schriftwechsel zwischen ihr und einem Angehörigen oder zwischen Angehörigen untereinander vorzulegen. Beamte oder andere Personen der in Kap. 36 § 5 genannten Art dürfen keine Urkunden vorlegen, wenn hinsichtlich ihres Inhalts anzunehmen ist, daß sie nicht als Zeugen darüber vernommen werden dürfen. Ist eine Partei, zu deren Gunsten die Schweigepflicht gilt, im Besitz des Schriftstücks, so ist sie zu seiner Vorlegung nicht verpflichtet. Die Bestimmungen des Kap. 36 § 6 über das Recht des Zeugen auf Aussageverweigerung finden auf den Besitzer einer Urkunde, die den in der genannten gesetzlichen Bestimmung angegebenen Inhalt hat, entsprechende Anwendung.

Die Verpflichtung zur Vorlegung von Urkunden gilt nicht für Notizen oder andere Aufzeichnungen, die ausschließlich für den persönlichen Gebrauch bestimmt sind, wenn kein besonderer Anlaß für ihre Vorlegung gegeben ist.

§ 3

Ist der Besitzer einer Urkunde auf Grund eines zwischen ihm und einer Partei bestehenden Rechtsverhältnisses oder sonst auf Grund gesetzlicher Bestimmungen verpflichtet, das Schriftstück herauszugeben oder Dritten die Kenntnisnahme zu gestatten, so gilt dies auch für die Verpflichtung zur Vorlegung des Schriftstücks im Prozeß.

§ 4

Ist jemand verpflichtet, eine Urkunde als Beweismittel vorzulegen, so ist das Gericht berechtigt, ihm die Vorlegung aufzugeben. Einer Person, die die Auflage betreffen würde, ist Gelegenheit zur Äußerung zu geben. Zur Entscheidung dieser Frage darf sie auf Grund der Bestimmungen der Kap. 36 oder 37 vernommen, sowie ein anderer Beweis erhoben werden.

§ 5

Die Auflage, eine Urkunde vorzulegen, hat die Angabe zu enthalten, wo und wie das Schriftstück zur Verfügung zu stellen ist. Wer das Schriftstück vorzulegen hat, darf durch eine Zwangsstrafe zur Erfüllung dieser Verpflichtung angehalten werden. Das Gericht ist auch zu der Anordnung berechtigt, daß das Schriftstück unter Mitwirkung des Vollstreckungsbeamten zur Verfügung zu stellen ist, wenn dies angebrachter erscheint.

§ 6

Stehen der Erhebung eines Urkundenbeweises in der Hauptverhandlung besondere Hindernisse entgegen, so darf der Beweis auf Grund eines Gerichtsbeschlusses außerhalb der Hauptverhandlung erhoben werden.

§ 7

Hat jemand, der nicht Partei ist, auf Ersuchen einer Partei oder des Gerichts eine Urkunde zur Verfügung gestellt, so hat er Anspruch auf die Erstattung von Kosten und Mühe entsprechend dem Betrag, den das Gericht für angemessen erachtet.

Ist die Vorlegung des Schriftstücks von einer privaten Partei veranlaßt worden, so ist der Erstattungsbetrag von dieser zu zahlen. Andernfalls ist die Erstattung aus öffentlichen Mitteln zu entrichten.

§ 8

Für die Vorlegung von öffentlichen Schriftstücken, die bei einer Staats- oder Kommunalbehörde verwahrt werden, gelten die hierüber erlassenen Bestimmungen. Sind sonst über die Verpflichtung zur Vorlegung von Urkunden abweichende Bestimmungen ergangen, so bleiben diese in Kraft.

Kap. 39
Augenscheinseinnahme

§ 1

Zur Besichtigung eines Grundstücks oder eines für den Transport zum Gericht nicht geeigneten Gegenstandes oder eines Ortes, an dem ein bestimmtes Ereignis geschehen ist, darf das Gericht einen Lokaltermin abhalten.

Bei einer Augenscheinseinnahme darf ein Berufsgeheimnis nicht beeinträchtigt werden, wenn nicht besondere Veranlassung hierfür vorliegt.

§ 2

Ist es mit Rücksicht auf die Art des Gegenstandes oder aus anderen Gründen von besonderer Bedeutung, daß eine Augenscheinseinnahme vor der Hauptverhandlung erfolgt, oder ist es sonst nicht angebracht, daß eine Augenscheinseinnahme in der Hauptverhandlung geschieht, so darf sie auf Grund eines Gerichtsbeschlusses außerhalb der Hauptverhandlung erfolgen.

§ 3

Auch bei einer Augenscheinseinnahme, die außerhalb der Hauptverhandlung erfolgt, dürfen andere Beweise erhoben werden, wenn dies zur Erfüllung des Zwecks des Augenscheins erforderlich erscheint.

§ 4

Handelt es sich um eine Sache, bei der ein Vergleich zugelassen ist, oder um die Strafbarkeit einer Tat, derentwegen keine öffentliche Anklage zu erheben ist, so sind die Kosten einer Augenscheinseinnahme von den Parteien, von einer für beide und von beiden für eine, zu zahlen, oder, wenn die Abhaltung der Augenscheinseinnahme nur von einer Partei veranlaßt worden ist, von dieser allein. In anderen Fällen sind die Kosten aus öffentlichen Mitteln zu zahlen.

Eine Partei, die nach dem Gesagten die Kosten einer Augenscheinseinnahme zu tragen hat, ist zu einer vorschußweisen Zahlung der Erstattungskosten in Höhe eines vom Gericht zu bestimmenden Betrages verpflichtet.

§ 5

Ist jemand im Besitz eines Gegenstandes, der ohne Schwierigkeiten zum Gericht gebracht werden kann und von dem anzunehmen ist, daß er als Beweismittel von Bedeutung ist, so ist er verpflichtet, ihn zur Augenscheinseinnahme zur Verfügung zu stellen; in Strafverfahren liegt jedoch dem Beschuldigten oder demjenigen, der zu ihm in einem Verhältnis der im Kap. 36 § 3 bezeichneten Art steht, keine derartige Verpflichtung ob. Die Bestimmungen des Kap. 36 § 6 über das Recht des Zeugen auf Aussageverweigerung finden entsprechende Anwendung auf das Recht der Partei oder Dritter, die Vorlegung von Gegenständen zur Augenscheinseinnahme zu verweigern. Für die

Verpflichtung, Urkunden zur Augenscheinseinnahme vorzulegen, gelten die Bestimmungen des Kap. 38 § 2.

Die Bestimmungen des Kap. 38 §§ 3—8 finden auf Gegenstände oder Urkunden, die für eine Augenscheinseinnahme zur Verfügung zu stellen sind, entsprechende Anwendung.

Kap. 40
Sachverständige

§ 1

Erscheint zur Entscheidung einer Frage, deren Beurteilung besondere Fachkenntnisse verlangt, die Heranziehung eines Sachverständigen erforderlich, so darf das Gericht über diese Frage das Gutachten einer Behörde, eines Beamten oder anderer Personen einholen, die zur Erstattung von Gutachten auf diesem Gebiet bestellt sind, oder auch eine oder mehrere Personen, deren Rechtschaffenheit und deren Befähigung auf diesem Gebiet bekannt sind, mit der Erstattung eines Gutachtens beauftragen.

§ 2

Sachverständiger darf nicht sein, wer zu der Sache oder zu einer der Parteien in einem derartigen Verhältnis steht, daß seine Zuverlässigkeit als hierdurch beeinträchtigt angesehen werden kann.

§ 3

Bevor ein Sachverständiger ausgewählt wird, soll den Parteien Gelegenheit gegeben werden, sich hierzu zu äußern. Einigen sich die Parteien auf einen Sachverständigen, so ist dieser heranzuziehen, wenn er geeignet erscheint und Hindernisse dem nicht entgegenstehen; das Gericht ist jedoch berechtigt, neben ihm noch eine andere Person auszuwählen.

§ 4

Wer nicht von Amts wegen die Pflicht hat, als Sachverständiger mitzuwirken, oder zur Erstattung von Gutachten bestellt ist, ist nicht ohne eigene Übernahme zur Ausführung eines Sachverständigenauftrags verpflichtet. Hat jemand einen derartigen Auftrag übernommen, so darf er sich jedoch dessen Ausführung nicht ohne triftigen Grund entziehen. Der Sachverständige ist jedoch nicht verpflichtet, ein Berufsgeheimnis zu offenbaren, wenn kein besonderer Anlaß hierfür vorliegt.

§ 5

Erscheint es zur Erlangung einer Auskunft über Umstände, die für die Aufgabe des Sachverständigen erheblich sind, erforderlich, daß vor der Hauptverhandlung eine Partei oder andere Personen vernommen werden oder sonstige Ermittlungen vor Gericht erfolgen, so darf das Gericht dies anordnen. Für die Erhebung der Beweise gelten die entsprechenden Bestimmungen über Beweisaufnahmen außerhalb der Hauptverhandlung.

Ist die Besichtigung eines Grundstücks oder eines zum Transport nicht geeigneten Gegenstandes oder eines Ortes erforderlich, an dem ein bestimmtes Ereignis geschehen ist, so darf das Gericht die Besichtigung an Ort und Stelle durch den Sachverständigen anordnen. Bei der Besichtigung darf ein Berufsgeheimnis nicht beeinträchtigt werden, wenn das Gericht nicht eine besondere Veranlassung hierfür für gegeben hält.

Das Gericht ist zu der Anordnung berechtigt, daß dem Sachverständigen Gegenstände, zu deren Vorlegung bei Gericht der Inhaber gemäß Kap. 39 § 5 verpflichtet ist, zur Prüfung zur Verfügung zu stellen sind.

§ 6

Erscheint es angebracht, daß die Parteien bei der von einem Sachverständigen vorzunehmenden Besichtigung zugegen sind, so darf das Gericht bestimmen, daß sie hierzu durch Vermittlung des Sachverständigen zu laden sind. Ist eine Partei geladen, so darf ihr Ausbleiben kein Hindernis für die Ausführung der Maßnahme bilden.

Über die Ausführung der Maßnahme ist ein Protokoll aufzunehmen, in dem die hierbei Anwesenden und der Verlauf der Maßnahme aufzuzeichnen sind.

§ 7

Für die Gutachten einer Behörde, eines Beamten oder anderer Personen, die zur Erstattung von Gutachten bestellt sind, gelten die hierüber erlassenen oder hierfür üblichen Bestimmungen.

Andere Sachverständige haben ein schriftliches Gutachten zu erstatten, wenn das Gericht nichts anderes bestimmt. Das Gericht hat eine bestimmte Frist zu setzen, innerhalb deren das Gutachten abzuliefern ist.

Das Gutachten hat die Gründe und Umstände anzugeben, auf die das darin abgegebene Urteil gestützt wird.

Ist das Gutachten beim Gericht eingegangen, so ist es den Parteien zugänglich zu machen.

§ 8

Hat sich ein Sachverständiger schriftlich geäußert, so ist er auch mündlich zu vernehmen, wenn eine Partei dies beantragt und seine Vernehmung nicht offensichtlich bedeutungslos ist oder wenn das Gericht dies sonst für erforderlich hält. Ist das Gutachten von einer Behörde, einer Akademie oder einer sonstigen öffentlichen Körperschaft erstattet worden, so darf derjenige oder dürfen diejenigen, die an der Abgabe des Gutachtens teilgenommen haben, nicht mündlich vernommen werden, wenn dies nicht für unumgänglich notwendig befunden wird. Haben mehrere Personen an der Erstattung des Gutachtens teilgenommen, so darf für jede Meinung nur ein Vertreter geladen werden.

§ 9

Ein Sachverständiger, der mündlich vernommen wird, hat, bevor er seine Bekundung macht, mit der Hand auf der Heiligen Schrift folgenden Eid abzulegen:

„Ich N. N. gelobe und versichere bei Gott dem Allmächtigen und bei seinem heiligen Worte, daß ich den mir übertragenen Sachverständigenauftrag nach bestem Können ausführen werde.“

Hat der Sachverständige bei seiner Vernehmung das Gutachten schon erstattet, so ist die Eidesformel diesem Umstand anzupassen.

Nachdem der Sachverständige den Eid abgelegt hat, hat ihn das Gericht auf die Bedeutung des Eides hinzuweisen.

Für die Ersetzung des Eides durch eine Versicherung auf Ehre und Gewissen gelten die Bestimmungen über den Zeugeneid.

§ 10

Wird ein Sachverständiger mündlich vernommen, so findet seine Vernehmung durch das Gericht statt. Mit Genehmigung des Gerichts darf der Sachverständige jedoch von den Parteien vernommen werden. Das Gericht und die Parteien sind berechtigt, an den Sachverständigen Fragen zu richten.

Das Gericht hat Fragen zurückzuweisen, die offensichtlich nicht zur Sache gehören oder verwirrend oder sonst ungebührlich sind.

Hat der Sachverständige ein schriftliches Gutachten erstattet, so darf dieses ganz oder teilweise verlesen werden, wenn das Gericht dies für angebracht hält.

§ 11

Die Bestimmungen des Kap. 36 § 7 Abs. 1, § 9 Abs. 2 sowie der §§ 15, 18 und 19 über den Zeugen sind entsprechend auf den Sachverständigen anzuwenden.

§ 12

Unterläßt es jemand, der die Sachverständigentätigkeit übernommen hat, das schriftliche Gutachten ohne triftigen Grund innerhalb der gesetzlichen Frist einzureichen, so darf ihm das Gericht die Einreichung des Gutachtens bei Vermeidung einer Zwangsstrafe aufgeben.

§ 13

Bleibt ein zur Vernehmung geladener Sachverständiger aus, so ist er zu einer Geldstrafe zu verurteilen. Wird das Verfahren auf einen anderen Tag vertagt, so darf dem Sachverständigen bei Vermeidung einer Zwangsstrafe auferlegt werden, sich an diesem Tage einzufinden.

§ 14

Weigert sich der Sachverständige ohne triftigen Grund, einen Eid abzulegen oder eine Versicherung abzugeben oder Bekundungen zu machen oder Fragen zu beantworten, so hat ihm das Gericht die Erfüllung seiner Verpflichtung bei Vermeidung einer Zwangsstrafe aufzugeben.

§ 15

Wird die Beauftragung des Sachverständigen widerrufen oder wird seine Heranziehung sonst hinfällig, so dürfen ihm nach diesem Zeitpunkt keine Strafen gemäß §§ 12, 13 oder 14 auferlegt oder Zwangsmittel gegen ihn angewandt werden.

§ 16

Macht sich ein Sachverständiger einer Nachlässigkeit oder eines Versäumnisses der in den §§ 12, 13 oder 14 bezeichneten Art schuldig, und werden hierdurch für eine Partei Prozeßkosten verschuldet, so darf ihn das Gericht, auch ohne daß ein entsprechender Antrag gestellt ist, zur Erstattung der Kosten in angemessen erscheinendem Umfang verpflichten. Ist auch eine Partei vom Gericht verpflichtet worden, dem Gegner derartige Kosten zu erstatten, und hat diese den Erstattungsbetrag gezahlt, so ist sie berechtigt, von dem Sachverständigen die Summe zu verlangen, die er zu zahlen verpflichtet worden ist.

Die Bestimmungen über die Verpflichtung des Sachverständigen zur Erstattung der Kosten einer Partei finden auf die Kosten, die für die Staatskasse verursacht sind, entsprechende Anwendung.

§ 17

Ist das Gutachten von einer Behörde, einem Beamten oder anderen Personen, die zur Erstattung von Gutachten bestellt sind, abgegeben worden, so ist eine Erstattung nur in dem durch besondere Bestimmungen festgesetzten Umfang zu zahlen. Ein sonstiger Sachverständiger hat einen Anspruch auf Erstattung der Kosten, die er bei der Ausführung des Auftrages gehabt hat, sowie für Arbeit und Zeitverlust entsprechend dem Betrag, den das Gericht für angemessen erachtet.

Handelt es sich um eine Sache, bei der ein Vergleich zugelassen ist, oder um die Bestrafung einer Tat, derentwegen keine öffentliche Anklage zu erheben ist, so ist die Erstattung von den Parteien, von einer für beide und von beiden für eine, zu zahlen, oder, wenn die Heranziehung des Sachverständigen nur von einer Partei veranlaßt ist, von dieser allein. In anderen Fällen ist die Erstattung aus öffentlichen Mitteln zu zahlen.

§ 18

Der Sachverständige hat entsprechend dem Betrag, den das Gericht für angemessen erachtet, einen Anspruch auf vorschußweise Zahlung seiner Erstattungskosten. Der Vorschuß ist von demjenigen zu entrichten, der den Erstattungsbetrag gemäß § 17 für den Sachverständigen zu zahlen hat.

Der König erläßt nähere Bestimmungen über die Vorschußzahlung.

§ 19

Will sich eine Partei auf eine Person als Sachverständigen berufen, die nicht vom Gericht ernannt ist, so gelten für einen derartigen Sachverständigen die Bestimmungen der §§ 7 und 8 in ihren entsprechenden Teilen.

Wird der Sachverständige mündlich vernommen, so sind hierbei im übrigen die Bestimmungen über die Zeugen anzuwenden; ein schriftliches Gutachten darf jedoch ganz oder teilweise verlesen werden, wenn das Gericht dies für angebracht hält.

§ 20

Sind in einem Gesetz oder einer Verordnung Bestimmungen über die Vernehmung von Sachverständigen in besonderen Fällen ergangen, so bleiben diese in Kraft.

Kap. 41

Beweissicherung für die Zukunft

§ 1

Besteht die Gefahr, daß Beweise über Umstände, die von Bedeutung für das Recht einer Person sind, später verlorengehen oder nur unter Schwierigkeiten erbracht werden können, ohne daß insoweit ein Prozeß schwebt, so darf vom Untergericht eine Beweissicherung für die Zukunft durch Zeugen, Sachverständige, Augenschein oder Beweisurkunden vorgenommen werden. Beweise, die die Ermittlung einer strafbaren Handlung bezwecken, dürfen jedoch nicht auf Grund dieses Kapitels erhoben werden.

§ 2

Wünscht jemand eine Beweissicherung für die Zukunft, so hat er einen entsprechenden Antrag beim Gericht zu stellen.

In dem Antrag sind die Umstände anzugeben, die der Antragsteller durch die Beweiserhebung nachweisen will, die Art der Beweismittel und die Gründe, die nach der Meinung des Antragstellers die Erhebung rechtfertigen, sowie, wenn dies möglich ist, die Angabe einer Person, deren Recht sonst hierauf beruhen kann.

§ 3

Auf die Beweissicherung für die Zukunft finden die Bestimmungen über Beweisaufnahmen im Prozeß außerhalb der Hauptverhandlung entsprechende Anwendung; kann außer dem Recht des Antragstellers noch das Recht einer anderen Person auf der Erhebung der Beweise beruhen, so ist deren Ladung jedoch nicht erforderlich, sofern keine besonderen Gründe hierfür vorliegen. Niemand ist verpflichtet, sich als Zeuge oder Sachverständiger bei einem anderen Untergericht als dem seines Wohnsitzes einzufinden.

§ 4

Die Kosten für die Vornahme einer Beweissicherung für die Zukunft fallen dem Antragsteller zur Last.

Ist jemand, dessen Recht sonst auf der Beweiserhebung beruhen kann, bei dieser auf Grund einer Ladung zugegen gewesen, so ist er berechtigt, von dem Antragsteller eine Erstattung der notwendigen Kosten für Fahrt, Aufenthalt und Zeitverlust entsprechend dem Betrag zu verlangen, den das Gericht für angemessen erachtet.

Vierter Abschnitt
Prozesse beim Untergericht

I. Prozesse in Zivilsachen

Kap. 42
Prozeßladung und Vorbereitung

§ 1

Will jemand die Prozeßladung (stämning) einer anderen Person erwirken, so hat er einen entsprechenden schriftlichen Antrag beim Gericht zu stellen.

§ 2

In dem Antrag auf Prozeßladung (stämningsansökan) hat der Kläger anzugeben:

1. die Umstände, mit denen er seine Klage begründet, nach ihrer Zusammengehörigkeit und, wenn dies in geeigneter Weise geschehen kann, nach besonderen, mit Ziffern versehenen Punkten geordnet;
2. die Anträge, die er stellt;
3. die Beweisurkunden, auf die er sich beruft;
4. die Umstände, die die Zuständigkeit des Gerichts bedingen, wenn diese nicht aus den sonstigen Angaben hervorgeht.

Der Antrag ist von dem Kläger oder seinem Bevollmächtigten eigenhändig zu unterzeichnen.

Der Kläger soll dem Antrag die in seinem Besitz befindlichen Beweisurkunden in Urschrift oder beglaubigter Abschrift beifügen.

§ 3

Erfüllt der Antrag auf Prozeßladung nicht die Vorschriften des § 2 oder ist er sonst unvollständig, so hat das Gericht dem Kläger die Beseitigung der Mängel aufzugeben.

§ 4

Wird der Auflage, einem Mangel des Antrags auf Prozeßladung abzuhelfen, keine Folge geleistet, und besteht der Mangel darin, daß der Antrag keinen bestimmten Klageantrag enthält, oder daß die Umstände, mit denen der Kläger seine Klage begründet, unklar angegeben sind oder ist der Mangel sonst so wesentlich, daß der Antrag als Grundlage für einen Prozeß ungeeignet ist, so ist er abzuweisen.

Gleiches gilt, wenn es dem Gericht offenbar erscheint, daß das Verfahren auf Grund von Prozeßhindernissen nicht behandelt und entschieden werden kann.

§ 5

Wird der Antrag nicht abgewiesen, so hat das Gericht eine Prozeßladung an den Beklagten mit der Aufforderung auszufertigen, auf die Klage zu erwidern.

Die Prozeßladung ist dem Beklagten zusammen mit dem Antrag auf Prozeßladung und den diesem beigefügten Schriftstücken zuzustellen.

§ 6

Wird die Prozeßladung ausgefertigt, so findet eine Vorbereitung des Verfahrens statt.

Während der Vorbereitung ist das Verfahren so zu fördern, daß es in der Hauptverhandlung ohne Unterbrechung zu Ende geführt werden kann.

§ 7

Bei der Vorbereitung hat der Beklagte sogleich eine Klagebeantwortung einzureichen, die enthält:

1. die prozeßhindernden Einwendungen, die er geltend machen will;
2. ein bestimmtes Anerkenntnis oder Bestreiten der Anträge des Klägers;
3. sofern die Anträge des Klägers bestritten werden, die Gründe hierfür und eine Stellungnahme zu den Umständen, mit denen der Kläger seine Klage begründet hat, und die Angabe der Umstände, die er geltend machen will;
4. die Angabe der Beweisurkunden, auf die er sich bezieht.

Der Beklagte soll die in seinem Besitz befindlichen Beweisurkunden sogleich in Urschrift oder beglaubigter Abschrift einreichen.

§ 8

Während der Vorbereitung hat jede der Parteien für sich die weiteren Umstände, die sie geltend machen will, anzugeben und zu den Angaben des Gegners Stellung zu nehmen. Soweit dies nicht schon früher geschehen ist, haben die Parteien ferner die Beweise, auf die sie sich beziehen wollen, und den Beweisgegenstand jedes einzelnen Beweismittels anzugeben. Beweisurkunden, die nicht bereits vorgelegt sind, sind unverzüglich einzureichen. Die Partei ist verpflichtet, auf Ersuchen des Gegners anzugeben, welche sonstigen Beweisurkunden sie besitzt.

Das Gericht darf bestimmen, daß bei der Vorbereitung einzelne Fragen oder Teile des Verfahrens für sich zu behandeln sind.

§ 9

Die Vorbereitung erfolgt mündlich. Das Gericht darf jedoch eine schriftliche Vorbereitung anordnen, wenn das Erscheinen einer Partei unangemessene Kosten oder besondere Ungelegenheiten mit sich führen würde oder sonst die schriftliche Vorbereitung mit Rücksicht auf die Art des Verfahrens angebrachter erscheint.

§ 10

Bei einer mündlichen Vorbereitung ist der erste Termin so bald wie möglich anzuberaumen. Zu diesem sind die Parteien zu laden, der Kläger durch eine besondere Ladung und der Beklagte zusammen mit der Prozeßladung.

Handelt es sich um eine Sache, bei der ein Vergleich zugelassen ist, so ist die Wahrnehmung des Verhandlungstermins durch die Parteien mit der Rechtsfolge anzuordnen, daß sonst ein Versäumnisurteil gegen sie ergehen darf. Soll eine Partei persönlich erscheinen, so hat ihr das Gericht gleichzeitig eine Zwangsstrafe anzudrohen.

Handelt es sich nicht um eine Sache der im Abs. 2 genannten Art, so ist die Wahrnehmung des Verhandlungstermins durch den Kläger mit der Rechtsfolge anzuordnen, daß seine Klage sonst hinfällig wird. Soll er persönlich erscheinen, so hat das Gericht ihm gleichzeitig eine Zwangsstrafe anzudrohen. Dem Beklagten ist eine Zwangsstrafe anzudrohen.

§ 11

Die Parteien dürfen bei der mündlichen Vorbereitung Schriftsätze oder sonstige schriftliche Äußerungen nicht einreichen oder verlesen. Der Antrag auf Prozeßladung oder andere Ersuchen, die nach diesem Gesetz schriftlich erfolgen dürfen, können jedoch verlesen werden; im ersten Termin darf sich der Beklagte als Klagebeantwortung auf einen von ihm eingereichten Schriftsatz beziehen. Ergibt sich, daß die Angaben seines Schriftsatzes keine vollständige Klagebeantwortung bilden, so hat das Gericht zu versuchen, dem Mangel durch Fragen an den Beklagten abzuhelfen.

§ 12

Die Vorbereitung ist möglichst im ersten Termin zu beenden. Kann dies nicht geschehen, so ist das Verfahren zur Fortsetzung der Verhandlung auf einen vom Gericht zu bestimmenden Termin zu vertagen. Das Verfahren darf nicht länger vertagt werden, als unumgänglich notwendig ist.

Zur Fortsetzung der Verhandlung sind die Parteien unmittelbar oder durch besondere Ladung zu laden. Für die Androhungen an die Parteien gelten die Bestimmungen des § 10 Abs. 2 und 3; erscheint die Wahrnehmung des Verhandlungstermins durch eine Partei nicht erforderlich, so darf ihre Ladung jedoch ohne derartige Androhung erfolgen.

Das Gericht darf bestimmen, daß die Vorbereitung durch einen Schriftsatzaustausch fortgesetzt wird.

§ 13

Für die Behandlung einer prozessualen Frage oder eines Teiles der Sache, über den gesondert entschieden werden darf, darf das Gericht einen besonderen Termin anberaumen. Auf einen derartigen Termin finden die Bestimmungen der §§ 10 und 12 entsprechende Anwendung; bezieht sich der Termin auf die Behandlung einer prozessualen Frage, so ist den Parteien jedoch an Stelle der dort genannten Androhungen eine Zwangsstrafe anzudrohen.

§ 14

Bei schriftlicher Vorbereitung ist dem Beklagten zusammen mit der Prozeßladung aufzugeben, eine schriftliche Klagebeantwortung beim Gericht einzureichen. Ist die Klagebeantwortung eingegangen, so ist sie mit den ihr beigefügten Schriftstücken dem Kläger zuzustellen. Erscheint ein weiterer Schriftsatzaustausch erforderlich, so darf das Gericht einen solchen anordnen.

Unterläßt es der Beklagte, eine Klagebeantwortung einzureichen, so hat das Gericht die Parteien sogleich zum ersten Termin zu laden. Auch in anderen Fällen darf das Gericht bestimmen, daß die Vorbereitung durch eine mündliche Verhandlung fortgesetzt wird.

§ 15

Das Gericht darf nähere Bestimmungen über den Schriftsatzaustausch der Parteien erlassen und hierbei auch vorschreiben, worüber sie sich zu äußern haben.

§ 16

Während der Vorbereitung darf ein Beschluß über die Abweisung der Klage erlassen werden.

§ 17

Handelt es sich um eine Sache, bei der ein Vergleich zugelassen ist, so soll das Gericht, wenn dies angebracht erscheint, während der Vorbereitung einen Vergleich der Parteien anstreben. Erscheint eine besondere Vermittlung erforderlich, so darf es den Parteien aufgeben, sich zu einem Vergleichstermin vor einer von ihm bestimmten Vermittlungsperson (medlare) einzufinden.

§ 18

Während der Vorbereitung darf ein Versäumnisurteil erlassen werden, sowie in Sachen, in denen ein Vergleich zugelassen ist, auch ein Urteil über Klageansprüche, die anerkannt oder zugestanden sind. Auch darf ein Vergleich vom Gericht bestätigt werden.

§ 19

Ist, damit alle Beweise in der Hauptversammlung gleichzeitig zur Verfügung stehen, erforderlich, daß das Gutachten eines Sachverständigen eingeholt, Beweisurkunden vorgelegt, Gegenstände zur Augenscheinseinnahme oder Besichtigung zur Verfügung gestellt oder andere vorbereitende Maßnahmen getroffen werden, so ist hierüber während der Vorbereitung ein Beschluß zu erlassen.

Sind Beweise außerhalb der Hauptverhandlung zu erheben, so soll während der Vorbereitung auch hierüber eine Anordnung erlassen werden.

Wünscht eine Partei, daß Maßnahmen der genannten Art getroffen werden, so hat sie so bald wie möglich ein entsprechendes Ersuchen an das Gericht zu richten.

§ 20

Sobald die Vorbereitung abgeschlossen ist, beraumt das Gericht den Termin für die Hauptverhandlung an, nachdem den Parteien möglichst Gelegenheit zur Äußerung gegeben worden ist. Zur Behandlung einer prozessualen Frage oder eines Teiles der Sache, über den gesondert entschieden werden darf, darf eine Hauptverhandlung anberaumt werden, auch wenn die sonstige Vorbereitung des Verfahrens noch nicht beendet ist.

Die Hauptverhandlung darf, wenn dem keine Hindernisse im Sinne des Kap. 43 § 2 entgegenstehen und ferner die Parteien dem zustimmen oder die Sache klar zu liegen scheint, in unmittelbarem Anschluß an die Vorbereitung abgehalten werden.

§ 21

Die Parteien sind zur Hauptverhandlung unmittelbar oder durch besondere Ladung zu laden. Für die Androhungen an die Parteien gelten die Bestimmungen des § 10 Abs. 2 und 3 und des § 13.

Für die Ladung von Zeugen und Sachverständigen gelten die Bestimmungen der Kap. 36 und 40.

§ 22

Will sich eine Partei bei der Hauptverhandlung auf Beweise beziehen, die sie während der Vorbereitung nicht benannt hat, so hat sie dem Gericht und dem Gegner unverzüglich Kenntnis von den Beweismitteln und dem Beweisgegenstand zu geben.

Kap. 43
Hauptverhandlung

§ 1

Nach Aufruf der Sache hat das Gericht zu klären, ob der Durchführung des Verfahrens bis zum Abschluß der Verhandlung Hindernisse entgegenstehen.

§ 2

Die Hauptverhandlung ist aufzuheben und auf einen anderen Tag anzuberaumen:

1. wenn sich eine Partei, deren persönliche Anwesenheit erforderlich erscheint, nur durch einen Bevollmächtigten vertreten läßt;

2. wenn Zeugen oder Sachverständige, deren Vernehmung erforderlich erscheint, nicht zugegen sind;

3. wenn eine Partei neue wichtige Gründe geltend machen oder sich auf neue Beweismittel berufen will und dem Gegner zuzugeben ist, daß er eine Frist zur Erwiderung auf das beabsichtigte Vorbringen der Partei benötigt;

4. wenn sonstige Hindernisse der Durchführung des Verfahrens bis zum Abschluß der Verhandlung entgegenstehen.

Ist anzunehmen, daß das Hindernis vor dem Ende der Verhandlung beseitigt werden wird, so darf die Hauptverhandlung abgehalten werden.

§ 3

Stehen der Hauptverhandlung Hindernisse der im § 2 genannten Art entgegen, so darf sie trotzdem begonnen werden, wenn anzunehmen ist, daß die Behandlung der Sache gemäß § 11 Abs. 2 bei einem späteren Prozeßtermin ohne erneute Hauptverhandlung fortgesetzt werden, sowie eine Aufteilung der Verhandlung ohne Nachteile für die Ermittlungen erfolgen kann.

Wird die Hauptverhandlung aufgehoben, so darf das Gericht trotzdem erschienene Parteien, Zeugen oder Sachverständige vernehmen, wenn anzunehmen ist, daß sie sich nicht ohne unangemessene Kosten oder besondere Ungelegenheiten zu einem späteren Prozeßtermin einfinden können. Ist es für die Ermittlungen von besonderer Bedeutung, daß gleichzeitig auch andere Beweise erhoben werden oder sonstige Prozeßhandlungen stattfinden, so darf dies geschehen. Für Beweise, die in dieser Weise erhoben werden, gelten die entsprechenden Teile der Bestimmungen über Beweiserhebungen außerhalb der Hauptverhandlung.

§ 4

Das Gericht hat darüber zu wachen, daß bei der Verhandlung Ordnung und Klarheit herrschen; es darf auch bestimmen, daß Einzelfragen oder Teile des Verfahrens für sich zu behandeln sind. Das Gericht hat ferner darauf zu achten, daß im Verfahren eine erschöpfende Behandlung der Sache erfolgt und nichts Unerhebliches einbezogen wird. Es hat durch Fragen und Beanstandungen zu versuchen, Unklarheiten oder Unvollständigkeiten des Vorbringens abzuhelfen.

§ 5

Die Verhandlung ist mündlich. Die Parteien dürfen Schriftsätze oder sonstige schriftliche Erklärungen nicht einreichen oder verlesen, doch dürfen die Anträge aus den Schriftsätzen vorgelesen werden.

§ 6

Die Parteien haben die Umstände, auf die sie sich berufen, wahrheitsgemäß wiederzugeben und zu den von dem Gegner behaupteten Umständen Stellung zu nehmen, sowie gestellte Fragen zu beantworten.

Macht eine Partei Angaben, die ihrem früheren Vorbringen widersprechen, oder ergibt sich sonst ein Gegensatz in ihren Angaben, so ist sie insofern um Erklärung zu ersuchen.

§ 7

In der Verhandlung hat der Kläger seine Anträge zu stellen und der Beklagte anzugeben, inwieweit er diese anerkennt oder bestreitet. Die Parteien haben ihre Sache ferner der Reihe nach darzulegen und zu dem Vorbringen des Gegners Stellung zu nehmen.

Geben die Umstände dazu Veranlassung, so darf das Gericht die Streitlage bei Beginn der Verhandlung kurz wiedergeben.

Was eine Partei während der Vorbereitung angeführt hat, darf nur dann verlesen werden, wenn ihre Behauptungen während der Verhandlung von ihren früheren Behauptungen abweichen oder sie es unterläßt, sich zu äußern, oder wenn sonst besondere Gründe hierfür vorliegen.

Findet die Verhandlung statt, obwohl eine der Parteien nicht anwesend ist, so ist seitens des Gerichts an Hand der Akten in dem erforderlichen Umfang wiederzugeben, was sie geltend gemacht hat.

§ 8

Nachdem die Parteien ihre Sache vorgetragen haben, erfolgt die Beweisaufnahme.

Ist eine Partei unter Versicherung der Wahrheit zu vernehmen, so soll ihre Vernehmung erfolgen, bevor über die Umstände, über die sie zu hören ist, Zeugen vernommen werden, wenn nicht besondere Gründe anderes veranlassen.

§ 9

Nach der Beweisaufnahme dürfen die Parteien vorbringen, was sie für notwendig erachten, um ihre Sache zu Ende zu führen.

§ 10

Ändert eine Partei Behauptungen, die sie früher während des Prozesses gemacht hat, macht sie Zusätze oder beruft sie sich auf Umstände oder Beweismittel, auf die sie sich nicht vor Beginn der Hauptverhandlung bezogen hat, so darf dieses Vorbringen vom Gericht unberücksichtigt gelassen werden, wenn anzunehmen ist, daß ihr Verhalten zur Verschleppung des Prozesses, zur Überrumplung des Gegners oder zu sonstigen unangemessenen Zwecken erfolgt.

§ 11

Die Hauptverhandlung soll möglichst ohne Unterbrechung vor sich gehen, bis das Verfahren zur Entscheidung reif ist. Eine begonnene Hauptverhandlung darf nicht vertagt werden, sofern nicht die Verhandlung gemäß § 3 Abs. 1 stattfindet oder nach Beginn der Verhandlung neue wichtige Gründe vorgebracht oder neue wichtige Beweismittel bekannt werden oder das Gericht dies für die Ermittlungen sonst für unumgänglich notwendig erachtet. Wird die Hauptverhandlung vertagt, so ist sie wieder aufzunehmen, sobald dies zweckmäßig und möglich ist.

Wird das Verfahren zwecks Beendigung der Verhandlung innerhalb zwei Wochen vom Schlußtage der ersten Verhandlung an gerechnet wieder aufgenommen, und haben die dem Gericht angehörenden Richter der früheren Verhandlung beigewohnt, so darf die Hauptverhandlung fortgesetzt werden. Andernfalls ist eine neue Hauptverhandlung abzuhalten.

Zu einer vertagten Hauptverhandlung sind die Parteien unmittelbar oder durch besondere Ladung zu laden. Für die Androhungen an die Parteien gilt das in Kap. 42 § 10 Abs. 2 und 3 sowie § 13 Gesagte. Wird das Verfahren zur Fortsetzung der Hauptverhandlung vertagt, so darf den Parteien an Stelle der Androhungen des § 10 Abs. 2 das Erscheinen mit der Rechtsfolge aufgegeben werden, daß sonst gegen sie ein Versäumnisurteil ergehen oder über das Verfahren ohne Rücksicht auf ihre Abwesenheit entschieden werden darf.

§ 12

Wird das Verfahren zur Fortsetzung der Hauptverhandlung oder zum Zweck einer neuen Hauptverhandlung vertagt, so darf das Gericht, um das Verfahren in dieser zu Ende führen zu können, anordnen, daß eine erneute Vorbereitung stattfindet, und die erforderlichen entsprechenden Bestimmungen erlassen.

§ 13

Bei einer Fortsetzung der Hauptverhandlung ist das Verfahren in dem Stand aufzunehmen, in dem es sich beim Abschluß der früheren Verhandlung befunden hat.

Bei einer neuen Hauptverhandlung ist das Verfahren zwecks völlig neuer Verhandlung aufzunehmen. Sind bei der früheren Verhandlung Beweise erhoben worden, so sind sie von neuem zu erheben, wenn dies für das Verfahren bedeutsam erscheint und dem keine Hindernisse entgegenstehen. Werden die Beweise nicht von neuem erhoben, so sind sie an Hand des Protokolls und sonstiger über die Beweisaufnahme gemachter Aufzeichnungen wiederzugeben.

Kap. 44

Ausbleiben der Parteien

§ 1

Bleiben beide Parteien einem für die mündliche Vorbereitung bestimmten Termin fern, so ist das Verfahren einzustellen (avskrivas).

§ 2

Bleibt eine Partei bei einer Sache, bei der ein Vergleich zugelassen ist, einem für die mündliche Vorbereitung bestimmten Termin fern, und war die Wahrnehmung des Verhandlungstermins durch sie mit der Rechtsfolge angeordnet worden, daß sonst gegen sie ein Versäumnisurteil ergehen darf, so darf ein solches Urteil auf Antrag der erschienenen Partei erlassen werden. Wird kein Versäumnisurteil beantragt, so ist das Verfahren einzustellen.

Ist der Beklagte die ausbleibende Partei, so darf das Verfahren auf Antrag des Klägers jedoch zur Fortsetzung der mündlichen Vorbereitung vertagt werden. Findet sich der Beklagte auch dann nicht ein, so gelten die Bestimmungen des Abs. 1.

§ 3

Bleibt der Kläger in einer Sache, bei der ein Vergleich nicht zugelassen ist, einem für die mündliche Vorbereitung bestimmten Termin fern, und war die Wahrnehmung des Verhandlungstermins durch ihn mit der Rechtsfolge angeordnet worden, daß seine Klage sonst hinfällig wird, so ist das Verfahren einzustellen.

Bleibt der Beklagte aus, und war ihm eine Zwangsstrafe angedroht worden, so darf das Gericht an Stelle der Androhung einer neuen Zwangsstrafe seine unverzüglich oder an einem späteren Tage zu erfolgende Vorführung anordnen.

§ 4

Für das Ausbleiben der Parteien bei einem Hauptverhandlungstermin gelten die Bestimmungen der §§ 1, 2 Abs. 1 und § 3.

War die Wahrnehmung des Verhandlungstermins durch eine Partei mit der Rechtsfolge angeordnet worden, daß sonst ein Versäumnisurteil gegen sie ergehen oder ohne Rücksicht auf ihre Abwesenheit entschieden werden darf, und wird kein Versäumnisurteil erlassen, so darf das Gericht auf Antrag der erschienenen Partei in die Behandlung des Verfahrens eintreten. Wird kein derartiger Antrag gestellt, so ist das Verfahren einzustellen.

§ 5

Wird eine Partei durch einen Bevollmächtigten vertreten, obwohl ihr persönliches Erscheinen unter Androhung einer Zwangsstrafe angeordnet war, und handelt es sich um eine Sache, bei der ein Vergleich nicht zugelassen ist, so darf das Gericht an Stelle der Androhung einer neuen Zwangsstrafe ihre unverzüglich oder an einem späteren Tage zu erfolgende Vorführung anordnen.

§ 6

Ist einer Partei eine Zwangsstrafe angedroht worden oder soll sie dem Gericht vorgeführt werden und ergibt sich, daß die Vorführung nicht erfolgen kann, so darf die Vorbereitung trotzdem abgeschlossen oder ohne Rücksicht darauf entschieden werden, daß die Partei nur durch einen Bevollmächtigten vertreten oder ausgeblieben ist.

§ 7

Bleiben beide Parteien oder bleibt eine von ihnen einem für die Behandlung einer prozessualen Frage bestimmten besonderen Termin fern, so darf über diese ohne Rücksicht hierauf entschieden werden.

§ 8

Wird ein Versäumnisurteil gegen den Kläger erlassen, so ist die Klage abzuweisen, soweit sie nicht von dem Beklagten anerkannt oder sonst als offensichtlich begründet anzusehen ist.

Dem Versäumnisurteil gegen den Beklagten sind die im Verfahren von dem Kläger behaupteten Umstände zugrunde zu legen, soweit der Beklagte Kenntnis von dem Vorbringen erhalten hat und dieses nicht allgemein bekannten Verhältnissen widerspricht. Soweit das Vorbringen keine Rechtsgrundlage für die Klage enthält oder diese sonst als offensichtlich unbegründet anzusehen ist, ist sie abzuweisen.

Das Urteil ist als Versäumnisurteil zu bezeichnen.

§ 9

Eine Partei, gegen die ein Versäumnisurteil ergangen ist, darf bei dem Gericht, bei dem die Klage erhoben ist, innerhalb eines Monats von dem Tag der Zustellung des Urteils an gerechnet einen Einspruchsantrag (återvinning) stellen. Wird kein Einspruch eingelegt, so ist das Urteil, soweit es gegen die Partei ergangen ist, endgültig.

Der Einspruchsantrag ist schriftlich zu stellen. Ist das Versäumnisurteil während der Vorbereitung ergangen, so soll die Einspruchsschrift alles enthalten, was auf Seiten des Antragstellers für die Durchführung der Vorbereitung erforderlich ist.

§ 10

Liegt ein Einspruchsantrag zur Behandlung vor, so ist das Verfahren, soweit der Einspruchsantrag gestellt ist, in dem Stand von neuem aufzunehmen, in dem es sich vor dem Termin befunden hat, dem die Partei ferngeblieben ist.

Bleibt die Partei von neuem aus, und ergeht ein Versäumnisurteil gegen sie, so ist ihr Einspruchsrecht hinfällig geworden.

II. Prozesse in Strafverfahren

Kap. 45

Erhebung der öffentlichen Anklage

§ 1

Will der Ankläger eine Anklage erheben, so hat er beim Gericht einen schriftlichen Antrag auf Prozeßladung des Anzuklagenden einzureichen; das Gericht darf jedoch den Ankläger in dem ihm angebracht erscheinenden Umfang beauftragen, die Prozeßladung selbst auszufertigen.

Die Anklage gilt als erhoben, wenn der Antrag auf Prozeßladung beim Gericht eingeht, oder in Fällen, in denen der

Ankläger die Prozeßladung ausgefertigt hat, wenn diese dem Angeklagten zugestellt ist.

Gegen den Angeklagten darf keine neue Anklage wegen einer Tat erhoben werden, derentwegen er bereits unter Anklage steht.

§ 2

Die Anklage wegen eines Prozeßvergehens darf ohne Prozeßladung erhoben werden.

Begeht jemand vor Gericht während der Sitzung eine andere strafbare Handlung, so darf wegen dieser Tat die Anklage ohne Prozeßladung erhoben werden, wenn das Gericht dies mit Rücksicht auf die Art der Tat und die sonstigen Umstände für angebracht hält.

Ist sonst für besondere Fälle vorgeschrieben, daß eine Anklage ohne Prozeßladung erhoben werden darf, so bleiben diese Bestimmungen in Kraft.

§ 3

Wird jemand gleichzeitig wegen mehrerer strafbarer Handlungen oder werden mehrere Personen wegen Teilnahme an der gleichen strafbaren Handlung angeklagt, so ist über die Anklagen in einem Prozeß zu verhandeln.

Über mehrere Anklagen darf auch in anderen als den genannten Fällen in einem Prozeß verhandelt werden, wenn dies für die Ermittlungen zweckmäßig ist. Liegen Gründe hierfür vor, so dürfen die Anklagen wieder getrennt werden.

Anklagen dürfen nicht verbunden werden, wenn sie nicht bei dem gleichen Gericht erhoben sind, dieses zuständig und auf die Anklagen die gleiche Prozeßform anwendbar ist.

§ 4

In dem Antrag auf Prozeßladung hat der Ankläger anzugeben:

1. den Angeklagten;
2. den Verletzten, falls ein solcher vorhanden ist;
3. die Straftat unter Angabe von Zeit und Ort ihrer Begehung und der sonstigen Umstände, die zu ihrer Kennzeichnung erforderlich sind, sowie der gesetzlichen Bestimmung oder Bestimmungen, die anwendbar sind;
4. die Beweise, die er benennen will, und den Beweisgegenstand jedes einzelnen Beweismittels;
5. die Umstände, die die Zuständigkeit des Gerichts bedingen, wenn diese nicht aus den sonstigen Angaben hervorgeht.

Will der Ankläger in Verbindung mit der Erhebung der Anklage gemäß Kap. 22 Klage wegen eines Privatanspruchs auf Grund der strafbaren Handlung erheben, so hat er in dem Antrag den Anspruch und die Umstände, mit denen er begründet wird, sowie die Beweise, die benannt werden, und den Beweisgegenstand jedes einzelnen Beweismittels anzugeben.

Ist der Angeklagte festgenommen oder verhaftet, so ist dies anzugeben.

Der Antrag ist von dem Ankläger zu unterzeichnen.

§ 5

Eine erhobene Anklage darf nicht mehr geändert werden. Der Ankläger darf jedoch die Anklage gegen den gleichen Angeklagten durch Erstreckung auf eine andere Tat erweitern, wenn das Gericht dies mit Rücksicht auf die Ermittlungen und sonstige Umstände für angebracht hält.

Der Ankläger oder der Privatkläger darf ferner nach Erhebung der Anklage ohne Prozeßladung eine Klage gegen den Angeklagten wegen eines Privatanspruchs auf Grund der strafbaren Handlung erheben, wenn das Gericht dies mit Rücksicht auf die Ermittlungen und sonstigen Umstände für angebracht hält.

Als Änderung der Anklage ist es nicht anzusehen, wenn der Ankläger hinsichtlich der gleichen Tat seine Anklage einschränkt oder sich zur Stützung der Anklage auf andere als die in der Prozeßladung angegebenen gesetzlichen Bestimmungen oder auf neue Umstände bezieht.

§ 6

Will der Ankläger gemäß § 2 Abs. 1 oder 2 eine Anklage wegen einer strafbaren Handlung erheben oder gemäß § 5 die Anklage erweitern oder will er oder der Verletzte auf Grund des letztgenannten Paragraphen Klage wegen eines Privatanspruchs auf Grund der strafbaren Handlung erheben, so darf dies mündlich vor Gericht oder schriftlich geschehen. Dem Angeklagten ist hiervon Kenntnis zu geben. Diese Anklage gilt als erhoben, wenn sie vor Gericht geltend gemacht ist.

§ 7

Hat eine Voruntersuchung stattgefunden, so hat der Ankläger dem Gericht bei Erhebung der Anklage oder so bald wie möglich darauf eine Ausfertigung des Protokolls oder der Vermerke über die Voruntersuchung sowie die Urkunden und Gegenstände, auf die er sich als Beweise beziehen will, zu übermitteln.

§ 8

Der Antrag auf Prozeßladung ist abzuweisen, wenn das Gericht es für offensichtlich hält, daß derjenige, der die Anklage erhebt, hierzu nicht berechtigt ist oder daß das Verfahren auf Grund anderer Prozeßhindernisse nicht behandelt und entschieden werden kann.

§ 9

Wird der Antrag nicht abgewiesen, so hat das Gericht eine Prozeßladung an den Angeklagten mit der Aufforderung auszufertigen, sich zu der Anklage zu äußern.

Die Prozeßladung ist dem Angeklagten zusammen mit dem Prozeßladungsantrag und den diesem beigefügten Schriftstücken zuzustellen.

§ 10

Das Gericht hat dem Angeklagten gleichzeitig mit der Prozeßladung aufzugeben, dem Gericht mündlich oder schriftlich die Beweise, auf die er sich bei der Hauptverhandlung beziehen will, und den Beweisgegenstand jedes einzelnen Beweismittels anzugeben. Das Gericht hat dem Ankläger von den eingegangenen Angaben Kenntnis zu geben.

Kann auf Grund eines Geständnisses des Angeklagten oder sonstiger Umstände angenommen werden, daß Angaben über Beweise nicht erforderlich sind, so darf das Gericht den Angeklagten sogleich mit der Prozeßladung zur Hauptverhandlung laden.

§ 11

Ergibt sich, daß eine Vervollständigung der Voruntersuchung oder daß in Fällen, in denen keine Voruntersuchung stattgefunden hat, eine solche erforderlich ist, um das Verfahren in der Hauptverhandlung ohne Unterbrechung zu Ende führen zu können, so darf das Gericht dem Ankläger eine entsprechende Auflage machen.

§ 12

Ist, damit alle Beweise in der Hauptverhandlung gleichzeitig zur Verfügung stehen, erforderlich, daß das Gutachten eines Sachverständigen eingeholt, Beweisurkunden vorgelegt, Gegenstände zur Augenscheinseinnahme oder Besichtigung zur Verfügung gestellt oder andere vorbereitende Maßnahmen getroffen werden, so ist hierüber unverzüglich ein Beschluß zu erlassen.

Sind Beweise außerhalb der Hauptverhandlung zu erheben, so soll auch hierüber unverzüglich eine Anordnung erlassen werden.

Wünscht eine Partei, daß Maßnahmen der genannten Art getroffen werden, so hat sie so bald wie möglich ein entsprechendes Ersuchen an das Gericht zu richten.

§ 13

Erscheint es zur Prüfung und Entscheidung der in den §§ 11 oder 12 genannten Fragen erforderlich, daß eine Partei oder andere Personen vernommen werden, so hat das Gericht dies in der ihm angebracht erscheinenden Weise anzuordnen. Das Gericht ordnet die Vorführung eines festgenommenen oder verhafteten Angeklagten an.

§ 14

Das Gericht beraumt den Termin für die Hauptverhandlung so bald wie möglich an. Zur Behandlung einer prozessualen

Frage oder eines Teiles der Sache, über den gesondert entschieden werden kann, darf eine Hauptverhandlung anberaumt werden, auch wenn das Verfahren im übrigen noch nicht reif für die Hauptverhandlung ist.

Ist der Angeklagte festgenommen oder verhaftet, so ist die Hauptverhandlung innerhalb einer Woche von dem Tage der Anklageerhebung an gerechnet abzuhalten, wenn nicht infolge von Maßnahmen der in den §§ 11 oder 12 genannten Art oder von anderen Umständen ein längerer Aufschub notwendig ist. Ist der Angeklagte nach der Anklageerhebung verhaftet worden, so ist die Frist vom Tage der Verhaftung an zu rechnen.

§ 15

Der Ankläger ist zur Hauptverhandlung zu laden. Tritt der Verletzte der Anklage bei oder führt er sonst eine Klage neben dem Ankläger oder ist er auf Grund der vom Ankläger geführten Anklage zu vernehmen, so ist er ebenfalls zu laden. Hat der Verletzte persönlich zu erscheinen, so hat ihm das Gericht eine Zwangsstrafe anzudrohen.

Der Angeklagte ist zur Hauptverhandlung zusammen mit der Prozeßladung oder durch besondere Ladung zu laden. Die Anordnung ist unter Androhung einer Zwangsstrafe zu erlassen. Ergibt sich Anlaß zu der Annahme, daß der Angeklagte eine derartige Androhung nicht beachten würde, so darf seine Vorführung angeordnet werden. Das Gericht ordnet die Vorführung eines verhafteten oder festgenommenen Angeklagten an.

Für die Ladung von Zeugen und Sachverständigen gelten die Bestimmungen der Kap. 36 und 40.

§ 16

Die vom Ankläger ausgefertigte Prozeßladung hat die gleichen Angaben zu enthalten, die im § 4 für den Antrag auf Prozeßladung bestimmt sind, sie ist vom Ankläger zu unterzeichnen.

Der Ankläger hat dem Angeklagten gleichzeitig mit der Prozeßladung aufzugeben, dem Gericht mündlich oder schriftlich innerhalb einer bestimmten von ihm festgesetzten Frist die Beweise, auf die sich dieser bei der Hauptverhandlung beziehen will, und den Beweisgegenstand jedes einzelnen Beweismittels anzugeben. Hält es der Ankläger auf Grund eines Geständnisses des Angeklagten oder sonstiger Umstände für offensichtlich, daß von dem Angeklagten keine Beweise angetreten werden und auch keine anderen vorbereitenden Maßnahmen erforderlich sind, so darf er den Angeklagten sogleich mit der Prozeßladung zur Hauptverhandlung laden.

Wird eine Hauptverhandlung vom Ankläger angesetzt, so liegt es ihm ob, die vom Gericht erlassenen Vorschriften über den Zeitpunkt der Hauptverhandlung zu beachten; der Ankläger darf die im § 15 genannten Ladungen und Anordnungen erledigen.

Die Prozeßladung ist mit den ihr beigefügten Schriftstücken dem Angeklagten zuzustellen. Nach erfolgter Zustellung ist sie sogleich mit einem entsprechenden Nachweis dem Gericht zu übermitteln.

§ 17

Will sich eine Partei bei der Hauptverhandlung auf Beweise berufen, die sie vorher nicht benannt hat, so hat sie dem Gericht und dem Gegner unverzüglich Kenntnis von den Beweismitteln und dem Beweisgegenstand zu geben.

Kap. 46

Hauptverhandlung in Verfahren, in denen öffentliche Anklage geführt wird.

§ 1

Nach Aufruf der Sache hat das Gericht zu klären, ob der Durchführung des Verfahrens bis zum Abschluß der Verhandlung Hindernisse entgegenstehen.

§ 2

Die Hauptverhandlung ist aufzuheben und auf einen anderen Tag anzuberaumen:

1. wenn der Ankläger nicht anwesend ist;
2. wenn der Angeklagte ausgeblieben ist oder sich, obwohl sein persönliches Erscheinen angeordnet wurde, nur durch einen Bevollmächtigten vertreten läßt und kein Fall vorliegt, in dem ohne Rücksicht hierauf entschieden werden darf;
3. wenn der Angekagte auf Grund einer gesetzlichen Bestimmung einen Verteidiger haben muß, ein solcher nicht anwesend ist und nicht sofort bestellt wird;
4. wenn der Verletzte, Zeugen oder Sachverständige, deren Vernehmung erforderlich erscheint, nicht zugegen sind;
5. wenn eine Partei neue wichtige Gründe geltend machen oder sich auf neue Beweismittel berufen will und dem Gegner zuzugeben ist, daß er eine Frist zur Erwiderung auf das beabsichtigte Vorbringen der Partei benötigt;
6. wenn sonstige Hindernisse der Durchführung des Verfahrens bis zum Abschluß der Verhandlung entgegenstehen.

Ist anzunehmen, daß das Hindernis vor dem Ende der Verhandlung beseitigt werden wird, so darf die Hauptverhandlung abgehalten werden.

§ 3

Stehen der Hauptverhandlung Hindernisse der im § 2 Abs. 1 Ziffer 4—6 genannten Art entgegen, so darf sie trotzdem begonnen werden, wenn anzunehmen ist, daß die Behandlung der Sache gemäß § 11 Abs. 2 bei einem späteren Prozeßtermin ohne erneute Hauptverhandlung fortgesetzt werden, sowie eine Aufteilung der Verhandlung ohne Nachteile für die Ermittlungen erfolgen kann.

Wird die Hauptverhandlung aufgehoben, so darf das Gericht trotzdem erschienene Verletzte, Zeugen oder Sachverständige vernehmen, wenn anzunehmen ist, daß sie sich nicht ohne unangemessene Kosten oder besondere Ungelegenheiten zu einem späteren Prozeßtermin einfinden können. Ist es für die Ermittlungen von besonderer Bedeutung, daß gleichzeitig auch andere Beweise erhoben werden oder sonstige Prozeßhandlungen stattfinden, so darf dies geschehen. Für Beweise, die in dieser Weise erhoben werden, gelten die entsprechenden Bestimmungen über Beweiserhebungen außerhalb der Hauptverhandlung.

§ 4

Das Gericht hat darüber zu wachen, daß bei der Verhandlung Ordnung und Klarheit herrschen, es darf auch bestimmen, daß Einzelfragen oder Teile des Verfahrens für sich zu behandeln sind. Das Gericht hat ferner darauf zu achten, daß im Verfahren eine erschöpfende Behandlung der Sache erfolgt und nichts Unerhebliches einbezogen wird. Es hat durch Fragen und Beanstandungen zu versuchen, Unklarheiten oder Unvollständigkeiten des Vorbringens abzuhelfen.

§ 5

Die Verhandlung ist mündlich. Die Parteien dürfen Schriftsätze oder sonstige schriftliche Erklärungen nicht einreichen oder verlesen, doch dürfen die Anträge aus den Schriftsätzen vorgelesen werden.

§ 6

In der Verhandlung hat der Ankläger seine Anträge zu stellen, ferner ist der Angeklagte um Erklärung zu ersuchen, inwieweit er die Tat zugibt oder bestreitet.

Der Ankläger hat hierauf die Anklage vorzutragen und die Umstände, mit denen sie begründet wird, wiederzugeben. Alsdann ist der Verletzte zu vernehmen.

Der Angeklagte ist zu ersuchen, sich zusammenhängend über die Sache zu äußern und hierbei zu dem Vorbringen des Anklägers und des Verletzten Stellung zu nehmen. Der Ankläger und der Verletzte dürfen mit Erlaubnis des Gerichts an ihn Fragen richten. Hierauf dürfen vom Verteidiger Fragen gestellt werden.

Bei der Vernehmung des Verletzten oder des Angeklagten dürfen schriftliche Aufzeichnungen seiner Bekundungen vor Gericht oder vor dem Ankläger oder der Polizeibehörde nur dann verlesen werden, wenn seine Bekundungen bei der Vernehmung von den früheren Aussagen abweichen oder er es bei seiner Vernehmung unterläßt, sich zu äußern.

Findet eine Hauptverhandlung statt, obwohl der Verletzte oder der Angeklagte nicht anwesend ist, so ist seitens des Gerichts an Hand der Akten in dem erforderlichen Umfang wiederzugeben, was er geltend gemacht hat.

§ 7

Liegt Anlaß zu der Annahme vor, daß eine Partei in Gegenwart der anderen aus Furcht oder sonstigen Ursachen nicht frei die Wahrheit sagt, oder hindert eine Partei die andere bei ihren Bekundungen dadurch, daß sie ihr ins Wort fällt, oder in sonstiger Weise, so ist das Gericht berechtigt zu bestimmen, daß die Partei während der Vernehmung nicht anwesend sein darf. Dies gilt ebenso für den Verletzten, auch wenn er keine Anklage führt.

Nachdem derjenige, der bei der Vernehmung nicht anwesend war, wieder hereingerufen ist, ist er davon in Kenntnis zu setzen, was sich während seiner Abwesenheit ereignet hat.

§ 8

Nach der Vernehmung des Verletzten und des Angeklagten erfolgt die Beweisaufnahme.

§ 9

Handelt es sich um eine strafbare Handlung, bei der eine andere Rechtsfolge als eine Geldstrafe in Frage kommen kann, oder liegt sonst besondere Veranlassung hierfür vor, so hat sich die Ermittlung mit den Strafen, die dem Angeklagten früher auferlegt worden waren, sowie mit seinen Lebensumständen und den persönlichen Verhältnissen zu befassen, deren Erheblichkeit anzunehmen ist.

§ 10

Nach der Beweisaufnahme dürfen die Parteien vorbringen, was sie für notwendig halten, um ihre Sache zu Ende zu führen.

§ 11

Die Hauptverhandlung soll möglichst ohne Unterbrechung vor sich gehen, bis das Verfahren zur Entscheidung reif ist. Eine begonnene Hauptverhandlung darf nicht vertagt werden, sofern nicht die Verhandlung gemäß § 3 Abs. 1 stattfindet oder nach Beginn der Verhandlung neue wichtige Gründe vorgebracht oder neue wichtige Beweismittel bekannt werden oder das Gericht dies für die Ermittlungen sonst für unumgänglich notwendig erachtet. Wird die Hauptverhandlung vertagt, so ist sie wieder aufzunehmen, sobald dies zweckmäßig und möglich ist. Ist der Angeklagte verhaftet, so ist die Verhandlung innerhalb einer Woche von dem Schlußtage der vorangegangenen Verhandlung an gerechnet oder, falls er nachträglich verhaftet worden ist, vom Tage seiner Verhaftung an gerechnet wieder aufzunehmen, wenn nicht auf Grund besonderer Umstände ein längerer Aufschub notwendig ist.

Wird das Verfahren zwecks Beendigung der Verhandlung innerhalb zwei Wochen vom Schlußtage der ersten Verhandlung an gerechnet wieder aufgenommen, und haben die dem Gericht angehörenden Richter der früheren Verhandlung beigewohnt, so darf die Hauptverhandlung fortgesetzt werden. Andernfalls ist eine neue Hauptverhandlung abzuhalten.

Zu einer vertagten Hauptverhandlung sind die Parteien unmittelbar oder durch besondere Ladung zu laden. Für die Androhungen gilt das in Kap. 45 § 15 Gesagte.

§ 12

Wird das Verfahren zur Fortsetzung der Hauptverhandlung oder zum Zweck einer neuen Hauptverhandlung vertagt, so darf das Gericht die ihm angebracht erscheinenden Maßnahmen treffen, um das Verfahren in dieser zu Ende führen zu können. Für derartige Maßnahmen gelten die Bestimmungen des Kap. 45 §§ 11—13.

§ 13

Bei einer Fortsetzung der Hauptverhandlung ist das Verfahren in dem Stand aufzunehmen, in dem es sich beim Abschluß der früheren Verhandlung befunden hat.

Bei einer neuen Hauptverhandlung ist das Verfahren zwecks völlig neuer Verhandlung aufzunehmen. Sind bei der früheren Verhandlung Beweise erhoben worden, so sind sie von neuem zu erheben, wenn dies für das Verfahren bedeutsam erscheint und dem keine Hindernisse entgegenstehen. Werden die Beweise nicht von neuem erhoben, so sind sie an Hand des Protokolls und sonstiger über die Beweisaufnahme gemachter Aufzeichnungen wiederzugeben.

§ 14

Unterläßt es ein Verletzter, der auf Grund einer vom Ankläger geführten Anklage zu vernehmen ist, persönlich im Hauptverhandlungstermin zu erscheinen, so darf das Gericht an Stelle der Androhung einer neuen Zwangsstrafe seine unverzügliche oder an einem späteren Tage zu erfolgende Vorführung anordnen.

§ 15

Bleibt der Angeklagte dem Hauptverhandlungstermin fern oder läßt er sich nur von einem Bevollmächtigten vertreten, und war sein persönliches Erscheinen angeordnet worden, so hat ihm das Gericht eine neue Prozeßstrafe anzudrohen oder seine unverzügliche oder an einem späteren Tage zu erfolgende Vorführung anzuordnen.

Kann für die strafbare Handlung keine schwerere Strafe als Gefängnis verhängt werden, so darf, falls eine ausreichende Klärung der Sache möglich erscheint, ohne Rücksicht darauf entschieden werden, daß der Angeklagte nur durch einen Bevollmächtigten vertreten oder ausgeblieben ist.

Ist der Angeklagte nach erfolgter Zustellung der Prozeßladung geflüchtet, und erscheint eine ausreichende Klärung der Sache möglich, so darf ebenfalls ohne Rücksicht auf das Ausbleiben des Angeklagten entschieden werden, auch wenn ihm keine Terminsladung zugestellt ist.

Über eine prozessuale Frage darf ohne Rücksicht auf die Abwesenheit des Angeklagten entschieden werden.

§ 16

Ist in Fällen, in denen der Angeklagte auf Grund gesetzlicher Bestimmungen einen Verteidiger haben muß, ein solcher nicht anwesend, so hat das Gericht möglichst einen bei Gericht Anwesenden und zur Annahme eines solchen Auftrags Berechtigten mit der Verteidigung des Angeklagten zu beauftragen.

Kap. 47

Erhebung der privaten Anklage und Hauptverhandlung in Verfahren, in denen diese geführt wird.

§ 1

Will ein Verletzter Anklage erheben, so hat er beim Gericht einen schriftlichen Antrag auf Prozeßladung des Anzuklagenden einzureichen. Die Anklage gilt als erhoben, wenn der Antrag auf Prozeßladung beim Gericht eingeht.

Will der Angeklagte in dem gleichen Verfahren gegen den Verletzten oder den Ankläger Anklage zwecks Bestrafung einer falschen oder unberechtigten Anklageerhebung, einer falschen Anzeige oder sonstigen unwahren Bezichtigung einer Straftat erheben, so darf dies ohne Prozeßladung mündlich vor Gericht oder schriftlich geschehen. Demjenigen, gegen den die Anklage erhoben wird, ist hiervon Kenntnis zu geben.

§ 2

In dem Antrag auf Prozeßladung hat der Verletzte anzugeben:

1. den Angeklagten;
2. die Straftat unter Angabe von Zeit und Ort ihrer Begehung und der sonstigen Umstände, die zu ihrer Kennzeichnung erforderlich sind, sowie der gesetzlichen Bestimmung oder Bestimmungen, die anwendbar sind;
3. den geltend gemachten Privatanspruch sowie die Umstände, mit denen dieser begründet wird;
4. die Beweisurkunden, auf die er sich beruft;
5. die Umstände, die die Zuständigkeit des Gerichts bedingen, wenn diese nicht aus den sonstigen Angaben hervorgeht.

Der Antrag ist von dem Verletzten oder seinem Bevollmächtigten eigenhändig zu unterzeichnen.

Handelt es sich um eine strafbare Handlung, bei der der Verletzte zur Erhebung einer Anklage nur berechtigt ist, wenn der Ankläger die Nichterhebung der Anklage beschlossen hat, so ist dem Antrag eine Bescheinigung über den Erlaß eines derartigen Beschlusses beizufügen. Der Verletzte soll dem Antrag zugleich in Urschrift oder beglaubigter Abschrift die in seinem Besitz befindlichen Beweisurkunden beifügen.

§ 3

Erfüllt der Antrag auf Prozeßladung nicht die Vorschriften des § 2 oder ist er sonst unvollständig oder ist die im § 2 Abs. 3 genannte Bescheinigung nicht vorgelegt worden, so hat das Gericht dem Verletzten die Beseitigung der Mängel aufzugeben.

§ 4

Wird der Auflage, einem Mangel des Antrags auf Prozeßladung abzuhelfen, keine Folge geleistet, und besteht der Mangel darin, daß die Straftat unklar angegeben ist oder ist der Mangel sonst so wesentlich, daß der Antrag als Grundlage für einen Strafprozeß ungeeignet ist, oder ist die im § 2 Abs. 3 genannte Bescheinigung nicht vorgelegt worden, so ist er abzuweisen.

§ 5

Wird der Antrag nicht abgewiesen, so hat das Gericht eine Prozeßladung an den Angeklagten mit der Aufforderung auszufertigen, sich zu der Anklage zu äußern.

Die Prozeßladung ist dem Angeklagten zusammen mit dem Prozeßladungsantrag und den diesem beigefügten Schriftstücken zuzustellen.

§ 6

Wird die Prozeßladung ausgefertigt, so findet eine Vorbereitung des Verfahrens statt.

Während der Vorbereitung ist das Verfahren so zu fördern, daß es in der Hauptverhandlung ohne Unterbrechung zu Ende geführt werden kann.

§ 7

Bei der Vorbereitung soll der Angeklagte angeben, inwieweit er die Tat zugibt oder bestreitet, und zu den Umständen Stellung nehmen, mit denen die Anklage begründet ist, sowie seinerseits die Umstände angeben, die er anführen will. Hierauf soll jede der Parteien für sich die weiteren Umstände, die sie geltend machen will, angeben und zu den Angaben des Gegners Stellung nehmen. Soweit dies nicht schon früher geschehen ist, sollen die Parteien ferner die Beweise, auf die sie sich beziehen wollen, und den Beweisgegenstand jedes einzelnen Beweismittels angeben. Beweisurkunden, die nicht bereits vorgelegt sind, sind unverzüglich einzureichen.

Das Gericht darf bestimmen, daß bei der Vorbereitung einzelne Fragen oder Teile des Verfahrens für sich zu behandeln sind.

§ 8

Die Vorbereitung erfolgt mündlich. Das Gericht darf jedoch eine schriftliche Vorbereitung anordnen, wenn das Erscheinen einer Partei unangemessene Kosten oder besondere Ungelegenheiten mit sich führen würde oder die schriftliche Vorbereitung sonst mit Rücksicht auf die Art des Verfahrens angebrachter erscheint.

§ 9

Bei einer mündlichen Vorbereitung ist der erste Termin so bald wie möglich anzuberaumen. Ist der Angeklagte verhaftet, so hat der erste Termin innerhalb einer Woche vom Tage der Verhaftung an gerechnet stattzufinden, sofern nicht auf Grund besonderer Umstände ein längerer Aufschub notwendig ist. Zum ersten Termin sind die Parteien zu laden, der Verletzte durch eine besondere Ladung und der Angeklagte zusammen mit der Prozeßladung.

Die Wahrnehmung des Verhandlungstermins durch den Verletzten ist mit der Rechtsfolge anzuordnen, daß er sonst sein Recht verliert, Anklage wegen der strafbaren Handlung zu erheben. Hat er persönlich zu erscheinen, so hat ihm das Gericht gleichzeitig eine Zwangsstrafe anzudrohen.

Dem Angeklagten ist eine Zwangsstrafe anzudrohen. Das Gericht ordnet die Vorführung eines verhafteten Angeklagten an.

§ 10

Die Parteien dürfen bei der mündlichen Vorbereitung Schriftsätze oder sonstige schriftlichen Äußerungen nicht einreichen oder verlesen. Der Antrag auf Prozeßladung oder andere Ersuchen, die nach diesem Gesetz schriftlich erfolgen dürfen, können jedoch verlesen werden; im ersten Termin darf sich der Angeklagte als Anklagebeantwortung auf einen von ihm eingereichten Schriftsatz beziehen. Ergibt sich, daß die Angaben seines Schriftsatzes keine vollständige Anklagebeantwortung bilden, so hat das Gericht zu versuchen, dem Mangel durch Fragen an den Angeklagten abzuhelfen.

§ 11

Die Vorbereitung ist möglichst im ersten Termin zu beenden. Kann dies nicht geschehen, so ist das Verfahren zur Fortsetzung der Verhandlung auf einen vom Gericht zu bestimmenden Termin zu vertagen. Das Verfahren darf nicht länger vertagt werden, als unumgänglich notwendig ist. Ist der Angeklagte verhaftet, so ist die Fortsetzung der Verhandlung innerhalb einer Woche vom Schlußtage des vorangegangenen Termins an gerechnet oder, falls der Angeklagte nachträglich verhaftet worden ist, vom Tage seiner Verhaftung an gerechnet abzuhalten, wenn nicht auf Grund besonderer Umstände ein längerer Aufschub notwendig ist. Zur Fortsetzung der Verhandlung sind die Parteien unmittelbar oder durch besondere Ladung zu laden.

Für die Androhungen an die Parteien gelten die Bestimmungen des § 9 Abs. 2 und 3; erscheint die Wahrnehmung eines Termins durch eine Partei nicht erforderlich, so darf ihre Ladung jedoch ohne derartige Androhung erfolgen.

Das Gericht darf bestimmen, daß die Vorbereitung durch einen Schriftsatzaustausch fortgesetzt wird.

§ 12

Zur Behandlung einer prozessualen Frage oder eines Teiles der Sache, über den gesondert entschieden werden kann, darf das Gericht einen besonderen Termin anberaumen. Auf einen derartigen Termin finden die Bestimmungen der §§ 9 und 11 entsprechende Anwendung; bezieht sich der Termin auf die Behandlung einer prozessualen Frage, so ist dem Verletzten jedoch an Stelle der dort genannten Androhungen eine Zwangsstrafe anzudrohen.

§ 13

Bleiben beide Parteien einem für die mündliche Vorbereitung bestimmten Termin fern, so ist das Verfahren einzustellen.

§ 14

Bleibt der Verletzte einem für die mündliche Vorbereitung bestimmten Termin fern, und war die Wahrnehmung des Verhandlungstermins durch ihn mit der Rechtsfolge angeordnet worden, daß er sonst sein Recht verliert, Anklage wegen der strafbaren Handlung zu erheben, so ist auf Antrag des Angeklagten eine dahingehende Erklärung zu erlassen. Wird kein derartiger Antrag gestellt, so ist das Verfahren einzustellen.

Bleibt der Angeklagte aus, und war ihm eine Zwangsstrafe angedroht worden, so darf das Gericht an Stelle der Androhung einer neuen Zwangsstrafe seine unverzügliche oder an einem späteren Tage zu erfolgende Vorführung anordnen.

§ 15

Wird der Verletzte oder der Angeklagte durch einen Bevollmächtigten vertreten, obwohl sein persönliches Erscheinen unter Androhung einer Zwangsstrafe angeordnet war, so darf das Gericht an Stelle der Androhung einer neuen Zwangsstrafe seine unverzügliche oder an einem späteren Tage zu erfolgende Vorführung anordnen.

§ 16

Ist einer Partei eine Zwangsstrafe angedroht worden oder soll sie dem Gericht vorgeführt werden und ergibt sich, daß die Vorführung nicht erfolgen kann, so darf die Vorbereitung trotzdem ohne Rücksicht darauf abgeschlossen werden, daß die Partei nur durch einen Bevollmächtigten vertreten oder ausgeblieben ist.

§ 17

Bleiben während der Vorbereitung beide Parteien oder bleibt eine von ihnen einem für die Behandlung einer prozessualen Frage bestimmten besonderen Termin fern, so darf über diese ohne Rücksicht hierauf entschieden werden.

§ 18

Hat das Gericht gemäß § 14 den Verletzten seines Rechtes, die Anklage wegen der strafbaren Handlung zu erheben, für verlustig erklärt, so darf er beim Gericht den Antrag auf Wiedereinsetzung in den vorigen Stand (återupptagande) stellen.

Der Antrag auf Wiedereinsetzung in den vorigen Stand ist schriftlich innerhalb eines Monats von dem Tage des Erlasses des Beschlusses an gerechnet zu stellen. Bleibt der Verletzte von neuem aus, so ist sein Recht auf Wiedereinsetzung in den vorigen Stand hinfällig geworden.

§ 19

Bei schriftlicher Vorbereitung ist dem Angeklagten zusammen mit der Prozeßladung aufzugeben, eine schriftliche Anklagebeantwortung beim Gericht einzureichen. Ist die Anklagebeantwortung eingegangen, so ist sie mit den ihr beigefügten Schriftstücken dem Verletzten zuzustellen. Erscheint ein weiterer Schriftsatzaustausch erforderlich, so darf das Gericht einen solchen anordnen.

Unterläßt es der Angeklagte, eine Anklagebeantwortung einzureichen, so hat das Gericht die Parteien sogleich zum ersten Termin zu laden. Auch in anderen Fällen darf das Gericht bestimmen, daß die Vorbereitung durch eine mündliche Verhandlung fortgesetzt wird.

§ 20

Das Gericht darf nähere Bestimmungen über den Schriftsatzaustausch der Parteien erlassen und hierbei auch vorschreiben, worüber sie sich zu äußern haben.

§ 21

Während der Vorbereitung darf ein Beschluß über die Abweisung der Anklage erlassen werden.

§ 22

Sobald die Vorbereitung abgeschlossen ist, beraumt das Gericht den Termin für die Hauptverhandlung an, nachdem den Parteien möglichst Gelegenheit zur Äußerung gegeben worden ist. Zur Behandlung einer prozessualen Frage oder eines Teiles der Sache, über den gesondert entschieden werden kann, darf eine Hauptverhandlung anberaumt werden, auch wenn die sonstige Vorbereitung des Verfahrens noch nicht beendet ist.

Ist der Angeklagte verhaftet, so ist die Hauptverhandlung innerhalb einer Woche vom Schlußtage der Vorbereitung an gerechnet oder, falls er nachträglich verhaftet worden ist, vom Tage seiner Verhaftung an gerechnet abzuhalten.

§ 23

Die Parteien sind zur Hauptverhandlung unmittelbar oder durch besondere Ladung zu laden.

Für die Androhungen an die Parteien gelten die Bestimmungen des § 9 Abs. 2 und 3 und des § 12. Ergibt sich Anlaß zu der Annahme, daß der Angeklagte eine derartige Anordnung nicht beachten würde, so darf seine Vorführung angeordnet werden. Das Gericht ordnet die Vorführung eines verhafteten Angeklagten an.

Für die Ladung von Zeugen und Sachverständigen gelten die Bestimmungen der Kap. 36 und 40.

§ 24

Auf eine private Anklage finden im übrigen die Bestimmungen des Kap. 45 § 1 Abs. 3 sowie der §§ 2, 3, 5, 6, 8, 12 und 17 entsprechende Anwendung.

Auf die Hauptverhandlung in Verfahren, in denen eine private Anklage geführt wird, finden die Bestimmungen des Kap. 46 entsprechende Anwendung. Für derartige Verfahren gelten jedoch folgende Abweichungen:

1. für die Ladungen zu einer vertagten Hauptverhandlung und die Androhungen an die Parteien gelten die Bestimmungen des § 23 dieses Kapitels;

2. bleiben beide Parteien dem Hauptverhandlungstermin fern, so ist das Verfahren einzustellen. Auf die Rechtsfolgen für einen Verletzten, der fernbleibt oder nicht persönlich erscheint, sowie für die Wiedereinsetzung in den vorigen Stand finden die Bestimmungen der §§ 14—16 und 18 dieses Kapitels entsprechende Anwendung. Bleiben beide Parteien oder bleibt eine von ihnen einem zur Behandlung einer prozessualen Frage bestimmten besonderen Termin fern, so darf über diese ohne Rücksicht hierauf entschieden werden;

3. wird ein Verfahren zur Fortsetzung der Hauptverhandlung oder zum Zweck einer neuen Hauptverhandlung vertagt, so darf das Gericht an Stelle der im Kap. 46 § 12 bezeichneten Maßnahmen anordnen, daß von neuem eine Vorbereitung stattfindet, und die erforderlichen Bestimmungen hierüber erlassen.

Kap. 48

Strafbescheide (strafförelägganden)

§ 1

Hat die öffentliche Anklage wegen einer strafbaren Handlung zu erfolgen, für die nur eine Geldstrafe, jedoch keine normierte Geldbuße[14] verhängt werden kann, so darf der Ankläger dem Beschuldigten an Stelle der Anklageerhebung die Strafe zur Anerkennung mitteilen, die von ihm als für die Handlung verwirkt angesehen wird. Der Strafbescheid darf sich auf nicht mehr als zwanzig Tagesbußen beziehen. Ist die

---

[14] Normierte Geldbußen können bei Delikten gegen Steuer-, Import-, Stempelabgabe- und ähnliche Vorschriften in der Weise verhängt werden, daß ein Mehrfaches des hinterzogenen Betrages zu zahlen ist.

strafbare Handlung mit der Verwirkung von Vermögensstücken oder mit anderen derartigen Rechtsfolgen verbunden, so sind dem Beschuldigten auch diese Rechtsfolgen zur Anerkennung mitzuteilen. Handelt es sich um mehrere strafbare Handlungen, so darf ein Strafbescheid nicht erlassen werden, sofern er nicht für alle Handlungen gemeinsam ergeht.

Ein Strafbescheid darf nicht erlassen werden, wenn der Beschuldigte noch nicht achtzehn Jahre alt ist, und ferner nicht in Fällen, in denen Anlaß zu der Annahme vorliegt, daß ein Verletzter vorhanden ist.

§ 2

Der Strafbescheid ist schriftlich abzufassen. In ihm hat der Ankläger anzugeben:

1. den Beschuldigten;

2. die Straftat unter Angabe von Zeit und Ort ihrer Begehung und der sonstigen Umstände, die zu ihrer Kennzeichnung erforderlich sind, sowie der gesetzlichen Bestimmung oder Bestimmungen, die anwendbar sind;

3. die Strafe und Rechtsfolge, die dem Beschuldigten auferlegt wird.

Der Strafbescheid ist von dem Ankläger zu unterzeichnen.

§ 3

Die Anerkennung des Strafbescheides ist schriftlich auf dem Bescheid vorzunehmen und muß die Angabe enthalten, daß der Beschuldigte die Tat zugibt und sich der ihm mitgeteilten Strafe und Rechtsfolge unterwirft.

Wird der Strafbescheid nicht unverzüglich anerkannt, so ist er dem Beschuldigten in der für Prozeßladungen in Strafverfahren vorgeschriebenen Form mit dem Hinweis zuzustellen, daß er den mit der Anerkennung versehenen Bescheid dem Ankläger innerhalb einer bestimmten, von diesem festgesetzten Frist von höchstens zwei Wochen vom Tage der Zustellung an gerechnet zurückzusenden hat, widrigenfalls Anklage gegen ihn erhoben werden kann.

§ 4

Erkennt der Beschuldigte einen Strafbescheid an, der sich auf eine sofort zahlbare Geldstrafe von mehr als einhundert Kronen bezieht, so ist der Strafbescheid demjenigen Gericht zur Entscheidung zu unterbreiten, das für die Anklage wegen der strafbaren Handlung zuständig ist. Der Ankläger hat dem Gericht unverzüglich den Bescheid und eine Ausfertigung des Protokolls oder der Vermerke über die Voruntersuchung, falls eine solche stattgefunden hat, sowie der sonstigen Akten zu übersenden.

Ergibt sich, daß zur Entscheidung über den Bescheid die Vernehmung des Beschuldigten oder sonstiger Personen erforderlich ist, so darf das Gericht dies in der ihm angebracht erscheinenden Weise anordnen.

Stimmt der Bescheid mit dem Gesetz überein, und ist die angegebene Strafe nicht offensichtlich zu hoch oder zu niedrig, so hat das Gericht ihn zu bestätigen. Ist die Strafe offensichtlich zu hoch, so darf sie herabgesetzt werden. In anderen Fällen ist der Bescheid aufzuheben. Gegen den Beschluß des Gerichts ist kein Rechtsmittel zulässig.

§ 5

Ein Strafbescheid, der vom Gericht bestätigt oder, falls eine Bestätigung des Gerichts nicht erforderlich ist, von dem Beschuldigten anerkannt ist, gilt als rechtskräftig gewordenes Urteil.

Fünfter Abschnitt

Prozesse beim Hofgericht

Kap. 49

Rechtsmittel gegen Urteile und Beschlüsse des Untergerichts

§ 1

Gegen Urteile des Untergerichts ist das Rechtsmittel der Berufung (vad) zulässig.

Jemand, gegen den ein Versäumnisurteil ergangen ist, darf kein Rechtsmittel gegen das Urteil einlegen; über sein Recht auf Einspruch gegen ein derartiges Urteil trifft Kap. 44 § 9 Bestimmungen.

Hat sich eine Partei nach Entstehung einer Streitigkeit über eine Sache, bei der ein Vergleich zugelassen ist, verpflichtet, gegen das Urteil kein Rechtsmittel einzulegen, so ist dies bindend. Eine vor dem Urteil eingegangene Verpflichtung ist jedoch unwirksam, wenn der Gegner nicht eine entsprechende Verpflichtung eingegangen ist.

§ 2

Gegen Endbeschlüsse des Untergerichts ist das Rechtsmittel der Beschwerde (besvär) zulässig. Ergeht in Verbindung mit einem Urteil ein Beschluß, auf Grund dessen die Sache zu einem bestimmten Teil nicht zur Behandlung und Entscheidung gelangt, so ist jedoch gegen diesen Beschluß das Rechtsmittel der Berufung zulässig.

Darf eine Partei den Antrag auf Wiedereinsetzung in den vorigen Stand in einem Verfahren stellen, das durch einen Endbeschluß entschieden ist, so darf sie kein Rechtsmittel gegen diesen Beschluß einlegen.

§ 3

Hat das Untergericht während des Prozesses die Ablehnung eines Richters wegen Befangenheit oder die Einwendung von Prozeßhindernissen durch einen Beschluß verworfen, und hat es hierbei nicht gemäß § 7 sein Bewenden, so liegt es der Partei, die gegen diesen Beschluß ein Rechtsmittel einlegen will, ob, falls der Beschluß in einem Verhandlungstermin ergangen ist, sofort und in anderen Fällen innerhalb einer Woche von dem Tage der Kenntniserlangung an gerechnet

Protest (missnöje)[15] anzumelden. Verabsäumt sie dies, so hat sie kein Recht mehr auf ein Rechtsmittel. Wird Protest angemeldet, so bestimmt das Gericht mit Rücksicht auf die Umstände, ob das Rechtsmittel selbständig oder nur in Verbindung mit einem Rechtsmittel gegen das Urteil oder den Endbeschluß zu führen ist. Ein selbständiges Rechtsmittel ist durch Beschwerde zu führen.

§ 4

Rechtsmittel gegen Beschlüsse des Untergerichts während des Prozesses sind selbständig zu führen, wenn das Gericht

1. einen Bevollmächtigten, Beistand oder Verteidiger zurückgewiesen hat;
2. den Antrag eines Dritten, als Intervenient am Prozeß teilnehmen zu dürfen, abgelehnt hat;
3. einer Partei oder sonstigen Personen aufgegeben hat, Beweisurkunden vorzulegen oder Gegenstände zur Augenscheinseinnahme oder Besichtigung zur Verfügung zu stellen;
4. Bestimmungen erlassen hat über die Auferlegung einer angedrohten Zwangsstrafe oder eine Verhaftung oder die Bestrafung von Prozeßvergehen oder über die Verpflichtung einer Person, die nicht Partei oder Intervenient ist, für die im Prozeß verschuldeten Kosten aufzukommen;
5. Bestimmungen erlassen hat über Erstattungen oder Vorschußzahlungen an Beistände, Verteidiger, Zeugen, Sachverständige oder sonstige Personen, die nicht Parteien oder Intervenienten sind;
6. in Zivilsachen Bestimmungen erlassen hat über einen Arrest, ein Veräußerungsverbot oder andere provisorische Verfügungen oder in Strafverfahren über eine Verhaftung oder Maßnahmen der in den Kap. 25—28 behandelten Art;
7. den Antrag auf Bewilligung des Armenrechts, auf Erstattungen oder Vorschußzahlungen an eine Partei, die diese Vergünstigung genießt, abgelehnt oder die Aufhebung dieser Vergünstigung angeordnet oder den Antrag auf Beiordnung eines Beistandes oder Verteidigers abgelehnt oder hierzu eine andere als die von der Partei vorgeschlagene Person bestellt hat.

Das selbständige Rechtsmittel ist durch Beschwerde zu führen. Handelt es sich um Beschlüsse der in Ziffer 1, 2, 3 oder 7 genannten Art, so liegt es demjenigen, der ein Rechtsmittel einlegen will, ob, falls der Beschluß in einem Verhandlungstermin ergangen ist, sofort, und in anderen Fällen innerhalb einer Woche von dem Tage der Kenntniserlangung an gerechnet Protest anzumelden. Verabsäumt er dies, so hat er kein Recht mehr auf ein Rechtsmittel. Das Gericht entscheidet unverzüglich darüber, ob die Anmeldung vorschriftsgemäß erfolgt ist.

---

[15] Das Wort missnöje bedeutet wörtlich Unzufriedenheit; die hier gewählte Übersetzung mit „Protest“ kann daher den schwedischen Begriff nur ungefähr wiedergeben.

§ 5

Hat das Untergericht in Verbindung mit einem Urteil oder einem Endbeschluß einen Beschluß über eine der im § 4 behandelten Fragen erlassen, und handelt es sich hierbei um einen Bevollmächtigten, Beistand, Verteidiger, Zeugen, Sachverständigen oder eine andere Person, die nicht Partei oder Intervenient ist, so ist gegen diesen Beschluß die Beschwerde als selbständiges Rechtsmittel zulässig. Dies gilt auch, wenn das Untergericht in Verbindung mit einem Urteil oder einem Endbeschluß einen Beschluß über die Verpflichtung des Anklägers zur Erstattung von Prozeßkosten erlassen hat.

Ergeht sonst in Verbindung mit einem Urteil oder einem Endbeschluß ein Beschluß über eine der im § 4 behandelten Fragen oder ein Beschluß über die Verpflichtung einer Partei, eines Intervenienten oder der Staatskasse zur Erstattung von Prozeßkosten, so ist gegen diesen Beschluß ein Rechtsmittel in der gleichen Form wie gegen das Urteil oder den Endbeschluß zulässig.

§ 6

Meint eine Partei, daß das Verfahren durch einen Beschluß des Untergerichts unnötig verzögert wird, so darf sie gegen diesen Beschluß die Beschwerde als selbständiges Rechtsmittel führen.

§ 7

Hat das Untergericht einen Richter für befangen erklärt oder den Ablehnungsantrag gegen ein bestimmtes Mitglied des Schöffenkollegiums zurückgewiesen oder dem Antrag auf Bewilligung des Armenrechts stattgegeben, so verbleibt es bei dem Beschluß des Untergerichts.

§ 8

Ist in diesem Kapitel oder sonst in einem Gesetz nichts anderes bestimmt, so ist ein Rechtsmittel gegen einen Beschluß des Untergerichts nur in Verbindung mit dem Rechtsmittel gegen das Urteil oder den Endbeschluß zulässig.

Um einem Abänderungsantrag des Gegners entgegenzutreten, darf eine Partei, auch wenn sie kein Rechtsmittel gegen ein Urteil oder einen Endbeschluß eingelegt hat, um Nachprüfung eines Beschlusses ersuchen, gegen den kein selbständiges Rechtsmittel zulässig ist.

Ist kein selbständiges Rechtsmittel gegen einen Beschluß zulässig, durch den das Gericht eine Zwangsstrafe oder sonstige Rechtsfolgen angedroht hat, so darf ein mit dem Beschluß Unzufriedener in Verbindung mit einem selbständigen Rechtsmittel gegen den Beschluß, durch den die Androhung erfolgt ist, um Nachprüfung seiner Gültigkeit ersuchen.

§ 9

Gegen Beschlüsse des Untergerichts, durch welche die Anmeldung von Berufung oder Protest oder ein Antrag auf Einspruch oder Wiedereinsetzung in den vorigen Stand oder eine Berufung oder Beschwerde (besvär) abgewiesen ist, ist das Rechtsmittel der Beschwerde (klagan)[16] zulässig. In anderen Fällen darf die Frage, ob eine derartige Anmeldung oder ein derartiger Antrag erfolgt oder ob ein Rechtsmittel sonst in der vorgeschriebenen Form und innerhalb der gesetzlichen Frist geführt ist, nicht zur Entscheidung des Hofgerichts gelangen.

§ 10

Anordnungen des Untergerichts über die Art der Rechtsmittelführung sind bindend.

§ 11

Ist eine Partei, die gemäß § 3 während des Prozesses gegen einen Beschluß des Untergerichts Protest angemeldet hat, darauf hingewiesen worden, daß sie ein selbständiges Rechtsmittel gegen den Beschluß einzulegen hat, so ruht das Verfahren in Erwartung des Ergebnisses der von der Partei geführten Beschwerde. Hält das Gericht die Fortsetzung der Vorbereitung des Verfahrens für erforderlich, so darf es jedoch eine solche anordnen.

Wird Protest gemäß § 4 angemeldet, so darf das Gericht bestimmen, daß das Verfahren in Erwartung des Ergebnisses der Beschwerde ruht, wenn besondere Gründe hierzu Veranlassung geben.

In anderen als den genannten Fällen darf die Beschwerde gegen einen Beschluß des Untergerichts während des Prozesses keine Verzögerung in der Behandlung des Verfahrens herbeiführen.

Kap. 50

Berufung in Zivilsachen

§ 1

Will eine Partei ein Urteil des Untergerichts in einer Zivilsache durch ein Rechtsmittel anfechten, so hat sie bei diesem innerhalb einer Woche vom Tage der Urteilsfällung an gerechnet Berufung anzumelden. Das Gericht entscheidet sofort darüber, ob die Anmeldung vorschriftsgemäß erfolgt ist.

Eine Partei, die Berufung angemeldet hat, hat innerhalb drei Wochen vom Tage der Urteilsfällung an gerechnet die Berufung durch Einreichung eines Berufungsschriftsatzes beim Untergericht durchzuführen.

§ 2

Hat eine der Parteien gemäß § 1 gegen ein Urteil des Untergerichts Berufung eingelegt, so darf auch der Gegner, auch wenn er die Vorschriften des genannten Paragraphen nicht beachtet hat, ein Rechtsmittel gegen das Urteil führen. Ihm liegt jedoch ob, innerhalb einer Woche von dem Tage an ge-

[16] Vgl. die Beschwerde (besvär) gemäß Kap. 49 § 2.

rechnet, an dem die Frist zur Durchführung der Berufung abgelaufen ist, einen Berufungsschriftsatz beim Untergericht einzureichen.

Wird die erste Berufung zurückgenommen oder sonst hinfällig, so ist auch die spätere Berufung hinfällig.

§ 3

Ergibt sich, daß die Berufung nicht in der vorgeschriebenen Form oder innerhalb der gesetzlichen Frist durchgeführt ist, so ist sie vom Untergericht abzuweisen.

§ 4

In dem Berufungsschriftsatz hat der Berufungskläger anzugeben:

1. das Urteil, gegen welches das Rechtsmittel geführt wird;
2. die Begründung der Berufung und die Angabe, in welcher Hinsicht die Urteilsgründe des Untergerichts nach seiner Meinung unzutreffend sind;
3. den angefochtenen Teil und die beantragte Abänderung des Urteils.

Will sich der Berufungskläger auf Beweise beziehen, die früher nicht benannt sind, so hat er in dem Berufungsschriftsatz die Beweismittel und den Beweisgegenstand zu bezeichnen. Beweisurkunden sind dem Berufungsschriftsatz in Urschrift oder beglaubigter Abschrift beizufügen. Wünscht der Berufungskläger sonst, daß Zeugen, Sachverständige oder eine Partei unter Versicherung der Wahrheit vom Gericht vernommen werden oder daß ein Lokaltermin abgehalten wird, so hat er dies in dem Berufungsschriftsatz mit einer entsprechenden Begründung anzugeben. In dem Berufungsschriftsatz hat der Berufungskläger auch anzugeben, ob er wünscht, daß der Gegner bei der Hauptverhandlung des Hofgerichts persönlich zu erscheinen hat.

Der Berufungsschriftsatz ist von dem Berufungskläger oder seinem Bevollmächtigten eigenhändig zu unterzeichnen.

§ 5

Wird die Berufung nicht abgewiesen, so hat das Untergericht dem Hofgericht unverzüglich nach Ablauf der im § 2 angegebenen Frist den Berufungsschriftsatz und die ihm beigefügten Schriftstücke sowie die Akten zu übersenden.

Wird in dem Berufungsschriftsatz ein Antrag gestellt, der eine sofortige Entscheidung erfordert, wie zum Beispiel ein Antrag auf einen Arrest oder ein Veräußerungsverbot oder auf Aufhebung derartiger Maßnahmen oder auf Erlaß der Anordnung, daß das Urteil ohne Rücksicht auf seine fehlende Rechtskraft vollstreckbar ist, so hat die Übersendung sofort zu erfolgen; bis zum Ablauf der im § 2 angegebenen Frist muß sich jedoch eine Abschrift des Berufungsschriftsatzes beim Untergericht befinden.

§ 6

Liegen gegen die Behandlung der Berufung andere als die im § 3 genannten Hindernisse vor, so darf das Rechtsmittel vom Hofgericht sofort abgewiesen werden.

§ 7

Erfüllt der Berufungsschriftsatz nicht die Vorschriften des § 4 oder ist er sonst unvollständig, so hat das Hofgericht dem Berufungskläger die Beseitigung der Mängel aufzugeben.

Wird der Auflage keine Folge geleistet, und besteht der Mangel darin, daß der Schriftsatz keinen bestimmten Antrag enthält oder daß die Begründung der Berufung unklar gefaßt ist, oder ist der Mangel sonst so wesentlich, daß der Schriftsatz als Grundlage für einen Prozeß beim Hofgericht ungeeignet ist, so ist die Berufung abzuweisen.

§ 8

Zur Vorbereitung des Verfahrens ist der Berufungsschriftsatz mit den ihm beigefügten Schriftstücken dem Berufungsbeklagten zuzustellen und ihm die Einreichung einer schriftlichen Erwiderung aufzugeben.

Hat das Untergericht einen Antrag auf einen Arrest, ein Veräußerungsverbot oder andere provisorische Verfügungen abgewiesen oder die Aufhebung derartiger Maßnahmen angeordnet, so darf das Hofgericht sofort das Inkrafttreten der Maßnahmen bewilligen, bis anderes bestimmt wird. Hat das Untergericht Maßnahmen der genannten Art bewilligt oder bestimmt, daß das Urteil ohne Rücksicht auf seine fehlende Rechtskraft vollstreckbar ist, so darf das Hofgericht sofort bestimmen, daß weitere Vollstreckungsmaßnahmen nicht stattfinden dürfen.

§ 9

Wird der Antrag des Berufungsklägers nicht anerkannt, so hat die Erwiderung eine Stellungnahme zu dessen Berufungsbegründung und die Angabe der Umstände zu enthalten, die der Berufungsbeklagte vorbringen will.

Will sich der Berufungsbeklagte auf Beweise beziehen, die früher nicht benannt sind, so hat er in der Erwiderung die Beweismittel und den Beweisgegenstand zu bezeichnen. Beweisurkunden sind der Erwiderung in Urschrift oder beglaubigter Abschrift beizufügen. Wünscht der Berufungsbeklagte sonst, daß Zeugen, Sachverständige oder eine Partei unter Versicherung der Wahrheit vom Gericht vernommen werden oder daß ein Lokaltermin abgehalten wird, so hat er dies in seiner Erwiderung mit einer entsprechenden Begründung anzugeben. In der Erwiderung hat der Berufungsbeklagte auch anzugeben, ob er wünscht, daß der Gegner bei der Hauptverhandlung des Hofgerichts persönlich zu erscheinen hat.

Die Erwiderung ist von dem Berufungsbeklagten oder seinem Bevollmächtigten eigenhändig zu unterzeichnen.

§ 10

Die Erwiderung ist mit den ihr beigefügten Schriftstücken dem Berufungskläger zuzustellen.

Ergibt sich, daß zur Vorbereitung des Verfahrens ein weiterer Schriftsatzaustausch erforderlich ist, so darf das Hofgericht einen solchen anordnen. Das Hofgericht darf gleichzeitig nähere Bestimmungen über den Schriftsatzaustausch erlassen und hierbei auch vorschreiben, worüber sich die Parteien zu äußern haben. Die Einreichung von mehr als einem Schriftsatz darf einer Partei nur aufgegeben werden, wenn besondere Gründe hierfür vorliegen.

§ 11

Hält es das Hofgericht für erforderlich, daß das Gutachten eines Sachverständigen eingeholt, Beweisurkunden vorgelegt, Gegenstände zur Augenscheinseinnahme oder Besichtigung zur Verfügung gestellt, Beweise außerhalb der Hauptverhandlung erhoben oder andere vorbereitende Maßnahmen getroffen werden, so ist hierüber unverzüglich ein Beschluß zu erlassen.

Wünscht eine Partei, daß Maßnahmen der genannten Art getroffen werden, so hat sie so bald wie möglich ein entsprechendes Ersuchen an das Hofgericht zu richten.

§ 12

Ergibt sich, daß eine Partei oder andere Personen zur Vorbereitung des Verfahrens zu vernehmen sind, so hat das Hofgericht dies in der ihm angebracht erscheinenden Weise anzuordnen.

§ 13

Sobald die Vorbereitung des Verfahrens abgeschlossen ist, beraumt das Hofgericht den Termin für die Hauptverhandlung an. Zur Behandlung einer prozessualen Frage oder eines Teiles der Sache, über den gesondert entschieden werden kann, darf eine Hauptverhandlung anberaumt werden, auch wenn das Verfahren im übrigen noch nicht reif für die Hauptverhandlung ist.

§ 14

Die Parteien sind zur Hauptverhandlung zu laden.

Die Wahrnehmung des Verhandlungstermins durch den Berufungskläger ist mit der Rechtsfolge anzuordnen, daß seine Berufung sonst hinfällig wird. Soll er persönlich erscheinen, so hat ihm das Hofgericht gleichzeitig eine Zwangsstrafe anzudrohen. Dem Berufungsbeklagten ist, wenn er zum persönlichen Erscheinen verpflichtet ist oder wenn seine Anwesenheit sonst für die Behandlung oder Ermittlung des Verfahrens erheblich erscheint, eine Zwangsstrafe anzudrohen; wird eine solche nicht angedroht, so ist der Berufungsbeklagte darauf hinzuweisen, daß ohne Rücksicht auf seine Abwesenheit entschieden werden darf.

Das Hofgericht bestimmt gleichzeitig, ob Zeugen oder Sachverständige zur Hauptverhandlung zu laden sind. Die Parteien sind von dem Beschluß in Kenntnis zu setzen. Für die Ladung von Zeugen oder Sachverständigen gelten die Bestimmungen der Kap. 36 und 40.

§ 15

Auf die Hauptverhandlung finden im übrigen die Bestimmungen des Kap. 43 §§ 1—6 und 10—13 entsprechende Anwendung; für eine Ladung zu einer vertagten Hauptverhandlung und die Androhungen an die Parteien gelten jedoch die Bestimmungen des § 14 dieses Kapitels.

§ 16

In der Hauptverhandlung ist das Urteil des Untergerichts in dem erforderlichen Umfang zu verlesen, ferner hat der Berufungskläger anzugeben, welchen Teil des Urteils er anficht und welchen Antrag er stellt. Der Berufungsbeklagte hat anzugeben, ob er den Antrag anerkennt oder bestreitet.

Hierauf hat zuerst der Berufungskläger und dann der Berufungsbeklagte seine Sache vorzutragen, wenn das Hofgericht nicht eine andere Reihenfolge für angebrachter hält. Jede Partei hat zu dem Vorbringen des Gegners Stellung zu nehmen. Findet eine Verhandlung statt, obwohl der Berufungsbeklagte nicht anwesend ist, so ist seitens des Hofgerichts an Hand der Akten in dem erforderlichen Umfang wiederzugeben, was dieser geltend gemacht hat.

Was eine anwesende Partei bei dem Schriftsatzaustausch oder sonst bei der Vorbereitung des Verfahrens angeführt hat, darf nur dann verlesen werden, wenn ihre Behauptungen während der Verhandlung von ihren früheren Behauptungen abweichen oder sie es unterläßt, sich zu äußern, oder wenn sonst besondere Gründe hierfür vorliegen.

§ 17

Nachdem die Parteien ihre Sache vorgetragen haben, erfolgt die Beweisaufnahme. Findet eine Hauptverhandlung statt, obwohl der Berufungsbeklagte nicht anwesend ist, so sind die von diesem beim Untergericht erbrachten Beweise seitens des Hofgerichts in dem erforderlichen Umfang wiederzugeben.

Wenn nicht besondere Gründe anderes veranlassen, sollen Beweise, die an Hand des Protokolls und anderer Aufzeichnungen des Untergerichts zu behandeln sind, wiedergegeben werden, bevor die Beweise über die gleichen Umstände vom Hofgericht unmittelbar erhoben werden. Sind für den gleichen Umstand mehrere Beweise vorhanden, so sollen sie zusammenhängend erhoben werden.

§ 18

Nach der Beweisaufnahme dürfen die Parteien vorbringen, was sie für notwendig halten, um ihre Sache zu Ende zu führen.

§ 19

Bleibt der Berufungskläger dem Hauptverhandlungstermin fern, so ist seine Berufung hinfällig.

Bleibt der Berufungsbeklagte aus, und war ihm eine Zwangsstrafe angedroht worden, so darf das Hofgericht, wenn es sich um eine Sache handelt, bei der ein Vergleich nicht zugelassen ist, an Stelle der Androhung einer neuen Zwangsstrafe seine unverzüglich oder an einem späteren Tage zu erfolgende Vorführung anordnen.

Wird eine Partei durch einen Bevollmächtigten vertreten, obwohl ihr persönliches Erscheinen unter Androhung einer Zwangsstrafe angeordnet war, und handelt es sich um eine Sache, bei der ein Vergleich nicht zugelassen ist, so darf das Hofgericht an Stelle der Androhung einer neuen Zwangsstrafe ihre unverzügliche oder an einem späteren Tage zu erfolgende Vorführung anordnen.

Ist einer Partei eine Zwangsstrafe angedroht worden oder soll sie dem Gericht vorgeführt werden und ergibt sich, daß die Vorführung nicht erfolgen kann, so darf trotzdem ohne Rücksicht darauf entschieden werden, daß sie nur durch einen Bevollmächtigten vertreten oder ausgeblieben ist.

§ 20

Hat das Hofgericht das Rechtsmittel des Berufungsklägers gemäß § 19 für hinfällig erklärt, so darf dieser beim Hofgericht den Antrag auf Wiedereinsetzung in den vorigen Stand (återupptagande) stellen.

Der Antrag auf Wiedereinsetzung in den vorigen Stand ist schriftlich innerhalb zwei Wochen vom Tage des Erlasses des Beschlusses an gerechnet zu stellen. Bleibt der Berufungskläger von neuem aus, so ist sein Recht auf Wiedereinsetzung in den vorigen Stand hinfällig geworden.

§ 21

Das Hofgericht darf ein Verfahren ohne Hauptverhandlung zur Entscheidung bringen, wenn die Berufung vom Gegner anerkannt ist oder das Hofgericht sie für offensichtlich unbegründet hält.

Bezieht sich ein Verfahren nur auf Geld oder Gegenstände, die sich in Geld schätzen lassen, und beträgt der Streitwert des Anspruchs, dessentwegen das Rechtsmittel eingelegt ist, offenbar weniger als fünfhundert Kronen, so darf über das Verfahren ohne Hauptverhandlung entschieden werden, sofern nicht beide Parteien eine derartige Verhandlung beantragt haben. Bei der Berechnung des Streitwerts dürfen die Prozeßkosten oder die nach der Klageerhebung aufgelaufenen Zinsen nicht berücksichtigt werden.

Über Verfahren, bei denen es sich ausschließlich um die Anwendung von Rechtsvorschriften handelt, darf auf Antrag beider Parteien ohne Hauptverhandlung entschieden werden, wenn das Hofgericht eine solche für offenbar unnötig hält.

Für eine Entscheidung, die nicht die Sache selbst betrifft, ist keine Hauptverhandlung erforderlich.

§ 22

Hat das Hofgericht beschlossen, daß in einem Verfahren ohne Hauptverhandlung zu entscheiden ist, so müssen die Parteien erforderlichenfalls Gelegenheit erhalten, ihre Sache schriftlich darzulegen.

Das Hofgericht darf ohne Rücksicht auf einen früheren Beschluß bestimmen, daß eine Hauptverhandlung stattzufinden hat.

§ 23

Sind bei der Hauptverhandlung des Untergerichts über bestimmte Umstände Zeugen oder Sachverständige oder ist eine Partei unter Versicherung der Wahrheit vom Gericht vernommen oder ein Lokaltermin abgehalten worden, und beruht auch beim Hofgericht die Entscheidung auf der Glaubwürdigkeit dieser Beweise, so darf eine Abänderung des Urteils des Untergerichts insoweit nicht erfolgen, wenn nicht das Hofgericht die Beweise in der Hauptverhandlung von neuem erhoben hat oder besondere Gründe dafür sprechen, daß ihr Wert ein anderer ist, als das Untergericht angenommen hat.

§ 24

Hat nach Erlaß eines Versäumnisurteils derjenige, der dieses beantragt hat, das Urteil durch ein Rechtsmittel angefochten, und ist ein vom Gegner gestellter Einspruchsantrag zu behandeln, so hat das Hofgericht die Sache wieder an das Untergericht zu verweisen, um dort in Verbindung mit dem Einspruchsverfahren behandelt zu werden.

§ 25

Die Berufung darf zurückgenommen werden, bevor das Urteil oder der Endbeschluß des Hofgerichts ergangen ist.

Der Berufungskläger darf sein Rechtsmittel nicht dahin abändern, daß es sich auf einen anderen als den im Berufungsschriftsatz angegebenen Teil des Urteils beziehen soll.

Eine Partei darf sich beim Hofgericht zur Begründung ihres Rechtsmittels nicht auf einen Umstand oder einen Beweis beziehen, der früher nicht vorgebracht ist, wenn sie diesen beim Untergericht hätte vorbringen können und anzunehmen ist, daß sie dies zu unangemessenen Zwecken oder auf Grund grober Fahrlässigkeit unterlassen hat. Wird erst beim Hofgericht ein Antrag auf Aufrechnung gestellt, so darf er abgewiesen werden, wenn über ihn in diesem Verfahren nicht ohne Ungelegenheiten entschieden werden kann.

§ 26

Das Hofgericht hat ein Urteil des Untergerichts auch ohne Antrag aufzuheben, wenn diesem ein Urteilsfehler (domvilla) der in Kap. 59 § 1 Ziffer 1—4 behandelten Art unterlaufen ist.

Ist dem Untergericht ein sonstiger schwerer Prozeßfehler (rättegångsfel) unterlaufen, so darf das Hofgericht das Urteil ebenfalls ohne Antrag aufheben, wenn Gründe hierfür vorliegen.

Die Aufhebung darf das Urteil in seiner Gesamtheit oder zu einem bestimmten Teil betreffen. Bezieht sich der Prozeßfehler auch auf einen Teil des Urteils, der nicht mit dem Rechtsmittel angefochten ist, so entscheidet das Hofgericht mit Rücksicht auf die Umstände darüber, ob dieser Teil aufzuheben ist.

§ 27

Bezieht sich das Rechtsmittel auf die Befangenheit eines Richters des Untergerichts, und erscheint die Ablehnung begründet, so hat das Hofgericht das Urteil des Untergerichts aufzuheben, soweit dieses mit dem Rechtsmittel angefochten ist.

§ 28

Wird auf andere als die in den §§ 26 oder 27 genannten Prozeßfehler Bezug genommen, so darf das Hofgericht das Urteil des Untergerichts nur dann aufheben, wenn angenommen werden kann, daß der Fehler den Ausgang des Verfahrens beeinflußt hat und ihm vom Hofgericht nicht ohne erhebliche Ungelegenheiten abgeholfen werden kann.

§ 29

Hebt das Hofgericht das Urteil des Untergerichts auf, und wird der Beschluß nicht damit begründet, daß das Untergericht unzuständig war oder aus anderen Gründen das Verfahren nicht hätte behandeln und entscheiden sollen, so hat das Hofgericht das Verfahren gleichzeitig zur erforderlichen Behandlung an das Untergericht zurückzuverweisen.

Über die Befugnis des Hofgerichts, das Verfahren bei Unzuständigkeit des Untergerichts an ein anderes Untergericht zu verweisen, trifft Kap. 10 § 20 Bestimmungen.

§ 30

Nachdem das Urteil oder der Endbeschluß des Hofgerichts rechtskräftig geworden ist, sind die vom Untergericht übersandten Akten diesem mit einer Abschrift des Urteils oder Beschlusses zu übersenden.

Kap. 51

Berufung in Strafverfahren

§ 1

Will eine Partei ein Urteil des Untergerichts in einem Strafverfahren durch ein Rechtsmittel anfechten, so hat sie bei diesem innerhalb drei Wochen vom Tage der Urteilsfällung an gerechnet einen Berufungsschriftsatz einzureichen.

§ 2

Hat eine der Parteien gemäß § 1 gegen ein Urteil des Untergerichts Berufung eingelegt, so darf auch der Gegner, auch wenn er die Vorschriften des genannten Paragraphen nicht beachtet hat, ein Rechtsmittel gegen das Urteil führen; ihm liegt jedoch ob, innerhalb einer Woche von dem Tage an gerechnet, an dem die Berufungsfrist abgelaufen ist, einen Berufungsschriftsatz beim Untergericht einzureichen.

Wird die erste Berufung zurückgenommen oder sonst hinfällig, so ist auch die spätere Berufung hinfällig.

§ 3

Ergibt sich, daß die Berufung nicht in der vorgeschriebenen Form oder innerhalb der gesetzlichen Frist durchgeführt ist, so ist sie vom Untergericht abzuweisen.

§ 4

In dem Berufungsschriftsatz hat der Berufungskläger anzugeben:

1. das Urteil, gegen welches das Rechtsmittel geführt wird;
2. die Begründung der Berufung und die Angabe, in welcher Hinsicht die Urteilsgründe des Untergerichts nach seiner Meinung unzutreffend sind;
3. den angefochtenen Teil und die beantragte Abänderung des Urteils.

Will sich der Berufungskläger auf Beweise beziehen, die früher nicht benannt sind, so hat er in dem Berufungsschriftsatz die Beweismittel und den Beweisgegenstand zu bezeichnen. Beweisurkunden sind dem Berufungsschriftsatz in Urschrift oder beglaubigter Abschrift beizufügen. Wünscht der Berufungskläger sonst, daß Zeugen oder Sachverständige vom Gericht vernommen werden oder daß ein Lokaltermin abgehalten wird, so hat er dies in dem Berufungsschriftsatz mit einer entsprechenden Begründung anzugeben. In dem Berufungsschriftsatz hat der Berufungskläger auch anzugeben, ob er wünscht, daß der Verletzte oder der Angeklagte bei der Hauptverhandlung des Hofgerichts persönlich zu erscheinen hat.

Ist der Angeklagte festgenommen oder verhaftet, so ist dies anzugeben.

Der Berufungsschriftsatz ist von dem Berufungskläger oder seinem Bevollmächtigten eigenhändig zu unterzeichnen.

§ 5

Wird die Berufung nicht abgewiesen, so hat das Untergericht dem Hofgericht unverzüglich nach Ablauf der im § 2 angegebenen Frist den Berufungsschriftsatz und die ihm beigefügten Schriftstücke sowie die Akten zu übersenden.

Ist der Angeklagte verhaftet oder wird in dem Berufungsschriftsatz ein Antrag gestellt, der eine sofortige Entscheidung erfordert, wie zum Beispiel ein Antrag auf Verhaftung des Angeklagten oder auf Maßnahmen der in den Kap. 25—28 genannten Art oder auf Aufhebung derartiger Maßnahmen, so hat die Übersendung sofort zu erfolgen; bis zum Ablauf der im § 2 angegebenen Frist muß sich jedoch eine Abschrift des Berufungsschriftsatzes beim Untergericht befinden.

§ 6

Liegen gegen die Behandlung der Berufung andere als die im § 3 genannten Hindernisse vor, so darf das Rechtsmittel vom Hofgericht sofort abgewiesen werden.

§ 7

Erfüllt der Berufungsschriftsatz nicht die Vorschriften des § 4 oder ist er sonst unvollständig, so hat das Hofgericht dem Berufungskläger die Beseitigung der Mängel aufzugeben.

Wird der Auflage keine Folge geleistet, und besteht der Mangel darin, daß der Schriftsatz keinen bestimmten Antrag enthält oder daß die Begründung der Berufung unklar gefaßt ist, oder ist der Mangel sonst so wesentlich, daß der Schriftsatz als Grundlage für einen Prozeß beim Hofgericht ungeeignet ist, so ist die Berufung abzuweisen.

§ 8

Zur Vorbereitung des Verfahrens ist der Berufungsschriftsatz mit den ihm beigefügten Schriftstücken dem Berufungsbeklagten zuzustellen und ihm die Einreichung einer schriftlichen Erwiderung aufzugeben.

Hat das Untergericht einen Antrag auf Maßnahmen der in den Kap. 26—28 bezeichneten Art abgewiesen oder die Aufhebung derartiger Maßnahmen angeordnet, so darf das Hofgericht sofort das Inkrafttreten der Maßnahmen bewilligen, bis anderes bestimmt wird. Hat das Untergericht Maßnahmen der genannten Art bewilligt, so darf das Hofgericht sofort bestimmen, daß weitere Maßnahmen zur Vollstreckung des Beschlusses nicht stattfinden dürfen. Handelt es sich um eine Verhaftung oder ein Reiseverbot, so darf das Hofgericht auch ohne Anhörung des Gegners eine Abänderung des Beschlusses des Untergerichts vornehmen.

§ 9

Die Erwiderung hat eine Stellungnahme zu der Berufungsbegründung des Berufungsklägers und die Angabe der Umstände zu enthalten, die der Berufungsbeklagte vorbringen will.

Will sich der Berufungsbeklagte auf Beweise beziehen, die früher nicht benannt sind, so hat er in der Erwiderung die Beweismittel und den Beweisgegenstand zu bezeichnen. Beweisurkunden sind der Erwiderung in Urschrift oder beglaubigter Abschrift beizufügen. Wünscht der Berufungsbeklagte sonst, daß Zeugen oder Sachverständige vom Gericht vernommen werden oder daß ein Lokaltermin abgehalten wird, so hat er dies in seiner Erwiderung mit einer entsprechenden Begründung anzugeben. In der Erwiderung hat der Berufungsbeklagte auch anzugeben, ob er wünscht, daß der Verletzte oder der Angeklagte bei der Hauptverhandlung des Hofgerichts persönlich zu erscheinen hat.

Die Erwiderung ist von dem Berufungsbeklagten oder seinem Bevollmächtigten eigenhändig zu unterzeichnen, oder, falls der Angeklagte der Berufungsbeklagte ist, von seinem Verteidiger.

§ 10

Die Erwiderung ist dem Berufungskläger mit den ihr beigefügten Schriftstücken zuzustellen.

Ergibt sich, daß zur Vorbereitung des Verfahrens ein weiterer Schriftsatzaustausch erforderlich ist, so darf das Hofgericht einen solchen anordnen. Das Hofgericht darf gleichzeitig nähere Bestimmungen über den Schriftsatzaustausch erlassen und hierbei auch vorschreiben, worüber sich die Parteien zu äußern haben. Die Einreichung von mehr als einem Schriftsatz darf einer Partei nur aufgegeben werden, wenn besondere Gründe hierfür vorliegen.

§ 11

Hält es das Hofgericht für erforderlich, daß das Gutachten eines Sachverständigen eingeholt, Beweisurkunden vorgelegt, Gegenstände zur Augenscheinseinnahme oder Besichtigung zur Verfügung gestellt, Beweise außerhalb der Hauptverhandlung erhoben oder andere vorbereitende Maßnahmen getroffen werden, so ist hierüber unverzüglich ein Beschluß zu erlassen.

Wünscht eine Partei, daß Maßnahmen der genannten Art getroffen werden, so hat sie so bald wie möglich ein entsprechendes Ersuchen an das Hofgericht zu richten.

Ergibt sich in einem auf einer öffentlichen Anklage beruhenden Verfahren, daß eine Vervollständigung der Voruntersuchung oder daß in Fällen, in denen keine Voruntersuchung stattgefunden hat, eine solche erforderlich ist, so darf das Hofgericht dem Ankläger eine entsprechende Auflage machen.

§ 12

Ergibt sich, daß eine Partei oder andere Personen zur Vorbereitung des Verfahrens zu vernehmen sind, so hat das Hofgericht dies in der ihm angebracht erscheinenden Weise anzuordnen. Das Hofgericht ordnet die Vorführung eines festgenommenen oder verhafteten Angeklagten an.

§ 13

Sobald die Vorbereitung des Verfahrens abgeschlossen ist, beraumt das Hofgericht den Termin für die Hauptverhandlung an. Zur Behandlung einer prozessualen Frage oder eines Teiles der Sache, über den gesondert entschieden werden kann, darf eine Hauptverhandlung anberaumt werden, auch wenn das Verfahren im übrigen noch nicht reif für die Hauptverhandlung ist.

Ist der Angeklagte verhaftet, so ist die Hauptverhandlung innerhalb vier Wochen nach Ablauf der im § 2 angegebenen Frist abzuhalten, wenn nicht infolge von Maßnahmen der im § 11 genannten Art oder von anderen Umständen ein längerer Aufschub notwendig ist. Ist der Angeklagte nach Ablauf der im § 2 angegebenen Frist verhaftet worden, so ist die Frist vom Tage der Verhaftung an zu rechnen.

§ 14

Die Parteien sind zur Hauptverhandlung zu laden.

Die Wahrnehmung des Verhandlungstermins durch einen privaten Berufungskläger ist mit der Rechtsfolge anzuordnen, daß seine Berufung sonst hinfällig wird. Soll er persönlich erscheinen, so hat ihm das Hofgericht gleichzeitig eine Zwangsstrafe anzudrohen. Dem privaten Berufungsbeklagten ist, wenn er zum persönlichen Erscheinen verpflichtet ist oder wenn seine Anwesenheit sonst für die Behandlung oder Ermittlung des Verfahrens erheblich erscheint, eine Zwangsstrafe anzudrohen; ist er der Angeklagte, und liegt Anlaß zu der Annahme vor, daß er eine derartige Androhung nicht beachten würde, so darf das Hofgericht seine Vorführung anordnen. Wird die genannte Androhung oder Anordnung nicht erlassen, so ist der Berufungsbeklagte darauf hinzuweisen, daß ohne Rücksicht auf seine Abwesenheit entschieden werden darf. Das Hofgericht ordnet die Vorführung eines festgenommenen oder verhafteten Angeklagten an.

Ist in einem auf einer öffentlichen Anklage beruhenden Verfahren der Verletzte auf Grund der vom Ankläger erhobenen Anklage zu vernehmen, so ist er zwecks persönlichen Erscheinens in der Hauptverhandlung unter Androhung einer Zwangsstrafe zu laden.

Das Hofgericht bestimmt gleichzeitig, ob Zeugen oder Sachverständige zur Hauptverhandlung zu laden sind. Die Parteien sind von dem Beschluß in Kenntnis zu setzen. Für die Ladung von Zeugen oder Sachverständigen gelten die Bestimmungen der Kap. 36 und 40.

§ 15

Auf die Hauptverhandlung finden im übrigen die Bestimmungen des Kap. 46 §§ 1—5, 7, 9, 11, 13 und 16 entsprechende Anwendung; für eine Ladung zu einer vertagten Hauptverhandlung und die Androhungen an die Parteien gelten jedoch die Bestimmungen des § 14 dieses Kapitels.

Wird ein Verfahren zur Fortsetzung der Hauptverhandlung oder zu erneuter Hauptverhandlung vertagt, so darf das Hofgericht die ihm angebracht erscheinenden Maßnahmen für die Hauptverhandlung treffen, um das Verfahren bei der Verhandlung zum Abschluß bringen zu können. Für diese Maßnahmen gelten die Bestimmungen der §§ 10—12 dieses Kapitels.

§ 16

In der Hauptverhandlung ist das Urteil des Untergerichts in dem erforderlichen Umfang zu verlesen, ferner hat der Berufungskläger anzugeben, welchen Teil des Urteils er anficht und welchen Antrag er stellt. Dem Berufungsbeklagten ist Gelegenheit zur Stellungnahme zu dem Antrag zu geben.

Hierauf hat der Ankläger oder der Verletzte, sofern das Rechtsmittel nur von diesem geführt wird, die Anklage vorzutragen, soweit dies für die Entscheidung der Berufung erforderlich ist. Ist das Rechtsmittel von dem Angeklagten eingelegt worden, so darf jedoch zuerst der Angeklagte und dann der Ankläger oder der Verletzte seine Sache vortragen, wenn das Hofgericht dies für angebrachter hält. Jede Partei muß Gelegenheit erhalten, dem Vorbringen des Gegners entgegenzutreten. Findet eine Hauptverhandlung statt, obwohl der Berufungsbeklagte nicht anwesend ist, so ist seitens des Hofgerichts an Hand der Akten in dem erforderlichen Umfang wiederzugeben, was dieser geltend gemacht hat.

Bei der Vernehmung des Verletzten oder des Angeklagten dürfen schriftliche Aufzeichnungen seiner Bekundungen vor dem Untergericht oder vor dem Ankläger oder der Polizeibehörde nur dann verlesen werden, wenn seine Bekundungen bei der Vernehmung von den früheren Aussagen abweichen oder er es bei seiner Vernehmung unterläßt, sich zu äußern.

§ 17

Nachdem die Parteien ihre Sache vorgetragen haben, erfolgt die Beweisaufnahme. Die beim Untergericht erhobenen Beweise sind seitens des Hofgerichts an Hand des Protokolls und anderer Aufzeichnungen wiederzugeben, soweit sie für das Hofgerichtsverfahren erheblich sind; hält es das Hofgericht für angebrachter, und stimmen die Parteien dem zu, so dürfen die Beweise jedoch von den Parteien wiedergegeben werden.

Wenn nicht besondere Gründe anderes veranlassen, sollen Beweise, die an Hand des Protokolls und anderer Aufzeichnungen des Untergerichts zu behandeln sind, wiedergegeben werden, bevor die Beweise über die gleichen Umstände vom Hofgericht unmittelbar erhoben werden. Sind für den gleichen Umstand mehrere Beweise vorhanden, so sollen sie zusammenhängend erhoben werden.

§ 18

Nach der Beweisaufnahme dürfen die Parteien vorbringen, was sie für notwendig halten, um ihre Sache zu Ende zu führen.

§ 19

Bleibt ein privater Berufungskläger dem Hauptverhandlungstermin fern, so ist seine Berufung hinfällig.

Bleibt ein privater Berufungsbeklagter aus, und war ihm eine Zwangsstrafe angedroht worden, so darf das Hofgericht an Stelle der Androhung einer neuen Zwangsstrafe seine unverzügliche oder an einem späteren Tage zu erfolgende Vorführung anordnen.

Wird eine private Partei durch einen Bevollmächtigten vertreten, obwohl ihr persönliches Erscheinen unter Androhung einer Zwangsstrafe angeordnet war, so darf das Hofgericht an Stelle der Androhung einer neuen Zwangsstrafe ihre unverzügliche oder an einem späteren Tage zu erfolgende Vorführung anordnen.

Unterläßt es in einem auf einer öffentlichen Anklage beruhenden Verfahren ein Verletzter, der auf Grund der vom Ankläger erhobenen Anklage zu vernehmen ist, persönlich zu erscheinen, so gelten hierfür die Bestimmungen des Abs. 3.

Ist einer Partei eine Zwangsstrafe angedroht worden oder soll sie dem Gericht vorgeführt werden und ergibt sich, daß die Vorführung nicht erfolgen kann, so darf trotzdem ohne Rücksicht darauf entschieden werden, daß sie nur durch einen Bevollmächtigten vertreten oder ausgeblieben ist.

§ 20

Hat das Hofgericht das Rechtsmittel des Berufungsklägers gemäß § 19 für hinfällig erklärt, so darf dieser beim Hofgericht den Antrag auf Wiedereinsetzung in den vorigen Stand stellen.

Der Antrag auf Wiedereinsetzung in den vorigen Stand ist schriftlich innerhalb zwei Wochen vom Tage des Erlasses des Beschlusses an gerechnet zu stellen. Bleibt der Berufungskläger von neuem aus, so ist sein Recht auf Wiedereinsetzung in den vorigen Stand hinfällig geworden.

§ 21

Das Hofgericht darf ein Verfahren ohne Hauptverhandlung zur Entscheidung bringen, wenn das Rechtsmittel vom Ankläger lediglich zugunsten des Angeklagten geführt wird oder der Gegner dem von dem Angeklagten geführten Rechtsmittel beigetreten ist.

Ist der Angeklagte vom Untergericht freigesprochen oder zu einer Geldstrafe verurteilt oder ist ihm eine Zwangsstrafe auferlegt worden, und liegt kein Anlaß zur Auferlegung einer höheren Strafe oder zu anderen als den genannten Rechtsfolgen vor, so darf ohne Hauptverhandlung entschieden werden. Wird das Rechtsmittel gleichzeitig noch aus anderen Gründen als wegen der Auferlegung einer Strafe geführt, so darf dies jedoch nicht geschehen, wenn nicht insoweit gemäß Kap. 50 § 21 ohne Hauptverhandlung entschieden werden darf.

Für eine Entscheidung, die nicht die Sache selbst betrifft, ist keine Hauptverhandlung erforderlich.

§ 22

Hat das Hofgericht beschlossen, daß in einem Verfahren ohne Hauptverhandlung zu entscheiden ist, so müssen die Parteien erforderlichenfalls Gelegenheit erhalten, ihre Sache schriftlich darzulegen.

Das Hofgericht darf ohne Rücksicht auf einen früheren Beschluß bestimmen, daß eine Hauptverhandlung stattzufinden hat.

§ 23

Sind bei der Hauptverhandlung des Untergerichts über bestimmte Umstände Zeugen oder Sachverständige vom Gericht vernommen oder ist ein Lokaltermin abgehalten worden, und beruht auch beim Hofgericht die Entscheidung auf der Glaubwürdigkeit dieser Beweise, so darf eine Abänderung des Urteils des Untergerichts insoweit nur zugunsten des Angeklagten erfolgen, wenn nicht das Hofgericht die Beweise in der Hauptverhandlung von neuem erhoben hat oder besondere Gründe dafür sprechen, daß ihr Wert ein anderer ist, als das Untergericht angenommen hat.

§ 24

Die Berufung darf zurückgenommen werden, bevor das Urteil oder der Endbeschluß des Hofgerichts ergangen ist. Der Ankläger, der beim Hofgericht die Berufung gegen den Angeklagten führt, darf das Rechtsmittel zu dessen Gunsten abändern.

Der Berufungskläger darf seine Berufung nicht dahin abändern, daß sie sich auf eine andere als die in dem Berufungsschriftsatz angegebene Tat beziehen soll.

§ 25

Das Hofgericht darf auf Grund eines Rechtsmittels des Angeklagten oder eines vom Ankläger zugunsten des Angeklagten geführten Rechtsmittels keine Strafe auferlegen, die schwerer als die vom Untergericht verhängte Strafe ist. Ist der Angeklagte vom Untergericht zu einer Freiheitsstrafe verurteilt worden, so darf das Hofgericht auf Jugendgefängnis oder auf Verwahrung oder Internierung in einer Sicherungsanstalt oder sonstige Sicherungsmaßnahmen erkennen oder die bedingte Aussetzung der Strafbemessung anordnen. Hat das Untergericht zu Jugendgefängnis oder zu einer Sicherungsmaßnahme verurteilt oder eine Anordnung der genannten Art getroffen, so darf das Hofgericht auf eine andere Rechtsfolge erkennen. Ist das Hofgericht hinsichtlich der Frage, ob der Angeklagte auf Grund seines Geisteszustandes straffrei sein soll, anderer Meinung als das Untergericht, so darf es die hierdurch veranlaßte Abänderung des Urteils vornehmen.

§ 26

Das Hofgericht hat ein Urteil des Untergerichts auch ohne Antrag aufzuheben, wenn diesem ein Urteilsfehler (domvilla) der in Kap. 59 § 1 Ziffer 1—4 behandelten Art unterlaufen ist.

Ist dem Untergericht ein anderer schwerer Prozeßfehler (rättegångsfel) unterlaufen, so darf das Hofgericht das Urteil ebenfalls ohne Antrag aufheben, wenn Gründe hierfür vorliegen.

Die Aufhebung darf das Urteil in seiner Gesamtheit oder zu einem bestimmten Teil betreffen. Bezieht sich der Prozeßfehler auch auf einen Teil des Urteils, der nicht mit dem Rechtsmittel angefochten ist, so entscheidet das Hofgericht mit Rücksicht auf die Umstände darüber, ob dieser Teil aufzuheben ist.

§ 27

Bezieht sich das Rechtsmittel auf die Befangenheit eines Richters des Untergerichts, und erscheint die Ablehnung begründet, so hat das Hofgericht das Urteil des Untergerichts aufzuheben, soweit dieses mit dem Rechtsmittel angefochten ist.

§ 28

Ergibt sich für das Hofgericht, daß andere als die in den §§ 26 oder 27 genannten Prozeßfehler unterlaufen sind, so darf es das Urteil des Untergerichts nur dann aufheben, wenn angenommen werden kann, daß der Fehler den Ausgang des Verfahrens beeinflußt hat und ihm vom Hofgericht nicht ohne erhebliche Ungelegenheiten abgeholfen werden kann.

§ 29

Hebt das Hofgericht das Urteil des Untergerichts auf, und wird der Beschluß nicht damit begründet, daß das Untergericht unzuständig war oder aus anderen Gründen das Verfahren nicht hätte behandeln und entscheiden sollen, so hat das Hofgericht das Verfahren gleichzeitig zur erforderlichen Behandlung an das Untergericht zurückzuverweisen.

Über die Befugnis des Hofgerichts, das Verfahren bei Unzuständigkeit des Untergerichts an ein anderes Untergericht zu verweisen, trifft Kap. 19 § 11 Bestimmungen.

§ 30

Nachdem das Urteil oder der Endbeschluß des Hofgerichts rechtskräftig geworden ist, sind die vom Untergericht übersandten Akten diesem mit einer Abschrift des Urteils oder Beschlusses zu übersenden.

§ 31

Ist das Rechtsmittel gegen das Urteil des Untergerichts nur eingelegt worden, soweit es sich auf anderes als auf die Frage der Strafbarkeit bezieht, so ist das Verfahren beim Hofgericht als Zivilsache zu behandeln.

Kap. 52
Beschwerde

§ 1

Will jemand Beschwerde gegen einen Beschluß des Untergerichts führen, so hat er bei diesem innerhalb zwei Wochen vom Tage des Erlasses des Beschlusses an gerechnet einen Beschwerdeschriftsatz einzureichen; ist der Beschluß während eines Prozesses in anderer Weise als in einem Verhandlungstermin ergangen, so rechnet die Beschwerdefrist jedoch von dem Tage an, an dem der Beschwerdeführer von dem Beschluß Kenntnis erlangt hat. Die Beschwerde gegen Beschlüsse über eine Verhaftung oder ein Verbleiben in Haft oder Fragen der in Kap. 49 § 6 bezeichneten Art ist nicht auf eine bestimmte Frist beschränkt.

Über die Verpflichtung, gegen Beschlüsse in Fragen der in Kap. 49 § 3 oder § 4 Abs. 1, Ziffer 1, 2, 3 oder 7 genannten Art Protest anzumelden, werden in dem genannten Kapitel Bestimmungen getroffen.

§ 2

Ergibt sich, daß die Beschwerde nicht in der vorgeschriebenen Form oder innerhalb der gesetzlichen Frist durchgeführt ist, so ist sie vom Untergericht abzuweisen.

§ 3

In dem Beschwerdeschriftsatz hat der Beschwerdeführer anzugeben:

1. den Beschluß, gegen den das Rechtsmittel geführt wird;
2. die Beschwerdebegründung;
3. die von ihm beantragte Abänderung des Beschlusses.

Will sich der Beschwerdeführer auf Beweise beziehen, die früher nicht benannt sind, so hat er in dem Beschwerdeschriftsatz die Beweismittel und den Beweisgegenstand zu bezeichnen. Beweisurkunden sind dem Beschwerdeschriftsatz in Urschrift oder beglaubigter Abschrift beizufügen.

Der Beschwerdeschriftsatz ist von dem Beschwerdeführer oder seinem Bevollmächtigten eigenhändig zu unterzeichnen.

§ 4

Wird die Beschwerde nicht abgewiesen, so hat das Untergericht dem Hofgericht unverzüglich den Beschwerdeschriftsatz und die ihm beigefügten Schriftstücke sowie die Urschrift oder beglaubigte Abschrift der Akten, soweit sie sich auf die von dem Rechtsmittel betroffene Frage beziehen, zu übersenden.

§ 5

Liegen gegen die Behandlung der Beschwerde andere als die im § 2 genannten Hindernisse vor, so darf sie vom Hofgericht sofort abgewiesen werden.

§ 6

Erfüllt der Beschwerdeschriftsatz nicht die Vorschriften des § 3 oder ist er sonst unvollständig, so hat das Hofgericht dem Beschwerdeführer die Beseitigung der Mängel aufzugeben.

Wird der Auflage keine Folge geleistet, und besteht der Mangel darin, daß der Schriftsatz keinen bestimmten Antrag enthält oder daß die Begründung der Beschwerde unklar gefaßt ist, oder ist der Mangel sonst so wesentlich, daß der

Schriftsatz als Grundlage für einen Prozeß beim Hofgericht ungeeignet ist, so ist die Beschwerde abzuweisen.

§ 7

Ergibt sich, daß der Gegner über die Beschwerde zu hören ist, so ist ihm der Beschwerdeschriftsatz mit den ihm beigefügten Schriftstücken zuzustellen und ihm die Einreichung einer schriftlichen Erklärung aufzugeben.

Der Beschluß des Untergerichts darf nicht abgeändert werden, wenn dem Gegner keine Gelegenheit zur Erklärung gegeben ist, soweit es sich um dessen Rechte handelt.

Hat das Untergericht in einer Zivilsache einen Antrag auf einen Arrest, ein Veräußerungsverbot oder andere provisorische Verfügungen abgewiesen oder die Aufhebung derartiger Maßnahmen angeordnet oder in einem Strafverfahren einen Antrag auf Maßnahmen der in Kap. 26—28 bezeichneten Art abgelehnt oder die Aufhebung solcher Maßnahmen angeordnet, so darf das Hofgericht sofort das Inkrafttreten der Maßnahmen bewilligen, bis anderes bestimmt wird. Hat das Untergericht Maßnahmen der genannten Art bewilligt oder bestimmt, daß ein Beschluß ohne Rücksicht auf seine fehlende Rechtskraft vollstreckbar ist, so darf das Hofgericht sofort bestimmen, daß weitere Vollstreckungsmaßnahmen nicht stattfinden dürfen. Handelt es sich um eine Verhaftung oder ein Reiseverbot, so darf das Hofgericht auch ohne Anhörung des Gegners eine Abänderung des Beschlusses des Untergerichts vornehmen.

§ 8

Die Erklärung hat eine Stellungnahme zu der Beschwerdebegründung des Beschwerdeführers und die Angabe der Umstände zu enthalten, die der Erklärende vorbringen will.

Will sich der Erklärende auf Beweise beziehen, die früher nicht benannt sind, so hat er in der Erklärung die Beweismittel und den Beweisgegenstand zu bezeichnen. Beweisurkunden sind der Erklärung in Urschrift oder beglaubigter Abschrift beizufügen.

Die Erklärung ist von dem Erklärenden oder seinem Bevollmächtigten oder, falls in einem Strafverfahren der Angeklagte der Erklärende ist, von seinem Verteidiger eigenhändig zu unterzeichnen.

§ 9

Ist eine Erklärung eingegangen und ergibt sich, daß ein weiterer Schriftsatzaustausch erforderlich ist, so darf das Hofgericht einen solchen anordnen. Das Hofgericht darf gleichzeitig nähere Bestimmungen über den Schriftsatzaustausch erlassen und hierbei auch vorschreiben, worüber sich die Parteien zu äußern haben. Die Einreichung von mehr als einem Schriftsatz darf einer Partei nur aufgegeben werden, wenn besondere Gründe hierfür vorliegen.

§ 10

Ergibt sich, daß eine Partei oder andere Personen zum Zweck der Ermittlungen mündlich zu vernehmen sind, so hat das Hofgericht dies in der ihm angebracht erscheinenden Weise anzuordnen. Das Hofgericht ordnet die Vorführung eines festgenommenen oder verhafteten Angeklagten an.

§ 11

Nachdem die erforderlichen Maßnahmen getroffen sind, ist das Verfahren vom Hofgericht so bald wie möglich zur Entscheidung zu bringen.

§ 12

Die Beschwerde darf zurückgenommen werden, bevor ein Endbeschluß des Hofgerichts ergangen ist.

§ 13

Nachdem der Endbeschluß des Hofgerichts rechtskräftig geworden ist, sind die vom Untergericht übersandten Akten diesem mit einer Abschrift des Beschlusses zu übersenden.

Kap. 53

Verfahren, die unmittelbar vom Hofgericht behandelt werden

§ 1

Auf Zivilsachen, die unmittelbar vom Hofgericht zu behandeln sind, finden die Bestimmungen der Kap. 42—44 über Prozesse beim Untergericht entsprechende Anwendung.

§ 2

Auf Strafverfahren, die unmittelbar vom Hofgericht zu behandeln sind, finden die Bestimmungen der Kap. 45—47 über Prozesse beim Untergericht entsprechende Anwendung. Für derartige Verfahren gelten jedoch folgende Abweichungen:

1. das Hofgericht darf den Ankläger nicht mit der Ausfertigung der Prozeßladung beauftragen;
2. das Hofgericht darf dem Angeklagten in der Prozeßladung die Einreichung einer schriftlichen Erwiderung zur Vorbereitung des Verfahrens aufgeben. Die Erwiderung ist dem Ankläger mit den ihr beigefügten Schriftstücken zuzustellen. Ergibt sich, daß zur Vorbereitung des Verfahrens ein weiterer Schriftsatzaustausch erforderlich ist, so darf das Hofgericht einen solchen anordnen. Das Gericht darf gleichzeitig nähere Bestimmungen über den Schriftsatzaustausch erlassen und hierbei auch vorschreiben, worüber sich die Parteien zu äußern haben;
3. an Stelle der Frist von einer Woche, die in Kap. 45 § 14, Kap. 46 § 11 und Kap. 47 § 22 für die Abhaltung der Hauptverhandlung in den Verfahren vorgeschrieben ist, in denen der Angeklagte festgenommen oder verhaftet ist, gilt eine Frist von zwei Wochen;

4. liegt kein Anlaß zur Verhängung einer schwereren Strafe als einer Geldstrafe vor, so darf das Hofgericht das Verfahren ohne Hauptverhandlung zur Entscheidung bringen; hierfür gelten die Bestimmungen des Kap. 51 § 22.

Sechster Abschnitt
Prozesse beim Obersten Gerichtshof

Kap. 54
Rechtsmittel gegen Urteile und Beschlüsse des Hofgerichts

§ 1

Gegen Urteile des Hofgerichts ist ein Antrag auf Führung des Rechtsmittels der Revision (ansökan om revision) zulässig.

Jemand, gegen den ein Versäumnisurteil ergangen ist, darf kein Rechtsmittel gegen das Urteil einlegen; über sein Recht auf Einspruch gegen ein solches Urteil treffen Kap. 44 § 9 und Kap. 53 § 1 Bestimmungen.

Hat sich eine Partei nach Entstehung einer Streitigkeit über eine Sache, bei der ein Vergleich zugelassen ist, verpflichtet, gegen das Urteil kein Rechtsmittel einzulegen, so ist dies bindend. Eine vor dem Urteil eingegangene Verpflichtung ist jedoch unwirksam, wenn der Gegner nicht eine entsprechende Verpflichtung eingegangen ist.

§ 2

Gegen Endbeschlüsse des Hofgerichts ist das Rechtsmittel der Beschwerde (besvär) zulässig. Ergeht in Verbindung mit einem Urteil ein Beschluß, auf Grund dessen die Sache zu einem bestimmten Teil nicht zur Behandlung und Entscheidung gelangt, so ist jedoch gegen diesen Beschluß der Antrag auf Führung des Rechtsmittels der Revision zulässig.

Darf eine Partei den Antrag auf Wiedereinsetzung in den vorigen Stand in einem Verfahren stellen, das durch einen Endbeschluß entschieden ist, so darf sie kein Rechtsmittel gegen den Beschluß einlegen.

§ 3

Die Bestimmungen des Kap. 49 §§ 3—5, 7 und 11 über die Einlegung eines Rechtsmittels gegen Beschlüsse des Untergerichts finden entsprechende Anwendung auf Rechtsmittel gegen Beschlüsse des Hofgerichts, die keine Endbeschlüsse sind, wenn es sich um bei diesem Gericht entstandene oder zu ihrem durch Rechtsmitteleinlegung gelangte Fragen der in den genannten gesetzlichen Bestimmungen bezeichneten Art handelt.

§ 4

In anderen als den genannten Fällen gelten für die Beschlüsse des Hofgerichts die Bestimmungen des Kap. 49 § 8.

§ 5

Hat das Hofgericht einen Antrag auf eine Verhaftung oder ein Reiseverbot abgelehnt oder einen Verhafteten freigelassen oder ein Reiseverbot aufgehoben, so ist ein Rechtsmittel gegen den Beschluß lediglich in Verbindung mit dem Rechtsmittel gegen das Urteil oder den Endbeschluß des Hofgerichts zulässig.

§ 6

Gegen Beschlüsse, durch die das Hofgericht ein Verfahren an das Untergericht zurückverwiesen hat, ist keine Beschwerde zulässig. Umfaßt die Entscheidung des Hofgerichts jedoch die Entscheidung einer Frage, die auf den Ausgang des Verfahrens von Einfluß ist, so darf die Partei ohne Rücksicht auf das Gesagte ein Rechtsmittel gegen den Beschluß einlegen.

§ 7

Hat das Hofgericht das Untergericht in einem Verfahren für zuständig erklärt, so ist hiergegen kein Rechtsmittel zulässig, sofern sich die Einwendung gegen die Zuständigkeit des Untergerichts nicht auf Umstände stützt, die das höhere Gericht bei Einlegung des Rechtsmittels von Amts wegen zu beachten hat.

§ 8

Gegen Beschlüsse des Hofgerichts über die Befangenheit eines Richters des Untergerichts oder in Fragen der in Kap. 49 § 4 Abs. 1 Ziffer 7 oder § 6 genannten Art, derentwegen ein Rechtsmittel an das Hofgericht eingelegt war, ist kein Rechtsmittel zulässig.

§ 9

Rechtsmittel gegen Urteile oder Endbeschlüsse des Hofgerichts in Verfahren oder Sachen, die beim Untergericht anhängig gemacht waren, dürfen nicht in weiterem als dem sich aus § 10 ergebenden Umfang zur Entscheidung des Obersten Gerichtshofs gelangen, wenn dieser der Partei keine Genehmigung hierzu erteilt hat.

Das Gesagte gilt nicht für Rechtsmittel, die in auf öffentlichen Anklagen beruhenden Verfahren vom Reichsankläger, vom Justizkanzler sowie vom Justizbevollmächtigten oder Militärbevollmächtigten des Reichstags geführt werden[14].

§ 10

Die Genehmigung zur Rechtsmitteleinlegung darf nur erteilt werden:

1. wenn es für die einheitliche Gesetzesauslegung oder Rechtsanwendung von besonderer Bedeutung ist, daß über das Rechtsmittel vom Obersten Gerichtshof entschieden wird, oder die Partei nachweist, daß die Entscheidung der Sache sonst von besonderer über das fragliche Verfahren hinausreichender Bedeutung sein würde;

2. wenn Anlaß zur Abänderung des Ergebnisses vorliegt, zu dem das Hofgericht gelangt ist, oder wenn sonst mit Rück-

---

[14] Vgl. hierzu Simson, „Der Justizbevollmächtigte des schwedischen Reichstags“, Deutsche Rechts-Zeitschrift 1950, S. 396.

sicht auf die Umstände des Verfahrens Gründe für die Entscheidung über das Rechtsmittel vorliegen.

Wird keine Genehmigung zur Rechtsmitteleinlegung erteilt, so ist das Urteil oder der Endbeschluß des Hofgerichts endgültig; ein Hinweis hierauf ist in den Beschluß des Obersten Gerichtshofs aufzunehmen.

§ 11

Bei der Entscheidung darüber, inwieweit die Genehmigung zur Einlegung eines Rechtsmittels gegen ein Urteil zu erteilen ist, ist auch Rücksicht auf einen Beschluß zu nehmen, durch den die Sache zu einem bestimmten Teil nicht zur Behandlung und Entscheidung gelangt und gegen den ein Rechtsmittel in Verbindung mit dem Rechtsmittel gegen das Urteil eingelegt ist.

Wird die Genehmigung zur Rechtsmitteleinlegung erteilt, so gilt diese für das Urteil oder den Endbeschluß in seiner Gesamtheit, soweit die Partei gegen die Entscheidung ein Rechtsmittel eingelegt hat, sowie für einen Beschluß, gegen den ein Rechtsmittel in Verbindung mit dem Rechtsmittel gegen das Urteil oder den Endbeschluß eingelegt ist.

§ 12

Die Genehmigung zur Rechtsmitteleinlegung gemäß § 10 Ziffer 2 ist einer Partei in Verfahren, die sich auf Geld oder Gegenstände beziehen, die sich in Geld schätzen lassen, nicht zu erteilen, wenn der Streitwert dessen, mit dem sie beim Hofgericht unterlegen ist, offenbar eintausendfünfhundert Kronen nicht erreicht. Bei der Berechnung des Streitwerts, hinsichtlich dessen eine Partei unterlegen ist, dürfen die Prozeßkosten oder die nach der Klageerhebung aufgelaufenen Zinsen nicht berücksichtigt werden.

Ebenso darf einem Verletzten in Verfahren, die sich auf die Frage der Strafbarkeit beziehen, keine Genehmigung zur Einlegung eines Rechtsmittels gemäß § 10 Ziffer 2 erteilt werden, wenn sich dieses nicht auf eine strafbare Handlung bezieht, für die Strafarbeit oder Amtsenthebung verhängt werden kann, oder ebensowenig einem Angeklagten oder einem seiner Angehörigen im Sinne des Kap. 21 § 1, wenn sich das Rechtsmittel nicht auf eine derartige Tat oder eine andere strafbare Handlung bezieht und der Angeklagte wegen seines Geisteszustandes für straffrei erklärt oder die bedingte Aussetzung der Strafbemessung angeordnet ist oder er wegen der Straftat zu Verwahrung in einer Sicherungsanstalt oder zu einer anderen Sicherungsmaßnahme oder zu Jugendgefängnis, Gefängnis, zeitweiliger Amtsenthebung, Tagesbußen von mindestens sechzig Kronen oder zu einer sofort zahlbaren Geldstrafe von mindestens eintausendfünfhundert Kronen verurteilt ist oder wenn ihm eine sofort zahlbare, nicht unter dem genannten Betrag liegende Zwangsstrafe auferlegt oder wenn eine neue Mindestfrist seiner Verwahrung oder Internierung angeordnet ist.

§ 13

Wird in Verfahren oder Sachen, die beim Untergericht anhängig gemacht waren, ein Rechtsmittel gegen einen Beschluß des Hofgerichts, der kein Endbeschluß ist, eingelegt, und ist insoweit keine Genehmigung zur Rechtsmitteleinlegung erteilt, die gemäß § 11 Abs. 2 auch für diesen Beschluß gilt, so finden die Bestimmungen der §§ 9—12 entsprechende Anwendung. Für ein Rechtsmittel gegen einen Beschluß über die Prozeßkosten darf jedoch keine Genehmigung zur Rechtsmitteleinlegung gemäß § 10 Ziffer 2 erteilt werden.

§ 14

Erläßt das Hofgericht einen Beschluß, gegen den gemäß §§ 5, 6, 7 oder 8 kein Rechtsmittel zulässig ist, so hat das Hofgericht dies in dem Beschluß zur Kenntnis zu bringen.

Kann ein Rechtsmittel gegen ein Urteil oder einen Beschluß des Hofgerichts nicht zur Entscheidung des Obersten Gerichtshofs gelangen, sofern dieser der Partei nicht die Genehmigung hierzu erteilt hat, so hat das Hofgericht dies in Verbindung mit der Belehrung über die Rechtsmitteleinlegung zur Kenntnis zu bringen. Ebenso hat das Hofgericht anzugeben, aus welchen Gründen eine derartige Genehmigung mit Rücksicht auf den Ausgang der Sache erteilt werden darf. Gelten für die einzelnen Teile des Urteils oder Beschlusses verschiedenartige Gründe, so hat das Hofgericht die Partei über den Inhalt des § 11 Abs. 2 zu belehren.

§ 15

Ist eine Partei der Meinung, daß eine vom Hofgericht gemäß § 14 erteilte Belehrung unzutreffend ist, so darf sie in Verbindung mit der Einlegung eines Rechtsmittels gegen das Urteil oder den Beschluß um Entscheidung hierüber ersuchen. Handelt es sich hierbei um die Frage, ob auf Grund der Bestimmungen des § 12 der Erteilung der Genehmigung zur Rechtsmitteleinlegung Hindernisse gemäß § 10 Ziffer 2 entgegenstehen, so ist hierüber in Verbindung mit der Erteilung der Genehmigung zu entscheiden. Zum Nachweis des Streitwerts, hinsichtlich dessen eine Partei beim Hofgericht unterlegen ist, dürfen beim Obersten Gerichtshof keine neuen Beweismittel erbracht werden.

In anderen als den im Abs. 1 genannten Fällen dürfen die dort bezeichneten Fragen nicht zur Entscheidung des Obersten Gerichtshofs gelangen. Die Vorschriften, die das Hofgericht im übrigen über die Art der Rechtsmittelführung erlassen hat, sind bindend.

§ 16

Gegen Beschlüsse des Hofgerichts, durch welche die Anmeldung eines Protests oder ein Antrag auf Einspruch oder auf Wiedereinsetzung in den vorigen Stand oder eine Revision oder Beschwerde gegen ein Urteil oder einen Beschluß des Hofgerichts abgewiesen ist, ist die Beschwerde zulässig. In anderen Fällen darf die Frage, ob eine derartige Anmeldung oder ein derartiger Antrag erfolgt oder ob ein Rechtsmittel sonst in der vorgeschriebenen Form und innerhalb der gesetzlichen Frist durchgeführt ist, nicht zur Entscheidung des Obersten Gerichtshofs gelangen.

§ 17

Wer ein Rechtsmittel gegen ein Urteil oder einen Beschluß des Hofgerichts einlegen will, hat bei diesem eine Rechtsmittelgebühr von einhundertfünfzig Kronen sowie einen Sicherheitsbetrag in gleicher Höhe für die Kostenerstattung zu hinterlegen, die der Oberste Gerichtshof dem Gegner gegebenenfalls zuerkennen kann. Hat in einem Verfahren, bei dem mehrere Personen das Rechtsmittel gemeinsam führen, eine von ihnen die genannten Beträge hinterlegt, so gilt dies auch zugunsten der übrigen. Stehen in einem Verfahren demjenigen, der das Rechtsmittel einlegt, mehrere Gegner gegenüber, so ist er jedoch nicht zu einer höheren als der genannten Hinterlegung verpflichtet.

Der Staat ist von der Hinterlegungspflicht befreit, ebenso in Strafverfahren der Ankläger sowie ein Angeklagter, der sich in dem fraglichen Verfahren in Haft befindet. Andere Angeklagte, die ein Rechtsmittel wegen einer ihnen auferlegten Strafe führen, sind von der Hinterlegung der Rechtsmittelgebühr befreit. Die Hinterlegung der Sicherheit für die Kostenerstattung ist nicht erforderlich, wenn kein privater Gegner vorhanden ist.

§ 18

Hinterlegt jemand, der ein Rechtsmittel einlegen will, den als Sicherheit für die Kostenerstattung an den Gegner vorgeschriebenen Betrag, kann er aber die Rechtsmittelgebühr wegen Bedürftigkeit nicht gleichzeitig hinterlegen, so darf er das Rechtsmittel ohne Rücksicht hierauf durchführen, wenn er durch eine Bescheinigung der zuständigen Behörde nachweist, daß er nicht die Mittel für die Bezahlung von weiteren einhundertfünfzig Kronen besitzt oder daß ihm im Fall der Zahlung der notdürftige Lebensunterhalt fehlen würde. Kann er auch den als Sicherheit für die Kostenerstattung zu hinterlegenden Betrag nicht zahlen, so darf er gleichfalls ohne Rücksicht hierauf das Rechtsmittel durchführen, wenn er durch eine Bescheinigung der genannten Art nachweist, daß er nicht die Mittel zur Zahlung von einhundertfünfzig Kronen besitzt oder daß ihm im Fall der Zahlung der notdürftige Lebensunterhalt fehlen würde.

Der König erläßt nähere Bestimmungen darüber, welche Behörde derartige Bescheinigungen ausstellen darf und wie deren Inhalt zu lauten hat.

§ 19

Wird dem Abänderungsantrag einer Partei ganz oder in seinen Hauptteilen stattgegeben, so ordnet der Oberste Gerichtshof gleichzeitig an, daß sie die hinterlegte Rechtsmittelgebühr zurückerhalten soll. Ergeht keine derartige Anordnung, so fällt die Gebühr der Staatskasse zu.

Hat eine Partei die Rechtsmittelgebühr hinterlegt, obwohl diese von ihr nach den gesetzlichen Bestimmungen nicht zu zahlen gewesen wäre, so ordnet der Oberste Gerichtshof in Verbindung mit der Entscheidung des Verfahrens an, daß sie die Gebühr zurückerhalten soll.

Im Urteil oder Endbeschluß ordnet der Oberste Gerichtshof an, ob und in welchem Umfang der von einer Partei hinterlegte Sicherheitsbetrag für die Kostenerstattung von ihr oder dem Gegner erhoben werden darf.

Kap. 55
Revision

§ 1

Will eine Partei um Revisionsführung gegen ein Urteil des Hofgerichts ersuchen, so hat sie bei diesem innerhalb vier Wochen vom Tage der Urteilsfällung an gerechnet einen Revisionsschriftsatz einzureichen.

§ 2

Der Revisionskläger hat beim Hofgericht innerhalb der im § 1 angegebenen Frist die festgesetzte Rechtsmittelgebühr und den vorgeschriebenen Sicherheitsbetrag für die Kostenerstattung an den Gegner zu hinterlegen. Wird keiner dieser Beträge oder nur der Sicherheitsbetrag für die Kostenerstattung hinterlegt, so hat der Revisionskläger vor Ablauf der genannten Frist ein Armutszeugnis der in Kap. 54 § 18 bezeichneten Art einzureichen.

Hat der Revisionskläger rechtzeitig eine Bescheinigung der zuständigen Behörde über seine Bedürftigkeit eingereicht, diese aber nicht den in der genannten gesetzlichen Bestimmung vorgeschriebenen Inhalt, so hat ihm das Hofgericht die Einreichung der vorgeschriebenen Bescheinigung mit der Rechtsfolge aufzugeben, daß die Revision hinfällig wird, falls diese Bescheinigung ihm nicht im Zeitpunkt der erneuten Behandlung der Frage, ob das Rechtsmittel vorschriftsgemäß eingelegt ist, vorliegt. Wird der Betrag hinterlegt, so genügt dies.

§ 3

Ergibt sich, daß die Revision nicht in der vorgeschriebenen Form oder innerhalb der gesetzlichen Frist durchgeführt ist, so ist sie vom Hofgericht abzuweisen.

§ 4

In dem Revisionsschriftsatz hat der Revisionskläger anzugeben:

1. das Urteil, gegen welches das Rechtsmittel geführt wird;
2. die Begründung der Revision und die Angabe, in welcher Hinsicht die Urteilsgründe des Hofgerichts nach seiner Meinung unzutreffend sind;

3. den angefochtenen Teil und die beantragte Abänderung des Urteils.

Ist der Revisionskläger der Meinung, daß die Genehmigung zur Rechtsmitteleinlegung gemäß Kap. 54 § 10 Ziffer 1 zu erteilen ist, so soll er in dem Revisionsschriftsatz nähere Angaben über die Umstände machen, auf die er sich zur Begründung bezieht.

Will sich der Revisionskläger auf Beweise beziehen, die früher nicht benannt sind, so hat er in dem Revisionsschriftsatz die Beweismittel und den Beweisgegenstand zu bezeichnen. In Zivilsachen hat der Revisionskläger die Veranlassung dafür anzugeben, daß der Beweis nicht früher benannt ist. Bezieht sich der Revisionskläger auf Beweisurkunden, so sind diese dem Revisionsschriftsatz in Urschrift oder beglaubigter Abschrift beizufügen. In dem Revisionsschriftsatz hat der Revisionskläger auch anzugeben, ob er wünscht, daß der Gegner oder in Strafverfahren der Verletzte oder der Angeklagte bei der Hauptverhandlung des Obersten Gerichtshofs persönlich zu erscheinen hat.

Ist in einem Strafverfahren der Angeklagte festgenommen oder verhaftet, so ist dies anzugeben.

Der Revisionsschriftsatz ist von dem Revisionskläger oder seinem Bevollmächtigten eigenhändig zu unterzeichnen.

§ 5

Wird die Revision nicht abgewiesen, so hat das Hofgericht dem Obersten Gerichtshof unverzüglich nach Ablauf der Revisionsfrist den Revisionsschriftsatz und die ihm beigefügten Schriftstücke sowie die Untergerichts- und Hofgerichtsakten zu übersenden.

Ist in einem Strafverfahren der Angeklagte verhaftet oder wird in einem Revisionsschriftsatz ein Antrag gestellt, der sofortige Entscheidung verlangt, wie zum Beispiel in Zivilsachen ein Antrag auf einen Arrest oder ein Veräußerungsverbot oder auf Aufhebung derartiger Maßnahmen oder auf Erlaß der Anordnung, daß das Urteil ohne Rücksicht auf seine fehlende Rechtskraft vollstreckbar ist, oder in Strafverfahren der Antrag auf Verhaftung des Angeklagten oder auf Maßnahmen der in Kap. 25—28 genannten Art oder auf Aufhebung derartiger Maßnahmen, so hat die Übersendung sofort zu erfolgen.

§ 6

Liegen gegen die Behandlung der Revision andere als die im § 3 genannten Hindernisse vor, so darf das Rechtsmittel vom Obersten Gerichtshof sofort abgewiesen werden.

§ 7

Erfüllt der Revisionsschriftsatz nicht die Vorschriften des § 4 oder ist er sonst unvollständig, so hat der Oberste Gerichtshof dem Revisionskläger die Beseitigung der Mängel aufzugeben.

Wird der Auflage keine Folge geleistet, und besteht der Mangel darin, daß der Schriftsatz keinen bestimmten Antrag enthält oder daß die Begründung der Revision unklar gefaßt ist, oder ist der Mangel sonst so wesentlich, daß der Schriftsatz als Grundlage für einen Prozeß beim Obersten Gerichtshof ungeeignet ist, so ist die Revision abzuweisen.

§ 8

Zur Vorbereitung des Verfahrens ist der Revisionsschriftsatz mit den ihm beigefügten Schriftstücken dem Revisionsbeklagten zuzustellen und ihm die Einreichung einer schriftlichen Erwiderung aufzugeben.

Hat das Hofgericht in einer Zivilsache einen Antrag auf einen Arrest, ein Veräußerungsverbot oder andere provisorische Verfügungen abgewiesen oder die Aufhebung derartiger Maßnahmen angeordnet oder in einem Strafverfahren einen Antrag auf Maßnahmen der in Kap. 26—28 bezeichneten Art abgelehnt oder die Aufhebung der darin genannten Maßnahmen angeordnet, so darf der Oberste Gerichtshof sofort das Inkrafttreten der Maßnahmen bewilligen, bis anderes bestimmt wird. Hat das Hofgericht Maßnahmen der genannten Art bewilligt oder bestimmt, daß das Urteil ohne Rücksicht auf seine fehlende Rechtskraft vollstreckbar ist oder einen hierüber ergangenen Beschluß des Untergerichts bestätigt, so darf der Oberste Gerichtshof auch sogleich bestimmen, daß weitere Vollstreckungsmaßnahmen nicht stattfinden dürfen. Handelt es sich um eine Verhaftung oder ein Reiseverbot, so darf der Oberste Gerichtshof auch ohne Anhörung des Gegners eine Abänderung des Beschlusses des Hofgerichts vornehmen.

§ 9

Wird der Antrag des Revisionsklägers in einer Zivilsache nicht anerkannt, so hat die Erwiderung eine Stellungnahme zu dessen Revisionsbegründung und die Angabe der Umstände zu enthalten, die der Revisionsbeklagte vorbringen will.

Will sich der Revisionsbeklagte auf Beweise beziehen, die früher nicht benannt sind, so hat er in der Erwiderung die Beweismittel und den Beweisgegenstand zu bezeichnen. In Zivilsachen hat der Revisionsbeklagte die Veranlassung dafür anzugeben, daß der Beweis nicht früher benannt worden ist. Bezieht sich der Revisionsbeklagte auf Beweisurkunden, so sind diese der Erwiderung in Urschrift oder beglaubigter Abschrift beizufügen. In der Erwiderung hat der Revisionsbeklagte auch anzugeben, ob er wünscht, daß der Gegner oder in einem Strafverfahren der Verletzte oder der Angeklagte bei der Hauptverhandlung des Obersten Gerichtshofs persönlich zu erscheinen hat.

Die Erwiderung ist von dem Revisionsbeklagten oder seinem Bevollmächtigten oder, falls in einem Strafverfahren der Angeklagte der Revisionsbeklagte ist, von seinem Verteidiger eigenhändig zu unterzeichnen.

§ 10

Die Erwiderung ist mit den ihr beigefügten Schriftstücken dem Revisionskläger zuzustellen.

Ergibt sich, daß zur Vorbereitung des Verfahrens ein weiterer Schriftsatzaustausch erforderlich ist, so darf der Oberste Gerichtshof einen solchen anordnen. Der Oberste Gerichtshof darf gleichzeitig nähere Bestimmungen über den Schriftsatzaustausch erlassen und hierbei auch vorschreiben, worüber sich die Parteien zu äußern haben. Die Einreichung von mehr als einem Schriftsatz darf einer Partei nur aufgegeben werden, wenn besondere Gründe hierfür vorliegen.

§ 11

Ist die Genehmigung zur Rechtsmitteleinlegung erforderlich, so hat der Oberste Gerichtshof nach Abschluß des Schriftsatzaustausches darüber zu bestimmen, ob diese Genehmigung erteilt wird. Liegen Gründe hierfür vor, so darf diese Frage behandelt werden, obwohl kein Schriftsatzaustausch stattgefunden hat. Bevor die Genehmigung zur Rechtsmitteleinlegung erteilt ist, dürfen die im § 8 Abs. 2 genannten Fragen nicht behandelt werden.

§ 12

Der Oberste Gerichtshof darf ein Verfahren ohne Hauptverhandlung zur Entscheidung bringen, wenn dieses unmittelbar vom Hofgericht behandelt oder wenn in einer Zivilsache die Revision vom Gegner anerkannt ist oder wenn in einer Strafsache das Rechtsmittel vom Ankläger lediglich zugunsten des Angeklagten geführt wird oder der Gegner dem von dem Angeklagten geführten Rechtsmittel beigetreten ist.

Für eine Entscheidung, die nicht die Sache selbst betrifft, ist keine Hauptverhandlung erforderlich.

Ist ein Verfahren oder eine bestimmte darin enthaltene Frage von dem Obersten Gerichtshof in seiner Gesamtheit zu entscheiden, so darf dies ohne Hauptverhandlung geschehen.

§ 13

Eine Partei darf sich in Zivilsachen beim Obersten Gerichtshof zur Begründung ihres Rechtsmittels nicht auf einen Umstand oder einen Beweis beziehen, der früher nicht vorgebracht ist, wenn sie nicht glaubhaft macht, daß sie sich nicht bei dem unteren Gericht auf den Umstand oder den Beweis beziehen konnte oder daß sie sonst triftige Gründe hatte, dies nicht zu tun. Wird erst beim Obersten Gerichtshof ein Antrag auf Aufrechnung gestellt, so darf er abgewiesen werden, wenn über ihn in diesem Verfahren nicht ohne Ungelegenheiten entschieden werden kann.

§ 14

Sind bei der Hauptverhandlung des unteren Gerichts über bestimmte Umstände Zeugen oder Sachverständige oder ist eine Partei unter Versicherung der Wahrheit vom Gericht vernommen oder ein Lokaltermin abgehalten worden, und beruht auch beim Obersten Gerichtshof die Entscheidung auf der Glaubwürdigkeit dieser Beweise, so darf in Zivilsachen insoweit keine Abänderung des Urteils des Hofgerichts oder in Strafverfahren eine andere Abänderung als zugunsten des Angeklagten erfolgen, es sei denn, daß das Hofgericht, ohne die Beweise in der Hauptverhandlung zu erheben, deshalb eine Abänderung des Urteils des Untergerichts vorgenommen hat oder daß sonst besondere Gründe dafür sprechen, daß der Wert der Beweise ein anderer ist, als das Hofgericht angenommen hat.

§ 15

Auf die Prozesse des Obersten Gerichtshofs sind im übrigen in Zivilsachen die Bestimmungen des Kap. 50 §§ 11—20, 22, 24 und 25 Abs. 1 und 2 sowie in Strafverfahren die Bestimmungen des Kap. 51 §§ 11—20, 22, 24, 25 und 31 entsprechend anzuwenden.

Die Bestimmungen, die für das Hofgericht in Kap. 50 §§ 26 bis 29 für Zivilsachen sowie in Kap. 51 §§ 26—29 für Strafverfahren über die Aufhebung von Urteilen des Untergerichts und die Zurückverweisung ergangen sind, sind beim Obersten Gerichtshof entsprechend auf die Urteile des unteren Gerichts anzuwenden.

§ 16

Nachdem das Urteil oder der Endbeschluß des Obersten Gerichtshofs erlassen ist, sind die vom Hofgericht übersandten Akten mit Abschriften des Urteils oder Beschlusses zurückzusenden, und zwar die Hofgerichtsakten an das Hofgericht und die Akten des Untergerichts an das Untergericht.

Kap. 56
Beschwerde

§ 1

Will jemand Beschwerde gegen einen Beschluß des Hofgerichts führen, so hat er bei diesem innerhalb vier Wochen vom Tage des Erlasses des Beschlusses an gerechnet einen Beschwerdeschriftsatz einzureichen; ist der Beschluß während eines Prozesses in anderer Weise als in einem Verhandlungstermin ergangen, so rechnet die Beschwerdefrist jedoch von dem Tage an, an dem der Beschwerdeführer von dem Beschluß Kenntnis erlangt hat. Die Beschwerde gegen Beschlüsse über eine Verhaftung oder ein Verbleiben in Haft ist nicht auf eine bestimmte Frist beschränkt.

Über die Verpflichtung, gegen Beschlüsse des Hofgerichts in Fragen der in Kap. 49 § 3 oder § 4 Abs. 1 Ziffer 1, 2, 3 oder 7 genannten Art Protest anzumelden, trifft Kap. 54 § 3 Bestimmungen.

§ 2

Der Beschwerdeführer hat beim Hofgericht innerhalb der im § 1 angegebenen Frist die festgesetzte Rechtsmittelgebühr und den vorgeschriebenen Sicherheitsbetrag für die Kostenerstattung an den Gegner zu hinterlegen. Wird keiner dieser Beträge oder nur der Sicherheitsbetrag für die Kostenerstattung hinterlegt, so hat der Beschwerdeführer vor Ablauf der genannten Frist ein Armutszeugnis der im Kap. 54 § 18 bezeichneten Art einzureichen.

Hat der Beschwerdeführer rechtzeitig eine Bescheinigung der zuständigen Behörde über seine Bedürftigkeit eingereicht, diese aber nicht den in der genannten gesetzlichen Bestimmung vorgeschriebenen Inhalt, so hat ihm das Hofgericht die Einreichung der vorgeschriebenen Bescheinigung mit der Rechtsfolge aufzugeben, daß die Beschwerde hinfällig wird, falls diese Bescheinigung ihm nicht im Zeitpunkt der erneuten Behandlung der Frage, ob das Rechtsmittel vorschriftsgemäß eingelegt ist, vorliegt. Wird der Betrag hinterlegt, so genügt dies.

§ 3

Ergibt sich, daß die Beschwerde nicht in der vorgeschriebenen Form oder innerhalb der gesetzlichen Frist durchgeführt ist, so ist sie vom Hofgericht abzuweisen.

§ 4

In dem Beschwerdeschriftsatz hat der Beschwerdeführer anzugeben:

1. den Beschluß, gegen den das Rechtsmittel geführt wird;
2. die Begründung der Beschwerde;
3. die von ihm beantragte Abänderung des Beschlusses.

Ist der Beschwerdeführer der Meinung, daß die Genehmigung zur Rechtsmitteleinlegung gemäß Kap. 54 § 10 Ziffer 1 zu erteilen ist, so soll er in dem Beschwerdeschriftsatz nähere Angaben über die Umstände machen, auf die er sich zur Begründung bezieht.

Will sich der Beschwerdeführer auf Beweise beziehen, die früher nicht benannt sind, so hat er in dem Beschwerdeschriftsatz die Beweismittel und den Beweisgegenstand zu bezeichnen. Beweisurkunden sind dem Beschwerdeschriftsatz in Urschrift oder beglaubigter Abschrift beizufügen.

Der Beschwerdeschriftsatz ist von dem Beschwerdeführer oder seinem Bevollmächtigten eigenhändig zu unterzeichnen.

§ 5

Wird die Beschwerde nicht abgewiesen, so hat das Hofgericht dem Obersten Gerichtshof unverzüglich den Beschwerdeschriftsatz und die ihm beigefügten Schriftstücke sowie die Urschrift oder beglaubigte Abschrift der Untergerichts- und Hofgerichtsakten, soweit sie sich auf die von dem Rechtsmittel betroffene Frage beziehen, zu übersenden.

§ 6

Liegen gegen die Behandlung der Beschwerde andere als die im § 3 genannten Hindernisse vor, so darf sie vom Obersten Gerichtshof sofort abgewiesen werden.

§ 7

Erfüllt der Beschwerdeschriftsatz nicht die Vorschriften des § 4 oder ist er sonst unvollständig, so hat der Oberste Gerichtshof dem Beschwerdeführer die Beseitigung der Mängel aufzugeben.

Wird der Auflage keine Folge geleistet, und besteht der Mangel darin, daß der Schriftsatz keinen bestimmten Antrag enthält oder daß die Begründung der Beschwerde unklar gefaßt ist, oder ist der Mangel sonst so wesentlich, daß der Schriftsatz als Grundlage für einen Prozeß beim Obersten Gerichtshof ungeeignet ist, so ist die Beschwerde abzuweisen.

§ 8

Ergibt sich, daß der Gegner über die Beschwerde zu hören ist, so ist ihm der Beschwerdeschriftsatz mit den ihm beigefügten Schriftstücken zuzustellen und ihm die Einreichung einer schriftlichen Erklärung aufzugeben.

§ 9

Die Erklärung hat eine Stellungnahme zu der Beschwerdebegründung des Gegners und eine Angabe der Umstände zu enthalten, die der Erklärende vorbringen will.

Will sich der Erklärende auf Beweise beziehen, die früher nicht benannt sind, so hat er in der Erklärung die Beweismittel und den Beweisgegenstand zu bezeichnen. Beweisurkunden sind der Erklärung in Urschrift oder beglaubigter Abschrift beizufügen.

Die Erklärung ist von dem Erklärenden oder seinem Bevollmächtigten oder, falls in einem Strafverfahren der Angeklagte der Erklärende ist, von seinem Verteidiger eigenhändig zu unterzeichnen.

§ 10

Ist eine Erklärung eingegangen und ergibt sich, daß ein weiterer Schriftsatzaustausch erforderlich. ist, so darf der Oberste Gerichtshof einen solchen anordnen. Der Oberste Gerichtshof darf gleichzeitig nähere Bestimmungen über den Schriftsatzaustausch erlassen und hierbei auch vorschreiben, worüber sich die Parteien zu äußern haben. Die Einreichung von mehr als einem Schriftsatz darf einer Partei nur aufgegeben werden, wenn besondere Gründe hierfür vorliegen.

§ 11

Ist die Genehmigung zur Rechtsmitteleinlegung erforderlich und der Gegner über die Beschwerde gehört worden, so hat der Oberste Gerichtshof nach Abschluß des Schriftsatzaustausches darüber zu bestimmen, ob die Genehmigung erteilt wird. Liegen Gründe hierfür vor, so darf diese Frage behandelt werden, auch wenn kein Schriftsatzaustausch stattgefunden hat.

§ 12

Auf die Prozesse des Obersten Gerichtshofs sind im übrigen die Bestimmungen des Kap. 52 §§ 10—12 entsprechend anzuwenden.

§ 13

Nachdem ein Endbeschluß des Obersten Gerichtshofs erlassen ist, sind die vom Hofgericht übersandten Akten mit Abschriften des Beschlusses zurückzusenden, und zwar die Hofgerichtsakten an das Hofgericht und die Akten des Untergerichts an das Untergericht.

§ 14

Die Bestimmungen dieses Kapitels finden auf die Beschwerde gegen einen Beschluß des Vorstandes des Rechtsanwaltsverbandes entsprechende Anwendung. Für derartige Verfahren gelten jedoch folgende Abweichungen:

1. wer Beschwerde einlegen will, hat beim Obersten Gerichtshof einen Beschwerdeschriftsatz innerhalb vier Wochen von dem Tage an gerechnet, an dem er von dem Beschluß Kenntnis erlangt hat, einzureichen. Die Bestimmungen des § 2 finden keine Anwendung;
2. sofern nicht besondere Gründe anderes veranlassen, ist der Beschwerdeführer und, falls die Beschwerde von dem Justizkanzler geführt wird, auch der Gegner mündlich vom Obersten Gerichtshof zu vernehmen;
3. dem Vorstand ist Gelegenheit zu geben, eine schriftliche Erklärung einzureichen und bei mündlicher Vernehmung einer Partei zu dieser Stellung zu nehmen.

Kap. 57

Verfahren, die unmittelbar vom Obersten Gerichtshof behandelt werden

§ 1

Auf Verfahren, die unmittelbar von dem Obersten Gerichtshof zu behandeln sind, finden die Bestimmungen des Kap. 53 entsprechende Anwendung.

Siebenter Abschnitt

Besondere Rechtsmittel

Kap. 58

Wiederaufnahme des Verfahrens und Wiederherstellung versäumter Fristen

§ 1

Ist ein Urteil in einer Zivilsache rechtskräftig geworden, so darf zugunsten einer der Parteien die Wiederaufnahme des Verfahrens (resning) bewilligt werden:

1. wenn sich ein Mitglied des Gerichts oder ein bei diesem beschäftigter Beamter oder ein Bevollmächtigter oder ein Stellvertreter hinsichtlich des Verfahrens eines strafbaren Verhaltens schuldig gemacht hat, von dem angenommen werden kann, daß es den Ausgang des Verfahrens beeinflußt hat;

2. wenn eine als Beweismittel herangezogene Urkunde falsch war oder wenn eine unter Versicherung der Wahrheit vernommene Partei oder ein Zeuge, Sachverständiger oder Dolmetscher eine falsche Bekundung gemacht hat und angenommen werden kann, daß die Urkunde oder die Bekundung den Ausgang der Sache beeinflußt hat;

3. wenn auf einen Umstand oder auf einen Beweis, der früher nicht vorgebracht ist, Bezug genommen wird und sein Vorbringen wahrscheinlich zu einem anderen Ausgang geführt haben würde;

4. wenn eine dem Urteil zugrunde liegende Rechtsanwendung offensichtlich dem Gesetz widerspricht.

Auf Grund eines Sachverhalts der in Ziffer 3 behandelten Art darf keine Wiederaufnahme des Verfahrens bewilligt werden, wenn die Partei nicht glaubhaft macht, daß sie sich nicht bei dem Gericht, das das Urteil erlassen hat, oder durch Einlegung eines Rechtsmittels auf den Umstand oder den Beweis beziehen konnte oder daß sie sonst triftige Gründe hatte, dies nicht zu tun.

§ 2

Ist ein Urteil in einem Strafverfahren rechtskräftig geworden, so darf zugunsten des Angeklagten die Wiederaufnahme des Verfahrens bewilligt werden:

1. wenn sich ein Mitglied des Gerichts oder ein bei diesem beschäftigter Beamter, der Ankläger oder ein Bevollmächtigter, Stellvertreter oder Verteidiger hinsichtlich des Verfahrens eines strafbaren Verhaltens schuldig gemacht hat, von dem angenommen werden kann, daß es den Ausgang des Verfahrens beeinflußt hat;

2. wenn eine als Beweismittel herangezogene Urkunde falsch war oder wenn ein Zeuge, Sachverständiger oder Dolmetscher eine falsche Bekundung gemacht hat und angenommen werden kann, daß die Urkunde oder die Bekundung den Ausgang der Sache beeinflußt hat;

3. wenn auf einen Umstand oder auf einen Beweis, der früher nicht vorgebracht ist, Bezug genommen wird und sein Vorbringen wahrscheinlich dazu geführt haben würde, daß der Angeklagte freigesprochen oder die strafbare Handlung unter mildere als die angewandten Strafbestimmungen gerechnet worden wäre, oder wenn mit Rücksicht auf das sonstige Vorbringen und das Vorkommen im übrigen besondere Gründe dafür vorliegen, daß die Frage, ob der Angeklagte die strafbare Handlung, wegen deren er verurteilt ist, begangen hat, von neuem zur Prüfung gelangt;

4. wenn eine dem Urteil zugrunde liegende Rechtsanwendung offensichtlich dem Gesetz widerspricht.

§ 3

Ist ein Urteil in einem Strafverfahren rechtskräftig geworden, so darf zum Nachteil des Angeklagten die Wiederaufnahme des Verfahrens bewilligt werden:

1. wenn ein Sachverhalt der im § 2 Ziffer 1 oder 2 bezeichneten Art vorlag und angenommen werden kann, daß dieser dazu beigetragen hat, daß der Angeklagte freigesprochen oder die strafbare Handlung unter wesentlich mildere als die anzuwendenden Strafbestimmungen gerechnet worden ist;

2. wenn für die strafbare Handlung Strafarbeit verhängt werden kann, sowie auf einen Umstand oder einen Beweis, der früher nicht vorgebracht ist, Bezug genommen wird und sein Vorbringen wahrscheinlich dazu geführt haben würde, daß der Angeklagte wegen der strafbaren Handlung bestraft oder diese unter wesentlich strengere als die angewandten Strafbestimmungen gerechnet worden wäre.

Auf Grund eines Sachverhalts der in Ziffer 2 behandelten Art darf keine Wiederaufnahme des Verfahrens bewilligt werden, wenn die Partei nicht glaubhaft macht, daß sie sich nicht bei dem Gericht, das das Urteil erlassen hat, oder durch Einlegung eines Rechtsmittels auf den Umstand oder den Beweis beziehen konnte oder daß sie sonst triftige Gründe hatte, dies nicht zu tun.

§ 4

Will jemand die Wiederaufnahme des Verfahrens beantragen, so hat er einen entsprechenden schriftlichen Antrag bei dem Obersten Gerichtshof zu stellen.

Der Antrag auf Wiederaufnahme einer Zivilsache auf Grund eines Sachverhalts der im § 1 Abs. 1 Ziffer 1, 2 oder 3 behandelten Art sowie eines Strafverfahrens zuungunsten des Angeklagten ist innerhalb eines Jahres zu stellen, nachdem der Antragsteller von dem Sachverhalt, auf den der Antrag gestützt wird, Kenntnis erhalten hat. Wird zur Begründung des Antrags auf die Straftat eines Dritten Bezug genommen, so darf die Frist von dem Zeitpunkt an gerechnet werden, an dem das hierüber ergangene Urteil rechtskräftig geworden ist. Die Wiederaufnahme einer Zivilsache auf Grund eines Sachverhalts der im § 1 Abs. 1 Ziffer 4 behandelten Art ist innerhalb sechs Monaten nach Rechtskraft des Urteils zu beantragen.

§ 5

In dem Wiederaufnahmeantrag hat der Antragsteller anzugeben:

1. das Urteil, auf das sich der Antrag bezieht;

2. den Sachverhalt, auf den der Antrag gestützt wird, und die Antragsbegründung;

3. die Beweise, auf die er sich beziehen will, und den Beweisgegenstand jedes einzelnen Beweismittels.

Wird ein Antrag auf einen Sachverhalt der im § 1 Abs. 1 Ziffer 3 oder im § 3 Abs. 1 Ziffer 2 behandelten Art gestützt, so hat der Antragsteller die Veranlassung dafür anzugeben, daß auf den Umstand oder den Beweis nicht im Prozeß Bezug genommen worden ist.

Der Antrag ist von dem Antragsteller oder seinem Bevollmächtigten eigenhändig zu unterzeichnen.

Die Beweisurkunden, auf die sich der Antragsteller bezieht, sind dem Antrag in Urschrift oder beglaubigter Abschrift beizufügen.

§ 6

Wird der Antrag auf Wiederaufnahme des Verfahrens nicht abgewiesen, so ist er mit den ihm beigefügten Schriftstücken dem Gegner zuzustellen und diesem aufzugeben, in einer schriftlichen Erklärung zu ihm Stellung zu nehmen. Erscheint der Antrag unbegründet, so darf er jedoch unverzüglich abgewiesen werden.

Die Bestimmungen des Kap. 56 §§ 9, 10 und 12 über die Beschwerde beim Obersten Gerichtshof finden auf den Antrag auf Wiederaufnahme des Verfahrens entsprechende Anwendung.

Der Oberste Gerichtshof darf bei Vorliegen von Gründen anordnen, daß keine weitere Vollstreckung des Urteils stattfinden darf, bis anderes bestimmt wird.

§ 7

Wird die Wiederaufnahme des Verfahrens bewilligt, so bestimmt der Oberste Gerichtshof, daß das Verfahren von neuem von dem Gericht zu behandeln ist, das zuletzt in ihm das Urteil gefällt hat. Er darf jedoch, wenn die Wiederaufnahme in einer Zivilsache oder in einem Strafverfahren zugunsten des Angeklagten bewilligt und die Sache als geklärt angesehen wird, das Urteil unmittelbar abändern.

Bleibt der Antragsteller aus, wenn das Verfahren von neuem zur Verhandlung gebracht wird, so ist die Wiederaufnahme hinfällig; bleibt der Gegner aus, so darf ohne Rücksicht hierauf entschieden werden. In der Ladung ist ein entsprechender Hinweis zu machen. Das Gesagte gilt jedoch nicht hinsichtlich des Anklägers.

§ 8

Wird der Wiederaufnahmeantrag aus prozessualen oder sachlichen Gründen abgewiesen, so darf der Oberste Gerichtshof dem Antragsteller auferlegen, dem Gegner oder, falls der Ankläger der Gegner ist, der Staatskasse die Kosten des Wiederaufnahmeverfahrens zu erstatten. Ist die Wiederaufnahme von dem Ankläger beantragt worden, so dürfen die Kosten aus öffentlichen Mitteln getragen werden. Wird dem Antrag stattgegeben, so ist über die Frage der Kosten in Verbindung mit dem Verfahren nach dessen Wiederbeginn zu entscheiden.

§ 9

Bezieht sich in einem Strafverfahren das Urteil nicht nur auf die Frage der Strafbarkeit, so gelten für die Wiederaufnahme des Verfahrens insoweit die Bestimmungen über die Wiederaufnahme von Zivilsachen. Wird die Wiederaufnahme des Verfahrens für die Frage der Strafbarkeit bewilligt, so darf sie jedoch gleichzeitig ohne Rücksicht auf die hierüber ergangenen Vorschriften auch für das übrige Verfahren bewilligt werden.

§ 10

Die Bestimmungen der §§ 1—9 über die Urteile finden auf die Beschlüsse des Gerichts entsprechende Anwendung.

§ 11

Hat jemand eine gesetzliche Frist für die Einlegung eines Rechtsmittels gegen ein Urteil oder einen Beschluß oder für einen Antrag auf Einspruch oder auf Wiedereinsetzung in den vorigen Stand versäumt, und lagen für seine Unterlassung gesetzliche Hinderungsgründe vor, die er nicht rechtzeitig mitteilen konnte, so darf die versäumte Frist auf seinen Antrag wiederhergestellt werden (återställas).

§ 12

Will jemand die Wiederherstellung einer versäumten Frist beantragen, so hat er innerhalb drei Wochen nach Fortfall der Hinderungsgründe und spätestens innerhalb eines Jahres nach Ablauf der Frist einen entsprechenden schriftlichen Antrag beim Obersten Gerichtshof zu stellen.

Auf Anträge der genannten Art finden die Bestimmungen der §§ 5, 6 und 8 entsprechende Anwendung.

Kap. 59

Beschwerde wegen eines Urteilsfehlers

§ 1

Ein rechtskräftig gewordenes Urteil ist wegen eines Urteilsfehlers (domvilla) auf Grund einer Beschwerde desjenigen, dessen Rechte das Urteil berührt, aufzuheben:

1. wenn das Verfahren behandelt worden ist, obwohl Prozeßhindernisse vorgelegen haben, die das höhere Gericht bei Einlegung eines Rechtsmittels von Amts wegen zu berücksichtigen hatte;
2. wenn das Gericht nicht spruchfähig gewesen ist;
3. wenn das Urteil gegen jemand erlassen worden ist, der weder vorschriftsgemäß zum Prozeß geladen war noch seine Sache in dem Verfahren geführt hatte, oder wenn jemand durch das Urteil Nachteile erleidet, der nicht Partei des Verfahrens war;
4. wenn das Urteil so unklar oder unvollständig ist, daß aus ihm nicht hervorgeht, wie in der Sache entschieden ist;
5. wenn in dem Prozeß ein sonstiger schwerer Prozeßfehler unterlaufen ist, von dem angenommen werden kann, daß er den Ausgang des Verfahrens beeinflußt hat.

§ 2

Will jemand wegen eines Urteilsfehlers Beschwerde führen, so hat er bei dem Gericht, bei dem ein Rechtsmittel gegen das Urteil einzulegen war, oder in Fällen, in denen ein Rechtsmittel nicht eingelegt werden konnte, beim Obersten Gerichtshof eine Beschwerdeschrift einzureichen.

Die Beschwerde ist, wenn sie sich auf Umstände der im § 1, Ziffer 1, 2 oder 5 behandelten Art stützt, innerhalb sechs Monaten nach Rechtskraft des Urteils zu führen und, wenn sie sich auf Umstände der im § 1 Ziffer 3 behandelten Art gründet, innerhalb sechs Monaten, nachdem der Beschwerdeführer von dem Urteil Kenntnis erlangt hat. Hat er von dem Urteil Kenntnis erhalten, bevor dieses rechtskräftig geworden ist, so ist die Frist von dem Tage der Rechtskraft des Urteils an zu rechnen.

§ 3

Auf die Beschwerde wegen eines Urteilsfehlers und die Einlegung eines Rechtsmittels gegen den Beschluß des Hofgerichts in einer derartigen Sache finden im übrigen die Bestimmungen der Kap. 52, 54 und 56 entsprechende Anwendung. Für Beschwerden, die unmittelbar vom Obersten Gerichtshof zu behandeln sind, gelten jedoch nicht die Bestimmungen über die Hinterlegung von Rechtsmittelgebühr und Sicherheitsbetrag für die Kostenerstattung an den Gegner oder über die Genehmigung zur Rechtsmitteleinlegung.

Das Gericht darf bei Vorliegen von Gründen anordnen, daß keine weitere Vollstreckung des Urteils stattfinden darf, bis anderes bestimmt wird.

Wird das Urteil aufgehoben und der Beschluß nicht damit begründet, daß das Gericht unzuständig war oder aus anderen Gründen das Verfahren nicht behandeln und entscheiden durfte, so ist gleichzeitig anzuordnen, daß eine neue Verhandlung vor dem Gericht stattfindet, welches das Urteil erlassen hat.

Für die Erstattung der Kosten gelten die Bestimmungen über die Prozeßkosten.

§ 4

Die Bestimmungen der §§ 1—3 über die Urteile finden auf die Beschlüsse des Gerichts entsprechende Anwendung.

§ 5

Strafbescheide, die vom Gericht bestätigt oder, falls eine Bestätigung des Gerichts nicht erforderlich war, vom Beschuldigten anerkannt sind, sind auf Grund einer Beschwerde desjenigen, auf den sich der Bescheid bezieht, aufzuheben:

1. wenn das Anerkenntnis nicht als wirksame Willenserklärung angesehen werden kann;
2. wenn bei der Behandlung der Sache ein derartiger Fehler vorgekommen ist, daß der Bescheid als ungültig anzusehen ist;
3. wenn der Bescheid sonst nicht mit dem Gesetz übereinstimmt.

§ 6

Wer gegen einen Strafbescheid Beschwerde einlegen will, hat einen Beschwerdeschriftsatz bei demjenigen Hofgericht einzureichen, bei dem im Falle der Anklageerhebung ein Rechtsmittel gegen das Urteil des Untergerichts einzulegen gewesen wäre.

Die Beschwerde ist innerhalb eines Monats, nachdem die Maßnahmen zur Vollstreckung des Bescheides bei dem Beschuldigten vorgenommen worden sind, zu führen. Das Hofgericht darf bei Vorliegen von Gründen anordnen, daß keine weitere Vollstreckung des Bescheides stattfinden darf, bis anderes bestimmt wird. Auf Beschwerden der genannten Art finden im übrigen die Bestimmungen des Kap. 52 entsprechende Anwendung. Gegen den Beschluß des Hofgerichts ist kein Rechtsmittel zulässig.

Der König bestimmt zusammen mit dem Reichstag das Inkrafttreten dieses Gesetzes[17].

Alle, die von diesem Gesetz betroffen werden, haben ihm Folge zu leisten. Zur Beurkundung dessen haben Wir dieses eigenhändig unterschrieben und mit Unserem königlichen Siegel bekräftigen lassen.

Särö, den 18. Juli 1942.

gez. Gustaf
(L. S.)

(Justizministerium). gez. K. G. Westman.

[17] Auf Grund des Gesetzes vom 20. 12. 1946 über die Einführung des neuen Prozeßgesetzes ist dieses am 1. 1. 1948 in Kraft getreten.